JN055247

はじめに

私たち京都建築学生之会は、建築を志す学生同志の交流と大学の枠を超えた活動を目的として1989年に発足し、これまでに計29回の合同卒業設計展を企画・運営して参りました。記念すべき第30回目となる今年度は16大学、112名が参加しています。

–

私たちは皆、それぞれ異なる独自のルーツを持っています。ある一つの事柄に対してさえも、思うことは皆それぞれで、建築に対して考えることもまた、それぞれにあります。その異なる思いが同じ土俵でぶつかり合うのが合同卒業設計展であり、「Diploma × KYOTO」は関西にてその一躍を担っているのです。そんな私たちの合同卒業設計展という枠組みの中での「アイデンティティ」が、多様な評価軸を求め、学生自身が議論の場をつくる、全国でもめずらしい参加者=運営者の形式をとっていることです。合同講評会を通して切磋琢磨すること、大学の中だけでなく学外に評価の場を求めることになっています。企画から運営まですべて自分たちが行い、卒業設計そのものだけでなく、それを表現するのにふさわしい場もデザインすることで、私たちの思想はより密度濃く伝わると信じています。今年、世界はコロナウイルスの蔓延という大変な状況下で、私たちにとっては大きなチャレンジとなる年でした。集まることができず、手探りの中で企画を考えていく毎日。そんな逆境の状況下ながらも、出展者一人ひとりが責任感を持って一致団結することで、オフライン・オンライン併用での開催を実現し、例年にも引けをとらないほど、多くの方にご来場いただきました。

–

卒業設計というのは、私たちにとって本当に特別なもので、これまで人生を通して学んできたことを表現する「集大成」であり、またこれからの建築人生を送っていく上での「第一歩」となるものです。本会場には思考と行動を積み重ね、一年間悩みながらもカタチになった、一人ひとりが思い描いた物語が展示されています。出展者からあふれ出す素直な思いを作品からひとえに感じていただけたら幸いです。

2021年度テーマコンセプト「-ism」

この言葉には、激変する時代の中、自分の中に渦巻く考えに建築としてカタチを与えようという気持ちが込められている。

–

なお、本年は-ismというメインテーマにちなみ、企画においても探求から発信までより大きなスケールで、-ismが表明される構成とした。

–

3日間を通して私たち「Diploma × KYOTO'21」が作り出した「-ism」を存分に堪能いただけましたら幸いです。

京都建築学生之会 2021年度代表 篠原敬佑

目次

Day1

Day2

▶p.059

Day3

▶p.099

開催概要

主催　京都建築学生之会

会期　2021年02月27日－03月1日

会場　京都市勧業館みやこめっせ3F 第3展示場

Day1

テーマ　-ismの"探求"

2021年02月27日10:00－17:00

審査員　平田晃久[審査員長]/大西麻貴/勝矢武之/冨永美保/長坂常

Day2

テーマ　-ismの"拡張"

2021年02月28日10:00－17:00

審査員　竹山聖[審査員長]/五十嵐太郎/忽那裕樹/永井拓生

Day3

テーマ　-ismの"発信"

2021年03月01日10:00－15:00

審査員　倉方俊輔[審査員長]/津川恵理/南後由和/野口理沙子/原田祐馬

Day1

-ismの“探求”

1

Day1：-ismの〝探求〟

各分野の最前線で活躍されている建築家5名を審査員として迎え、学生の集大成である卒業設計をプロの目線から評価、議論していただく。自身が4年間かけて培った"-ism"を建築家へ投げかける。
さらに学生と建築家が意見を交わし合い、共有することで、
学生たちの"-ism"の秘められた可能性を探求し、洗練されたものにする。

審査方法

1　巡回審査
作品展示会場を巡回し1人8作品選出。

↓

2　予備審査
ポートフォリオを用い
最終講評会に進む8作品を選出。

↓

3　最終審査
パワーポイントと模型を用いたプレゼンテーションと質疑応答を実施。
8作品全てのプレゼンテーションと質疑応答終了後、
ディスカッションを経て、投票により1－3位と各審査員賞を決定。

受賞者・ファイナリスト

	1位	海郷の螺旋塔——漁業地域における事前復興まちづくりの提案——	ID040	廣瀬憲吾	立命館大学
	2位	都市への感覚——まちの活動のうつわとなる建築の提案——	ID018	谷本かな穂	近畿大学
	3位	Capacity for adaptation——状況変化に適応する、可変性の設計——	ID078	赤嶺圭亮	大阪大学

個人賞

	平田賞・ファイナリスト	さぬき お遍路 明日への心路——世代を超える、美しき廻国文化の継承空間——	ID100	坂本茉優	大阪工業大学
	大西賞	あてまげ道の先に。——伝統的な街路形態を活用したまちづくり——	ID050	浅野愛莉	大阪工業大学
	勝矢賞・ファイナリスト	小さな日常、長い一瞬。私とまちの暮らしの設計図	ID091	小川璃子	大阪大学
►p.074	冨永賞	長島協奏曲	ID013	篠山航大	神戸大学
	長坂賞・ファイナリスト	「見える」と「見えない」とそのあいだ——都市と海の関係から新たな暮らしのあり方を想起する——	ID063	櫻井彩乃	関西大学

ファイナリスト

►p.154		令和鴨川圖屛風——縁を紡ぐ河原のカタチ——	ID036	生田敢士	関西大学
►p.186		共庭都市——公と私の都市空間に対する 共的空間形成の手法と実践——	ID083	篠原敬佑	神戸大学

審査員紹介

平田晃久

建築家/京都大学教授/審査員長

–

1971年大阪府に生まれる。1997年京都大学大学院工学研究科修了。
伊東豊雄建築設計事務所勤務の後、2005年平田晃久建築設計事務所を設立。
現在、京都大学教授。

大西麻貴

建築家/横浜国立大学大学院Y-GSA客員准教授

–

1983年愛知県生まれ 2006年京都大学工学部建築学科卒業。
2008年東京大学大学院工学系研究科建築学専攻修士課程修了。
2008年より大西麻貴+百田有希/o+h共同主宰。
現在横浜国立大学大学院Y-GSA客員准教授。京都大学非常勤講師。

勝矢武之

建築家/日建設計 設計部門ダイレクター 兼 Nikken Activity Design Lab ダイレクター

–

1998.3 京都大学工学部建築学科卒業。
2000.3 京都大学大学院工学研究科建築学専攻(竹山研究室)修了。
2000.4 株式会社日建設計入社。2008.4 株式会社日建スペースデザイン移籍。2010.3 同 復帰。
2012.1 同 設計部門 設計主管。2016.1 同 設計部門 設計部長。
2017.6–2019.7 同 バルセロナ支店。2019.1 同 設計部門 ダイレクター。
2020.1 同 社長直轄部門 Nikken Activity Design室 ダイレクター 兼任。
建築や場のデザインを通じて、社会と人々をアクティベートすることを目標としてきたが、
Nikken Activity Design Labを通じ、様々な枠組みを越えて、その領域を拡大しようと試みている。

冨永美保

建築家/tomito architecture

–

1988 東京生まれ。2011 芝浦工業大学工学部建築工学科卒業。
2013 横浜国立大学大学院Y-GSA修了。2014 トミトアーキテクチャを設立。
2014–2016 東京藝術大学美術学科建築科教育研究助手。
横浜国立大学非常勤講師。

長坂常

建築家/スキーマ建築計画代表

–

1998年東京藝術大学卒業後にスタジオを立ち上げ、現在は青山にオフィスを構える。
家具から建築、そして町づくりまでスケールも様々、そしてジャンルも幅広く、
住宅からカフェ、ショップ、ホテル、銭湯などなどを手掛ける。
どのサイズにおいても1/1を意識し、素材から探求し設計を行い、国内外で活動の場を広げる。
日常にあるもの、既存の環境のなかから新しい視点や価値観を見出し
「引き算」「誤用」「知の更新」「見えない開発」「半建築」など独特な考え方を提示し、
独自の建築家像を打ち立てる。

海郷の螺旋塔――漁業地域における事前復興まちづくりの提案――

Day1:1位/Day2:ファイナリスト

ID040 | 廣瀬憲吾 Kengo HIROSE | 立命館大学

南海トラフ地震に備えた堤防一体型避難タワーによる新たな暮らしを取り入れた事前復興まちづくりを行う。津波被害想定地域における避難路整備・浸水被害・防波堤建設などの問題を解決する提案である。防災機能に限らず、コミュニティハブとしての機能を設けることで日常的に利用可能な建築とし、漁業・観光業の拠点とする。自立型ライフライン設備(バイオマス発電・海水雨水利用給排水システム)と一体化した建築であり、災害前後において利用可能である。浸水被害後も復興拠点として機能する。高台移転した地域住民は避難タワーを介して住宅と海を行き来し、避難広場をコミュニティ拠点として利用する新たな暮らしを行う。堤防という壁により分断される海とまちの関係を見直し、リスクと向き合う提案である。

敷地

高知県宿毛市片島地区の市場取り壊し計画地を対象とする。片島地区は高知県の西端に位置する半島であり、人口総数およそ1300人、総世帯数およそ600世帯である。漁業の栄える半島であり、海との関わりが深い地域である。かつて地域住民が漁業の拠点として集まり賑わった地を再興する提案を行う。

歴史

片島地区は漁業・林業を生業とする地域である。

養殖漁業

豊後水道に面した宿毛湾は、「魚のゆりかご・天然の養殖場」といわれるほど魚種が豊富である。湾内静穏な海域は絶好の養殖漁場となっており、養殖業も盛んに行われている。宿毛湾の養殖業生産量は高知県内生産量全体の70%である。

林業

片島地区では林業が栄えており、船を用いた運搬により都心部に木材を送り出す拠点として栄えた。現在も林業を営む工場が多く存在する。

現状・課題

避難路

宿毛市防災マップには指定された避難場所が存在する。しかし、避難場所までの経路は整備が不十分であり、高齢者・障碍者には避難困難であるような経路も存在する。また、特定の住民にしか知られていない避難場所も存在し、そこまでに辿り着く避難路は整備されていないものが多い。

浸水被害

震災による地盤沈下により浸水被害が想定される。片島地区における大半の住宅が浸水被害を受ける可能性がある。浸水した住宅は建物の一部または全部の使用が不可能になる。震災前に限らず、震災後も復興拠点として利用可能な建築が必要である。

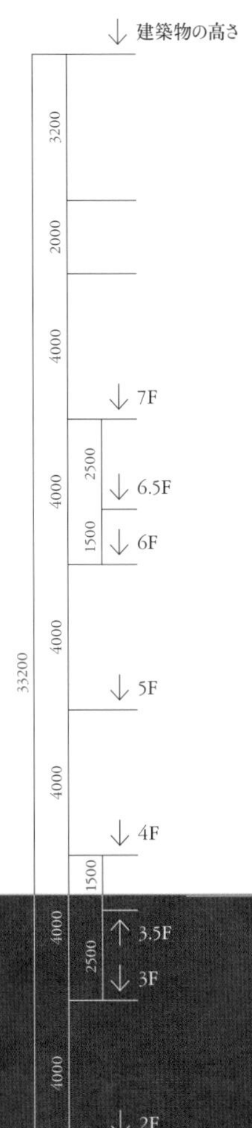

堤防建設

南海トラフ地震に備え、行政による防潮堤の計画・建設が進められている。防潮堤の高さは2.4mに嵩上げされるため、まちから海への眺望は失われ、まちと海の関係性が失われ、漁業・観光業に影響がある。

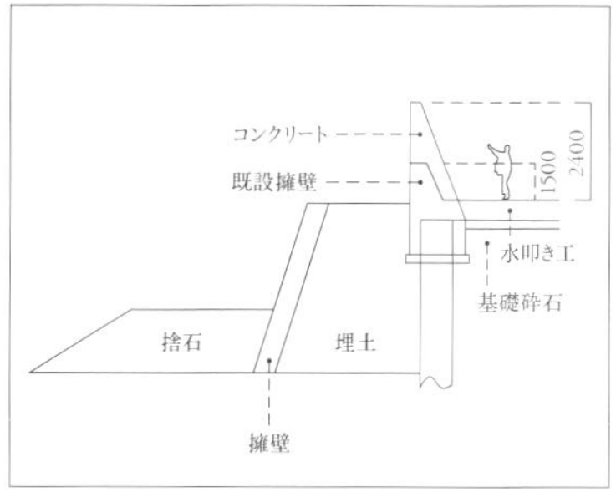

配置図兼屋根伏せ図

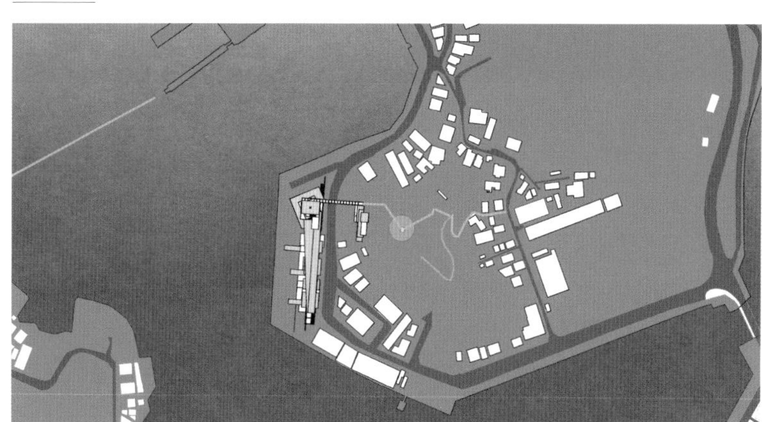

30000

2500　2500　2500　2500　2500　2500　2500　2500　2500

展望室

山側へのブリッジ

観光案内所

休憩室

津波到達想定高さ 9.8M

レストラン

市場

ワークショップで寄せられたご意見

地域住民とワークショップを行い、模型・CG・VR動画を用いて住民の意見をヒアリングした。その結果に基づいて、まちに寄り添った提案を行う。

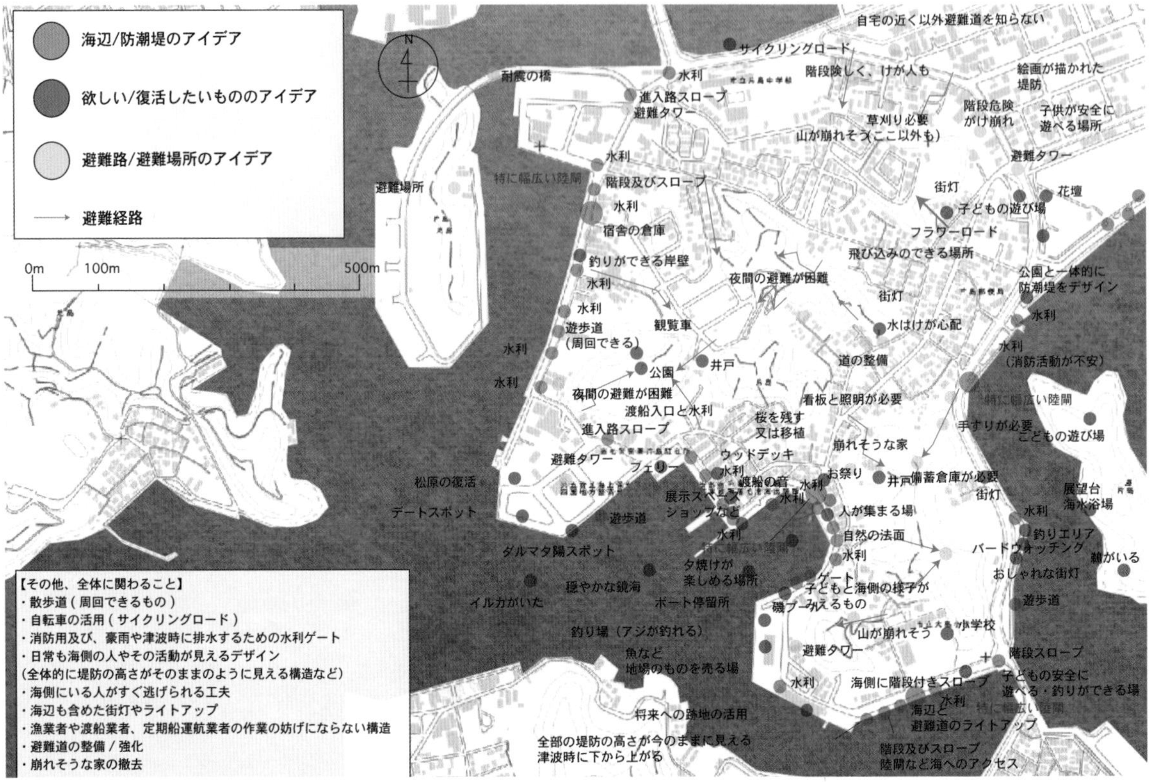

海辺/防潮堤のアイデア
欲しい/復活したいもののアイデア
避難路/避難場所のアイデア
避難経路

0m 100m 500m

【その他、全体に関わること】
- 散歩道（周回できるもの）
- 自転車の活用（サイクリングロード）
- 消防用及び、豪雨や津波時に排水するための水利ゲート
- 日常も海側の人やその活動が見えるデザイン
(全体的に堤防の高さがそのままのように見える構造など)
- 海側にいる人がすぐ逃げられる工夫
- 海辺も含めた街灯やライトアップ
- 漁業者や渡船業者、定期船運航業者の作業の妨げにならない構造
- 避難道の整備 / 強化
- 崩れそうな家の撤去

構造レイヤー

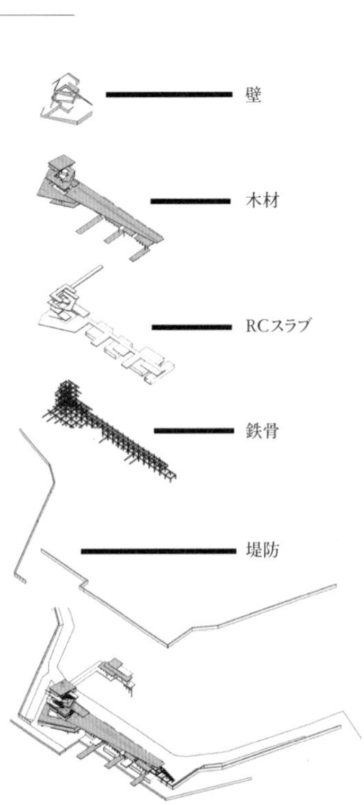

各階平面図

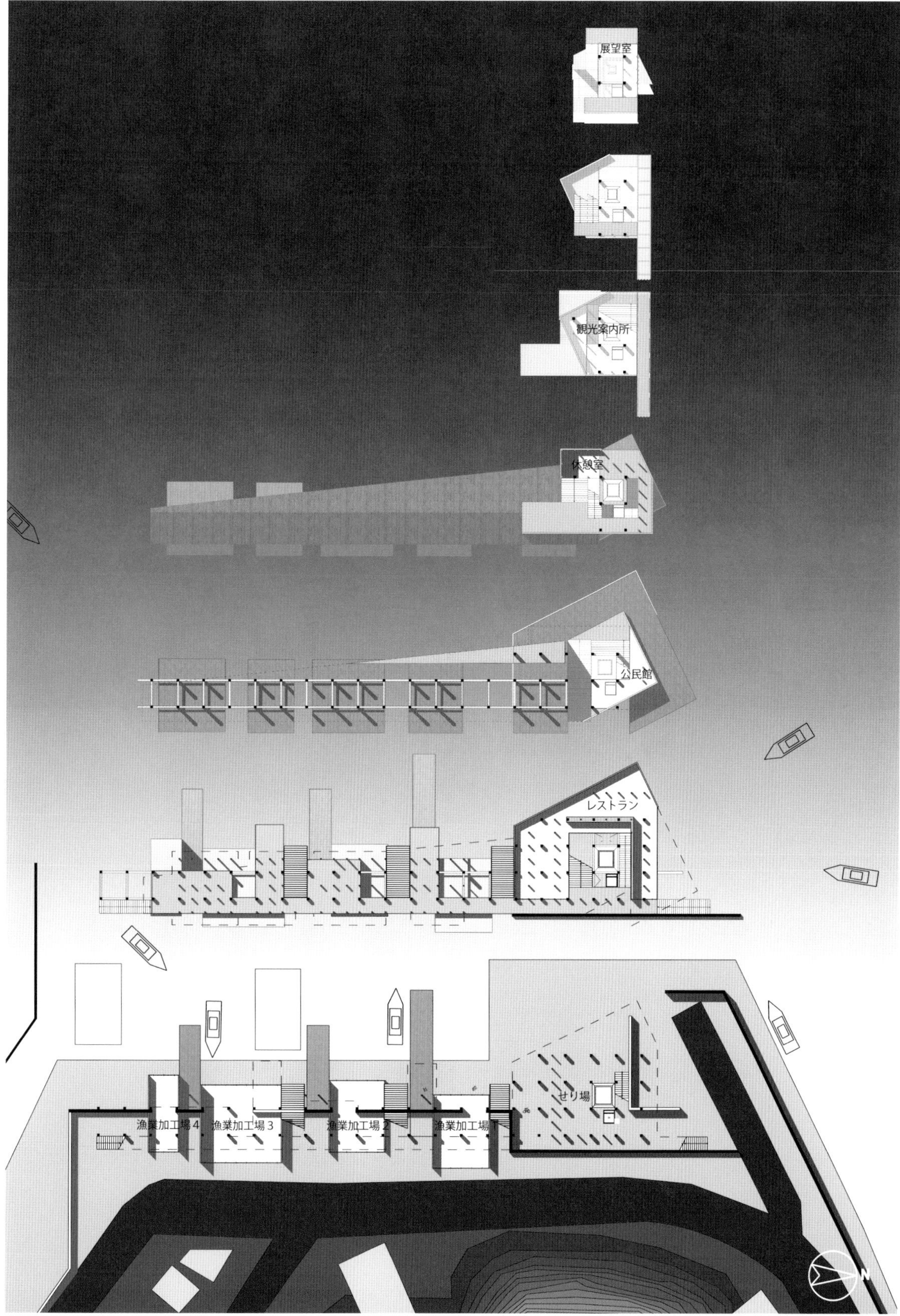
展望室
観光案内所
休憩室
公民館
レストラン
せり場
漁業加工場 4
漁業加工場 3
漁業加工場 2
漁業加工場 1
N

都市への感覚──まちの活動のうつわとなる建築の提案──

Day1:2位/Day3:原田賞

ID018 | 谷本かな穂 Kanaho TANIMOTO | 近畿大学

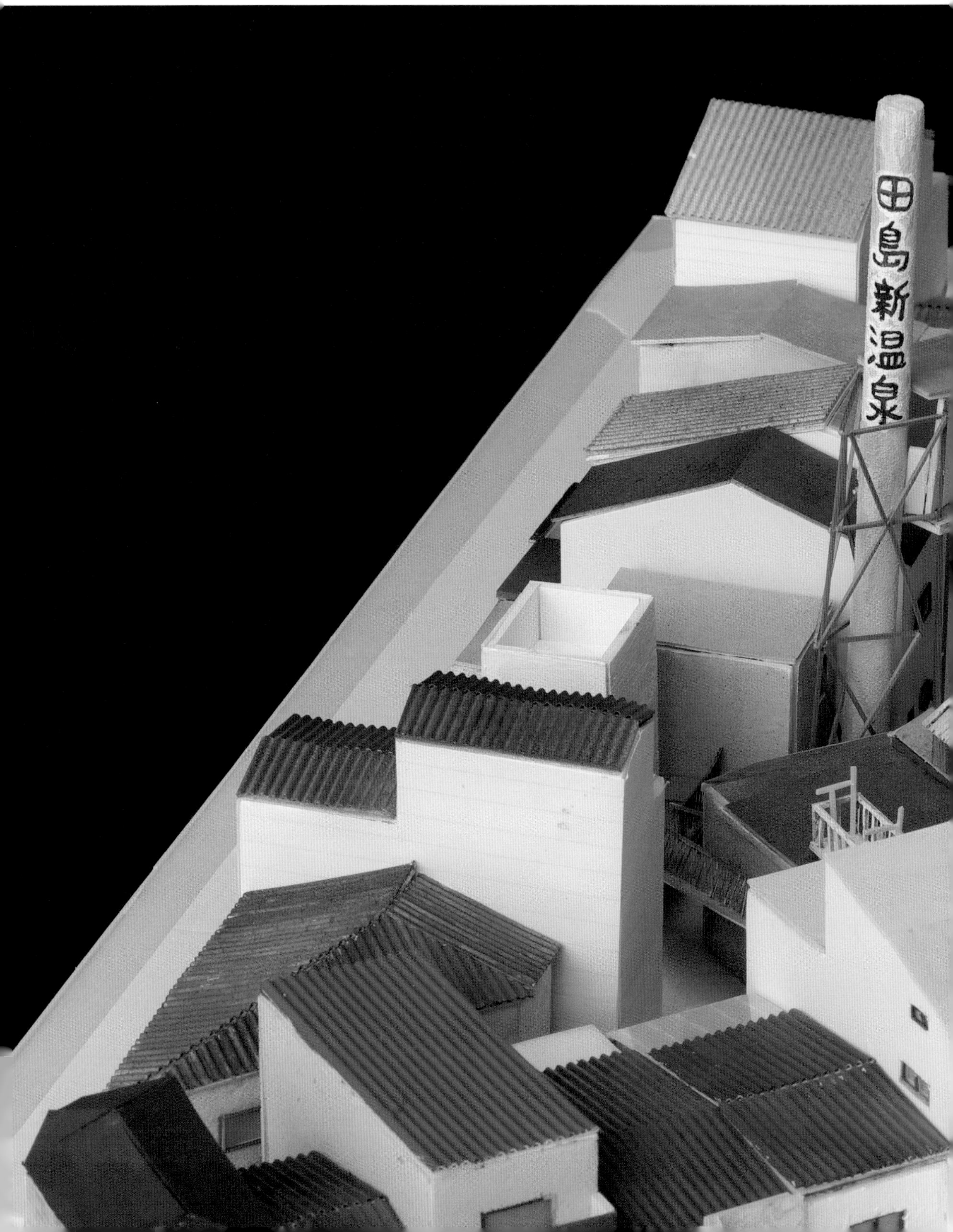

まちには多くの人の暮らしの一部として使われ、空間やエレメントがまちの人の記憶の一部である建物がいくつかあります。なかでも銭湯は、まちの人の愛着を伴った建物として、まちに残ってきました。しかし、後継者不足や維持費の問題から次々とまちから姿を消しています。そんな銭湯がある街区をひとつの建築と見立て、エネルギーを共有し、街区の空間や機能を包み込むような塔の建築を、敷地である生野区田島のそれぞれの周辺の環境を読みとりながら計画しました。木密や町工場の空き部屋の問題を抱えていた住居に住んでいる人は明るい住空間や庭、大きなお風呂が暮らしの一部となり、銭湯にやってくる人は、ゴミを出して岩盤浴に入るような新しい日常が生まれます。まちに残ってきた銭湯が時間の中で再編されながら残っていくような建築の提案です。

Site:銭湯と生活が密接なまち——生野区田島

生野区は大阪市の他の区に比べて33件と、圧倒的に銭湯の件数が多い。内風呂のない家庭が今も多いことと銭湯が日常生活の中に定着しているなどが多い要因と考えられている。銭湯には200m間隔をあけないと建設してはいけないという条例がある(大阪府公衆浴場法施工条例第4条)。昔は一辺約200m間隔の三角形が密集した銭湯に依存したエリアがたくさんあったが、図からわかるように今は田島がもっとも密集している。このように、田島において銭湯は生活に密接なものということがわかる。

令和2年10月時点の生野区の銭湯のボロノイ図とドロネー図

他の区の銭湯の件数

区	件数	区	件数	区	件数
旭区	7件	大正区	6件	東住吉区	8件
阿倍野区	4件	中央区	4件	東成区	7件
淀川区	10件	鶴見区	4件	東淀川区	9件
北区	6件	天王寺区	2件	平野区	12件
此花区	6件	浪速区	5件	福島区	6件
城東区	13件	西区	1件	港区	7件
住之江区	4件	西成区	24件	都島区	6件
住吉区	11件	西淀川区	8件		

Research:まちを知るための調査

対象敷地に設計をする客体として、対象敷地のまちの環境の観察を行った。ハガキサイズの紙を持ってまちに行き、寸法とメモ入りのスケッチを行った。まちにはまちの人によって施された多くの補修や増改築、まちに長い間佇んでいるものがあり、まちの人のまちに住み続けるといった意思や建築に対する愛着が感じられた。それらを踏まえ、建築の周辺も含めた一つひとつの建築のエレメントに着目し、設計を行う。また、調査中に銭湯に通うことで、よそ者の私でもたくさんのまちついてのことに触れることができた。

Concept:まちと建築を連続して考える

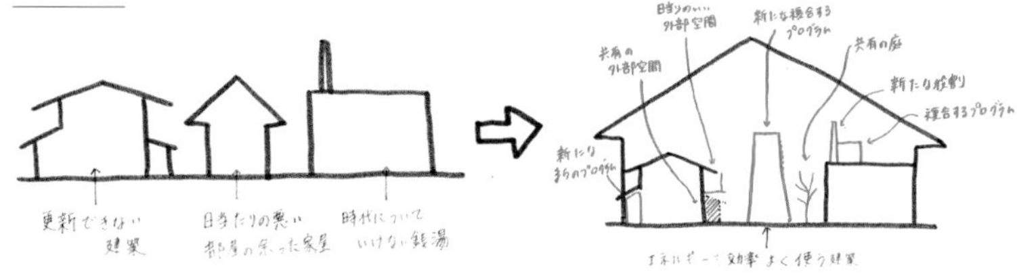

「街区を一つの建築にみたてる」

街区を一つの建築とみたてて、銭湯の設備のみを修繕するのではなく、街区全体のエネルギーを供給し、それに伴って空間も共有するような建築を考える。

「街区の背骨となる建築」

今回の設備の更新で不要になる長年まちの風景だった煙突を建築の構造の軸とし、煙突自体にも新しい役割を持たせ、周りの建物を巻き込み、現在の暮らしと新しい活動が混ざる建築を街区に作る。

設備と建築の新陳代謝と暮らしを補完する建築

役割1:街区の延焼を防ぐ

役割2:街区内の建物の空間をつなぐ

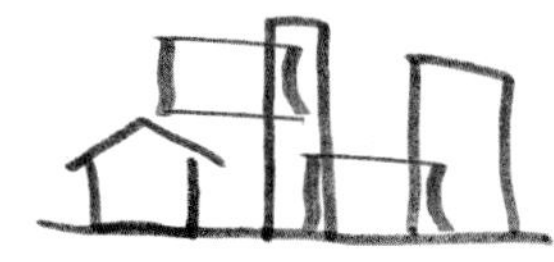

役割3:街区内の暮らしを巻き込み増幅させる

湯冷ましの煙突:まちのゴミ処理×岩盤浴

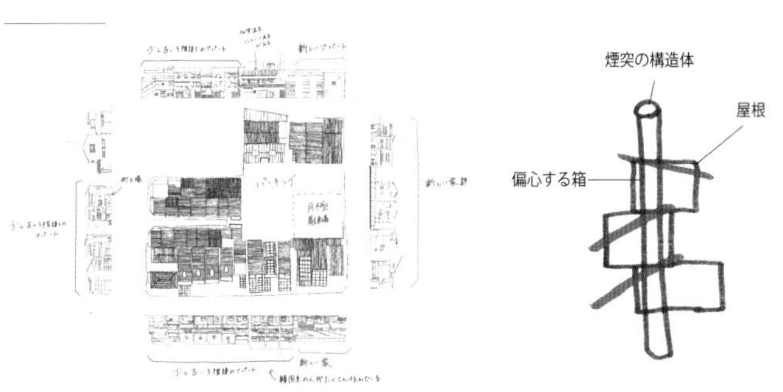

加賀温泉
定休日:不定休
営業時間:14:00－1:00

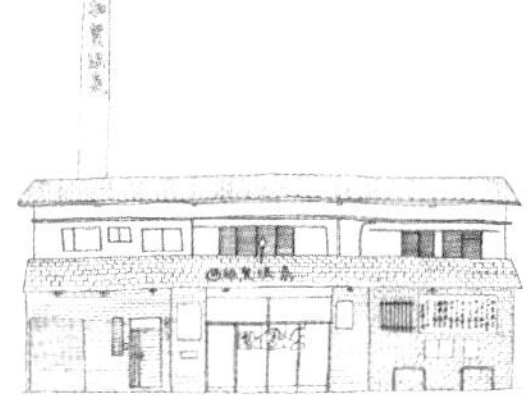

田島の少しはずれにあり、中学校の前にある加賀温泉。周りは建売の住宅やアパートなどの新しい建物が立ち並んでいる。そのような住宅に住む田島の新しいライフスタイルを送る人、昔からの常連さんのどちらの生活にも入り込めるプログラムとして、ゴミ処理と岩盤浴とする。

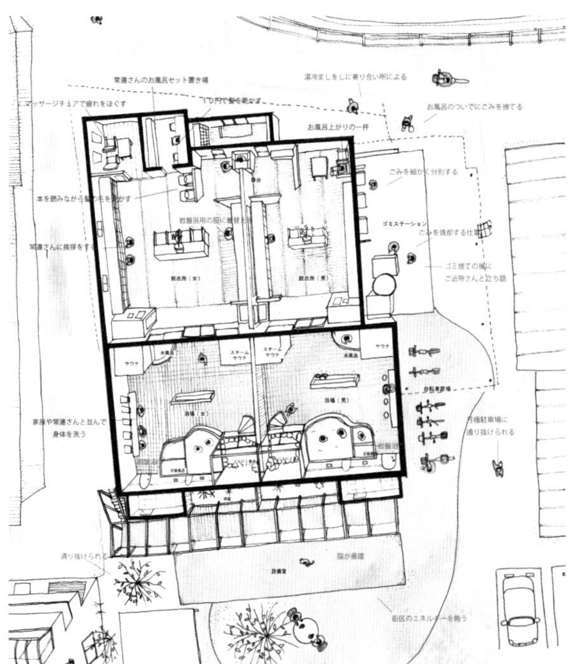

配置図兼一階平面図｜赤=新しく生まれた活動、青=昔から変わらない活動

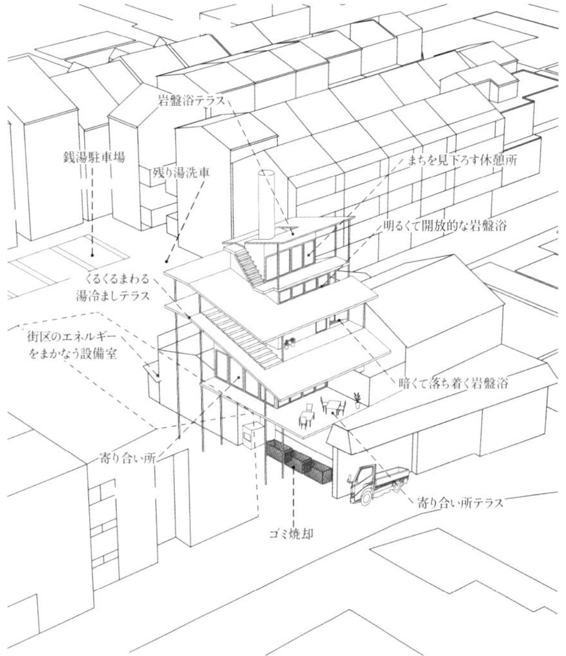

外観パース

ごみ処理の煙突
設備の更新により、役割を終えた煙突だが今度は建物の構造体、ごみ処理の排煙と熱を伝える役割を新たに担う。煙突には以前と変わらず煙が立ち上る。

のこり湯洗車
銭湯で普通なら捨ててしまう繰り返し使ったのこり湯を一度ろ過し、月極駐車場にとめている人や近くの家のひとが車を洗うことができる。

街区のエネルギーをまとめてまかなう
ここの街区の建物は平成の始まりごろに建てられ、給湯機もちょうど寿命を迎えている。銭湯を含めた街区の設備を丸ごと交換することで、効率良くエネルギーを賄うことができる。また、街区に住む人は入場を年契約することができる。

ごみ捨て岩盤浴
田島には決まったゴミ捨て場がなく、ごみの回収の人が一軒一軒回って回収しているが、ここに来てごみを細かく分別して、燃えるゴミは燃やすことによって岩盤浴に入ることができる。今まで日常の延長だった銭湯に非日常を求めてくることもできる

にんにく風呂の加賀温泉
にんにく風呂のある加賀温泉。露天風呂の湯船にはにんにくが浮いていて昭和レトロな脱衣所にまでにんにくの香りが漂って今にも結構が良くなって健康になりそうになる。

よりみち寄り合い所
銭湯ksrs50mほど離れたところの長屋の一角にある寄り合い所をここに移し、よりあいを開くとき以外にもまちの人がよりみちしたり、湯冷ましに使えるようにする。

断面図

公園の風が通り抜ける煙突：ピザ窯おすそ分けキッチン×煙突の家

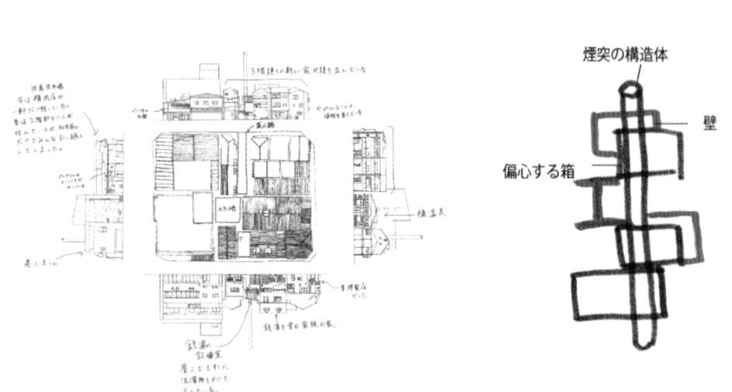

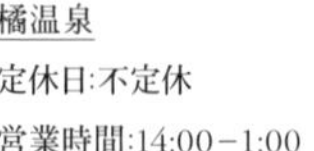

橘温泉
定休日：不定休
営業時間：14:00－1:00

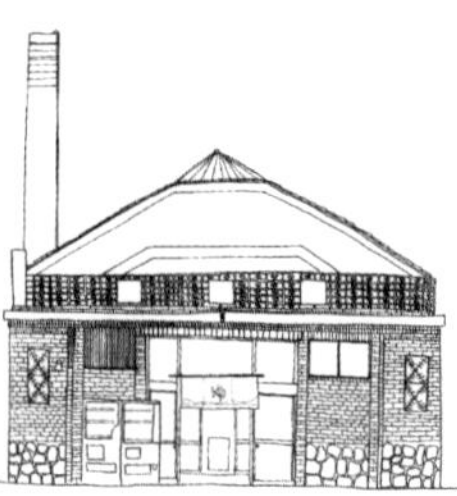

地域で大人気な公園と小学校の近くにあり、敷地周辺はいつも様々な年代の人がいる。公園で子どもの様子を見ながらお茶をしたり、田島でよく行われるおすそ分けも自由にキッチンで行うことができる。煙突の家で銭湯に入り放題の生活も送れる。

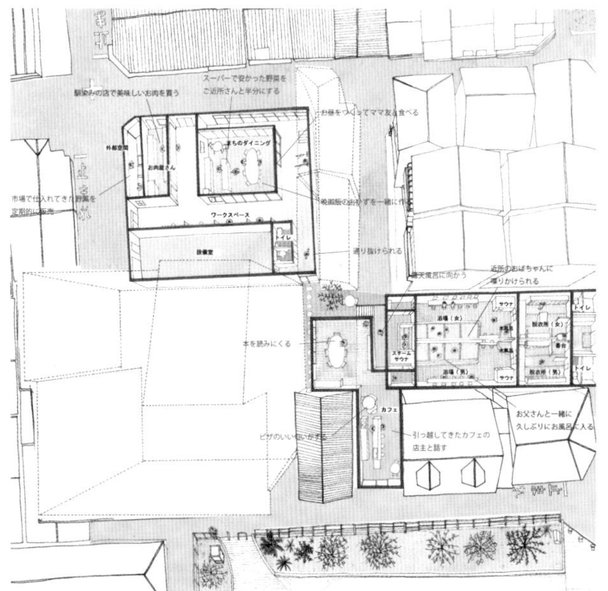

配置図兼一階平面図｜赤=新しく生まれた活動、青=昔から変わらない活動

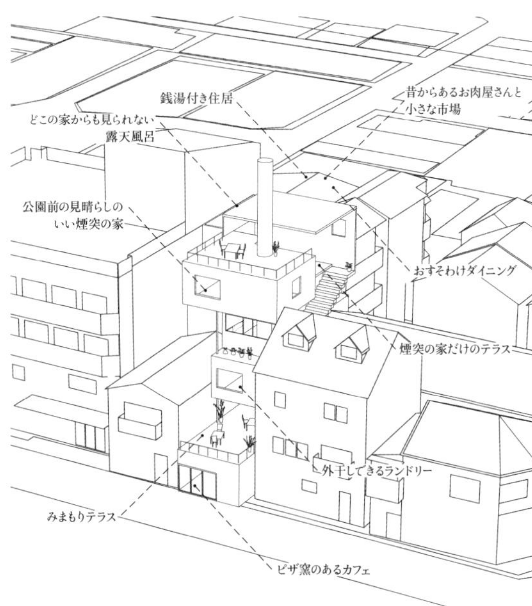

外観パース

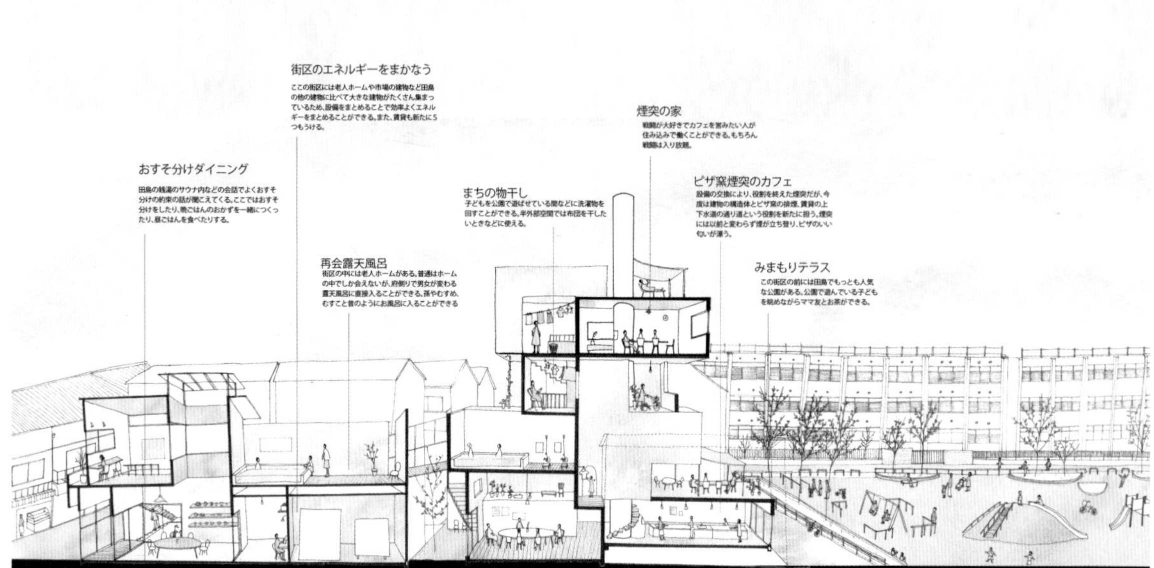

断面図

テラスをめぐる煙突：暖炉のリビングと客間×木密住宅のお墓

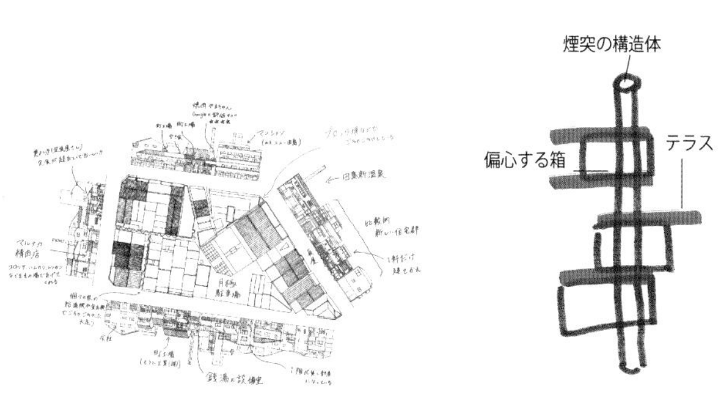

田島新温泉
定休日：不定休
営業時間：14:00－1:00

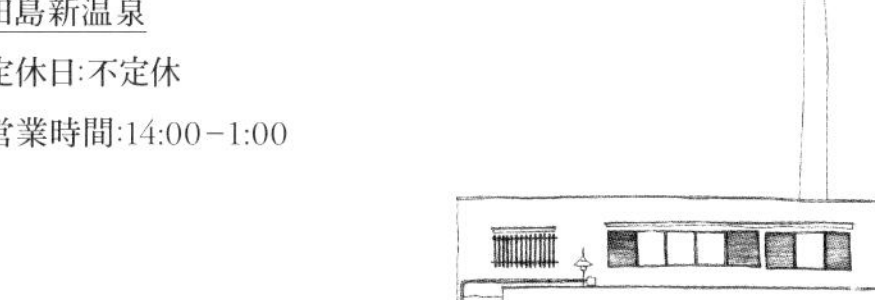

商店街と大通りに挟まれ、交差点にも面していてまちの中心的な場所にある田島温泉。街区は古い元町工場の家を抱えている。町工場の住環境を変え都市に開かれた生活が可能になり、まちで解体された住宅を火葬する場でもあり、まちの客間でもある。

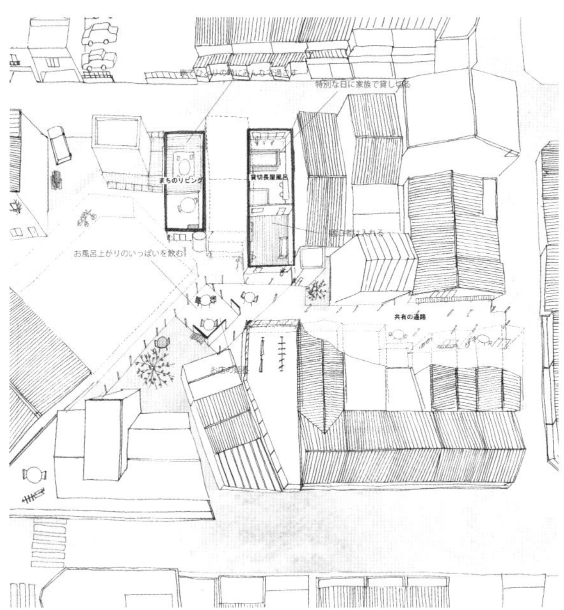

配置図兼一階平面図｜赤＝新しく生まれた活動、青＝昔から変わらない活動

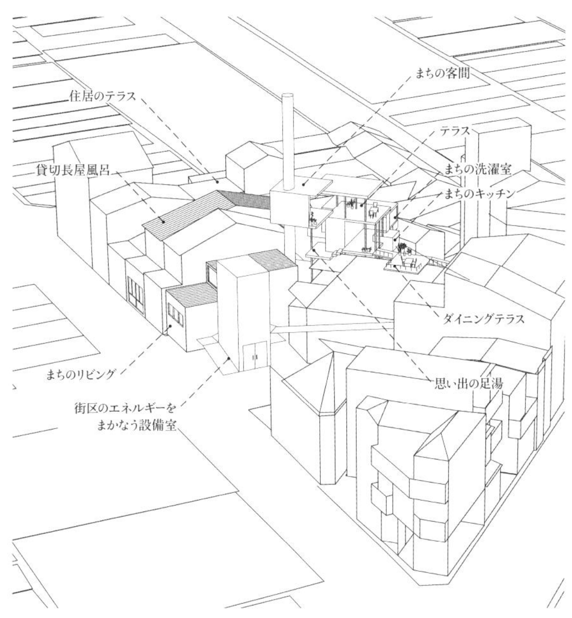

外観パース

まちのえんとつの客間
銭湯が好きな人、このまちに住む友人がこのまちの客人として、近くに徒歩圏内の銭湯が５つあり、貸切風呂ひも入ることができる煙突に宿泊することができる。

まちの洗濯室と台所
この街区に住む人がテラスから出てきて使えるとともに、まちの人、宿泊者も使うことができる。

個人のテラス
この街区には元町工場だった住宅がたくさんある。そういった建物の後ろには台所やお風呂などが増築されていて犬走りが設備で溢れかえっていて危険な状態である。そこで、町工場の前の空いている空間に居住空間をずらし、設備を共有のものとし、増築部分の1階を共有の通路、2階を煙突に繋がる個人のテラスとすることで街区がひとつの家のようなものになる。

思い出の足湯
生野の銭湯には現役で建築の解体端材を用いているところが多く残っている。ここでは設備の更新により、木材で給湯を行わないが。自分の家を解体した際に、端材を持ってきて足湯に入ることができる。

石鹸の香るテラス
煙突に登るまでのテラスは銭湯からの石鹸のいいかおりがほんのりする。

まちのリビング
家族や子どもが仕事や学校に行っていて1人で家で過ごすときなどにまちの人と過ごせる場所。夏は涼しく、冬は暖炉の前で暖まることができる。

貸切長屋風呂
まちの客間に宿泊するときや、街区に住む人が銭湯の営業時間以外に入りたいときやまちの人が家族や大切な人と特別な日に入ったりすることができる。

街区のエネルギーをまかなう設備室

断面図

Capacity for adaptation——状況変化に適応する、可変性の設計——

Day1:3位

ID078｜赤嶺圭亮 Keisuke AKAMINE｜大阪大学

可変性にまつわる歴史を辿り、過去から学ぶ

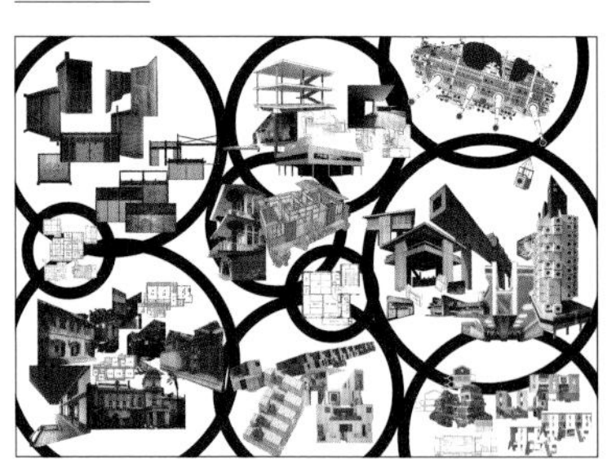

新建築『住宅特集』を用いて
実践的な手法について具体的に学ぶ

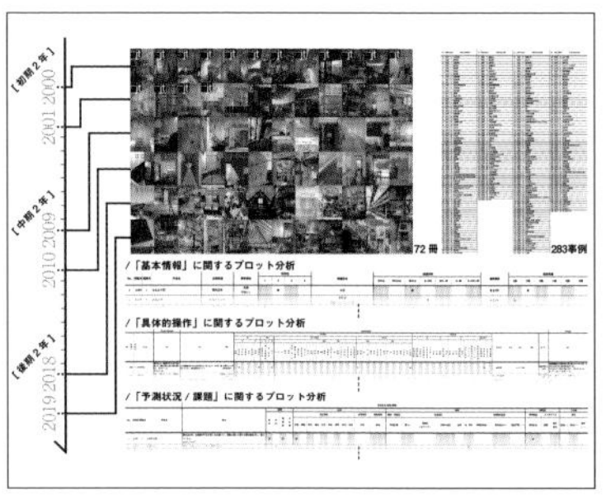

可変性志向操作を一冊の書籍として
データベース化し共有可能に

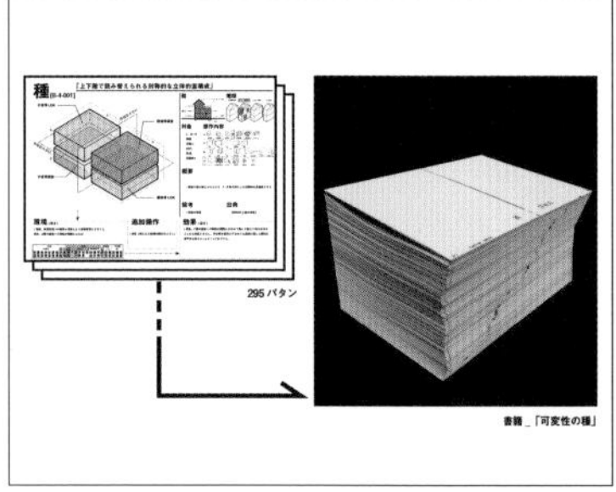

住宅に種を埋め込み、予め変化の補助線を
たくさん用意しておく

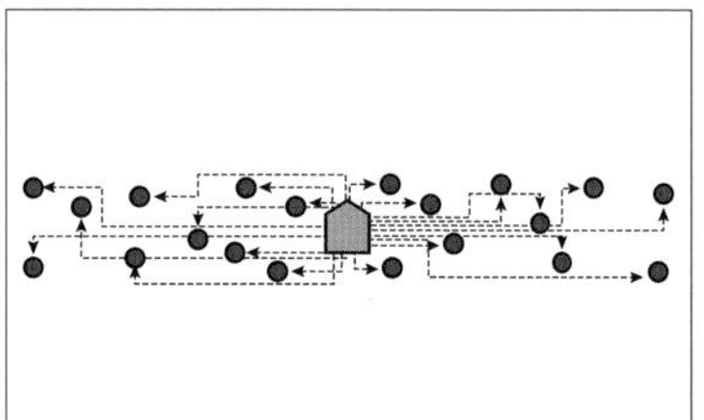

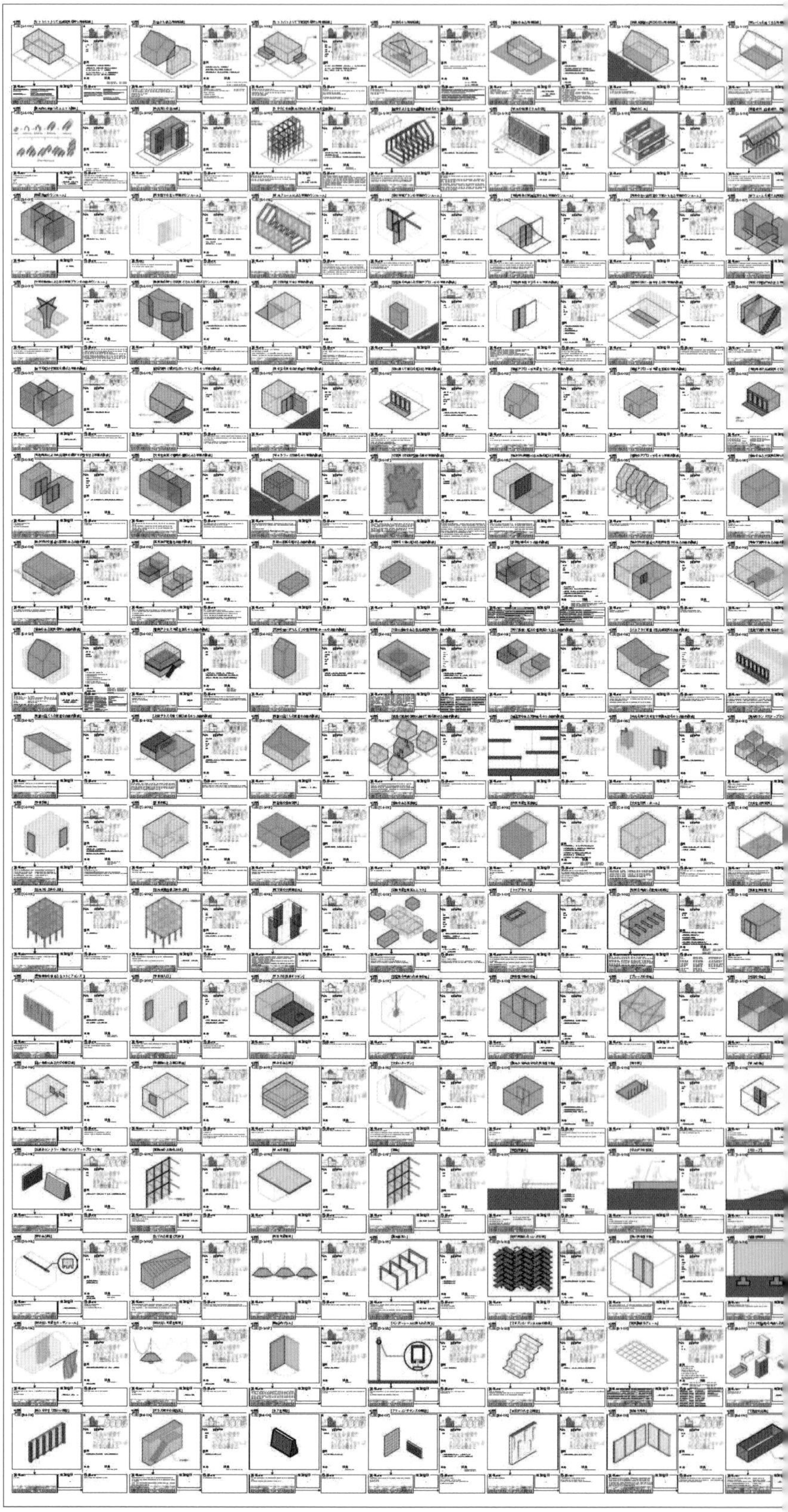

私は、建築が予測不可能性にどう対処するのか、建築の形態をいかに動的に捉えられるのか、という点に関心がある。そこで使い手とともに建築をメンテナンスするような設計体制を確立すべく、研究を進めた。ここでは建築の集中表現として住宅を捉え、雑誌新建築住宅特集から社会の背景が似ていると考えられる直近20年間の大まかな変化を捉えるため、3区分に分けて2年ずつ(2000・2001・2009・2010・2018・2019)の72冊を対象とし住宅作品283事例を取り出し、変化にまつわる操作を抽出している。これらを分析・類型化することで「可変性の種」と名付けた295のパタンを作成し、一冊の書籍としてメディア化した。新築戸建て住宅にこれらの種を埋め込み、4敷地にて24通りのケーススタディを繰り返すことで可変性志向の検証を行なっている。

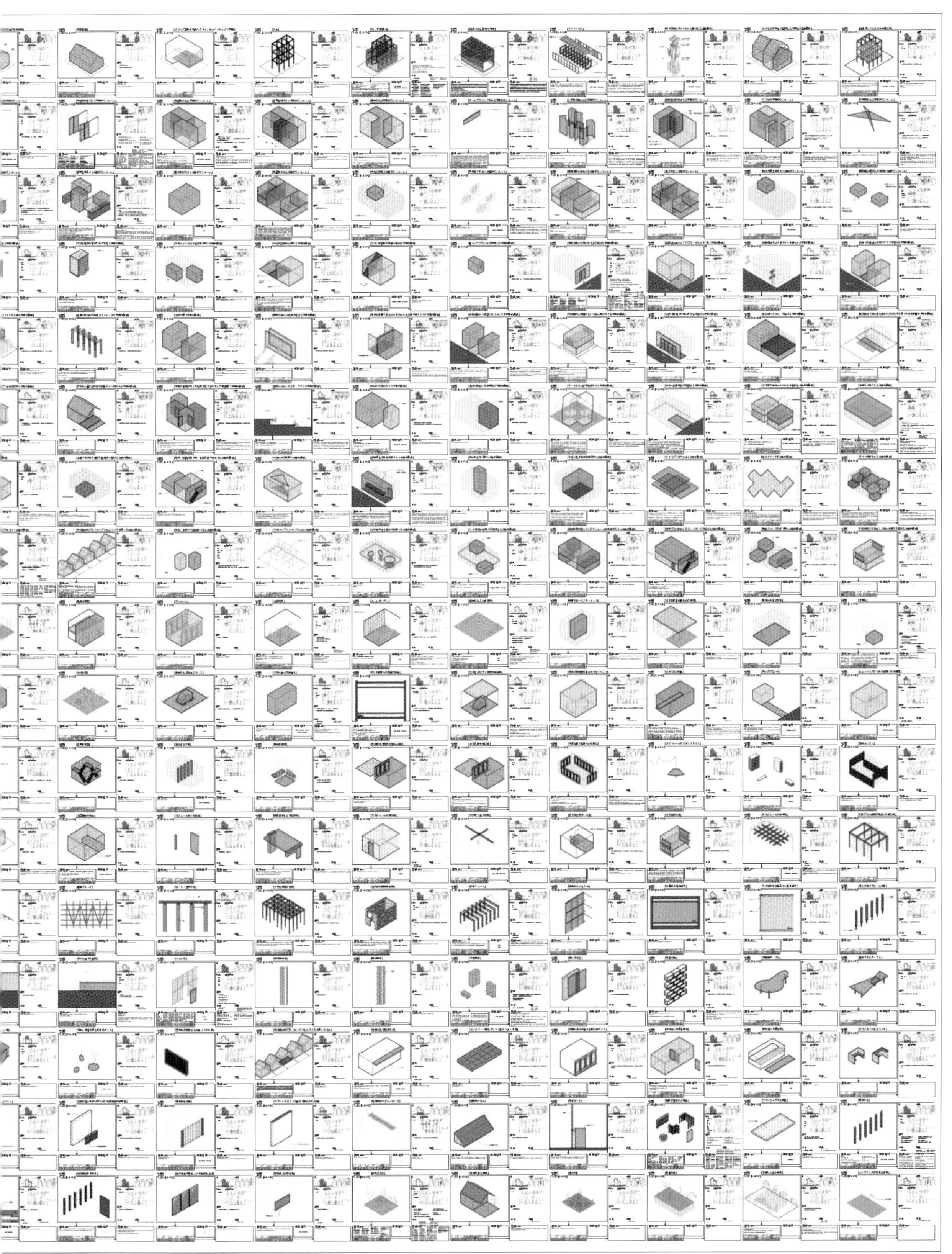

計画軸模型を用いた周辺環境との応答によるスタディ

C-001

●西・南側の大ボリュームから大きくセットバックした配置とした。●陸屋根に囲まれているため同様に継承。●空地(駐車場)である東側に向けてテラスを設置。

気付きや発見

●セットバックして空地が生まれることで周辺のボリュームによる圧迫感を緩和。●北東側の隣家への日照も考慮されている。

改善すべき点

●ただの空地ではない方法としたい。●東側は現在駐車場だが、今後大きく開発される可能性が高い。テラスをただ配置するのではなく、工夫が必要。●北東側の隣家との関わり方を考える。●前面道路側にのっぺり感が出ているので解消したい。

C-002

●建物全体の配置軸を前面道路に対し約45°ズラした。●ボリュームを3つに分割し、小ボリュームを中・大ボリュームで挟み込む図式とする。

気付きや発見

●北側・南側・北西側の各アプローチからの見え方や表情にリズムが生まれた。●北東側の隣家への圧迫感が減少した。●中央テラスの囲まれ感が心地良い。

改善すべき点

●依然として単調な印象が残っている。●アイレベルへの意識が不足しているように感じる。●よりヒューマンな展開を考慮すべき。

C-003

●前面道路側の大ボリュームを分割し、屋根勾配を対照的に振り分けた。●ボリューム全体のズラし方を微調整した。

気付きや発見

●複数言語による勾屋根配、ズレ、ボリュームの上昇感などが全体の印象を多義化している。●西側のボリュームは地域との関わりしろとして活用可能なのではないか。

改善すべき点

●周辺の大型建築によるプライバシー対策を考慮しなければならない。●東側の将来的開発はかなり大掛かりなものであると予想される。大箱に囲まれることに対して意識的な可変性の種を考えねばならない。

「種の埋め込み」►「状況変化」►「環境適応」►「種の埋め込み」►……と反復するケーススタディの流れ

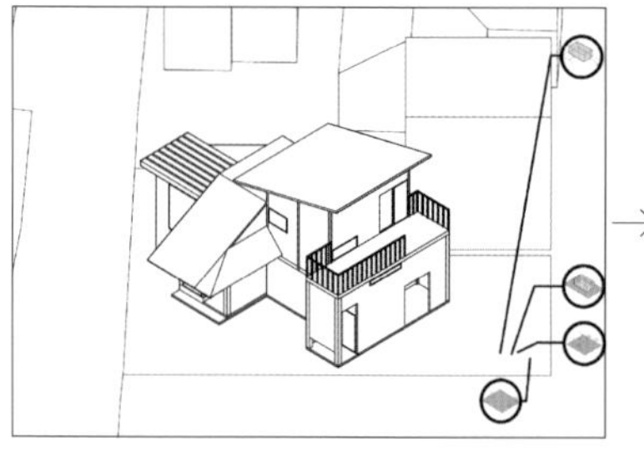

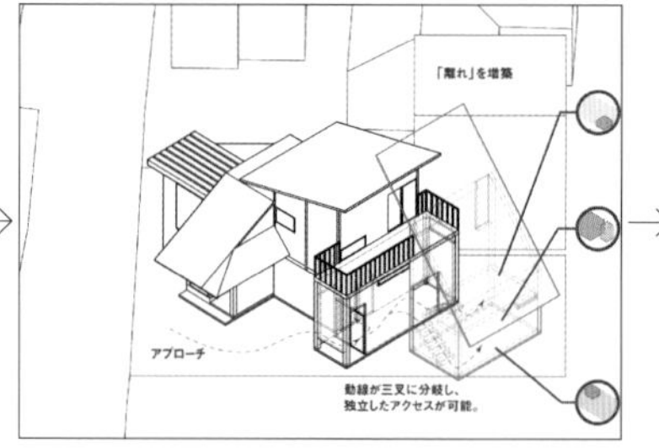

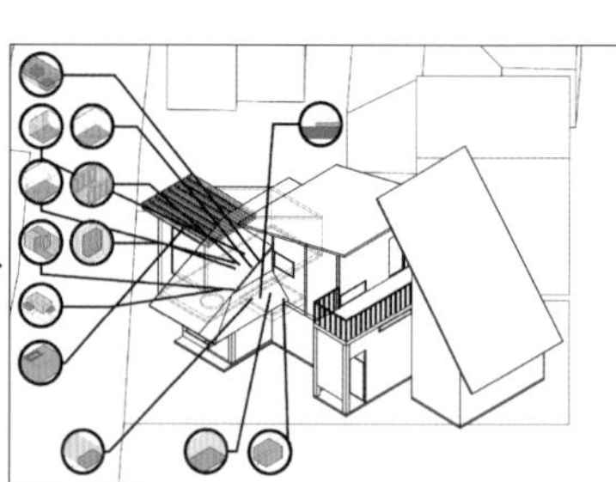

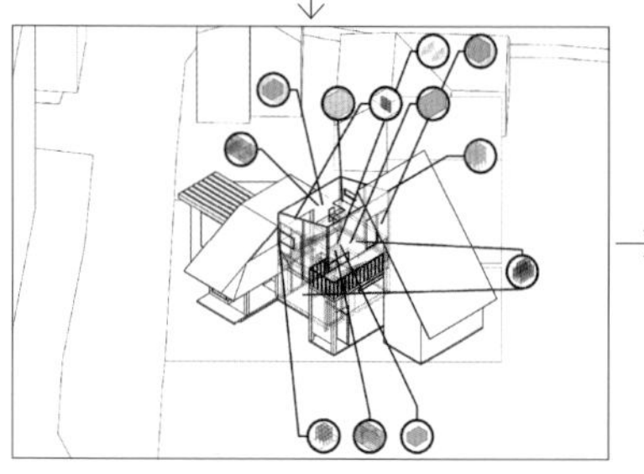

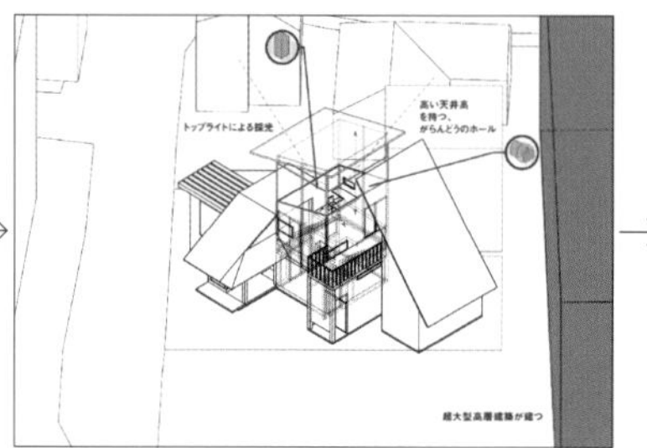

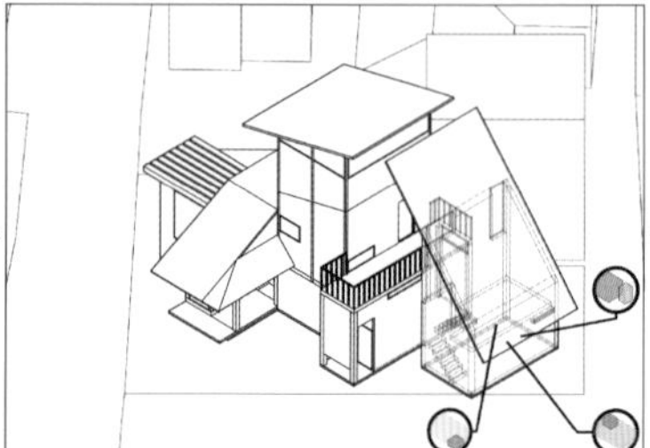

設定可能な/設定すべき「可変性の種」を選定・調停した設計

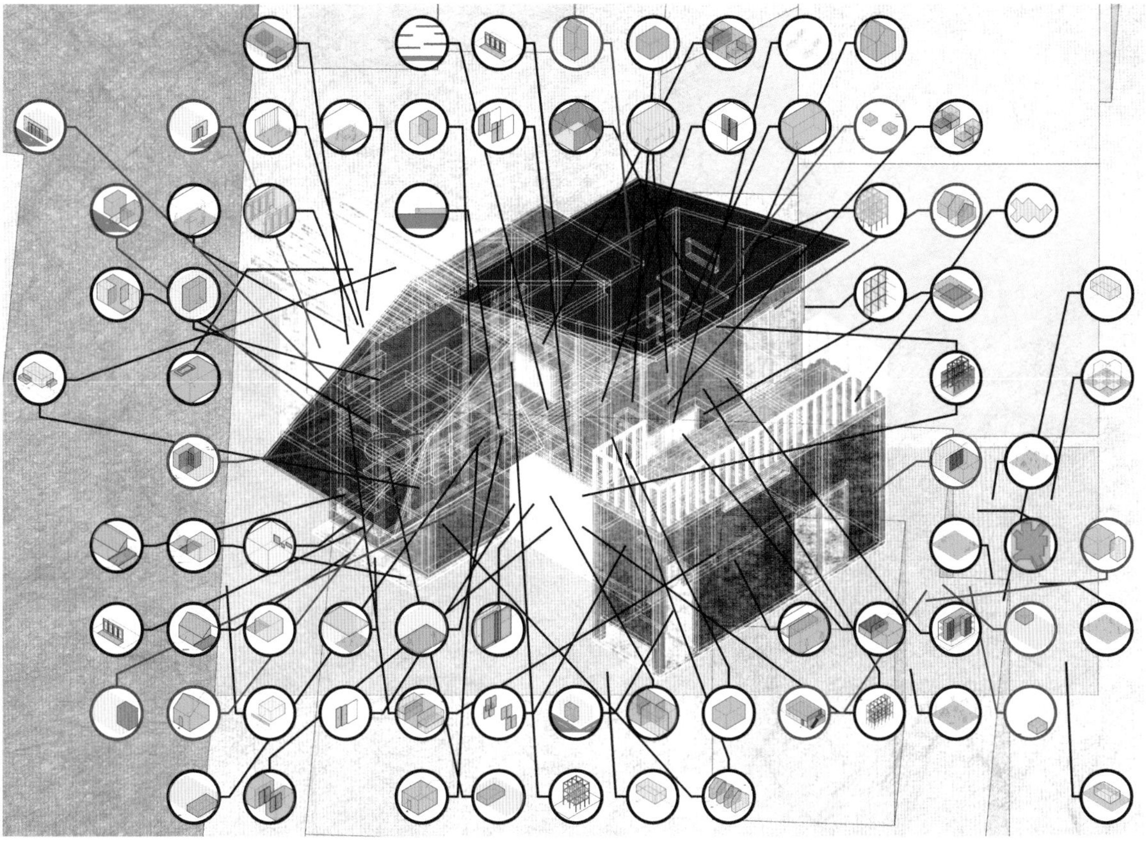

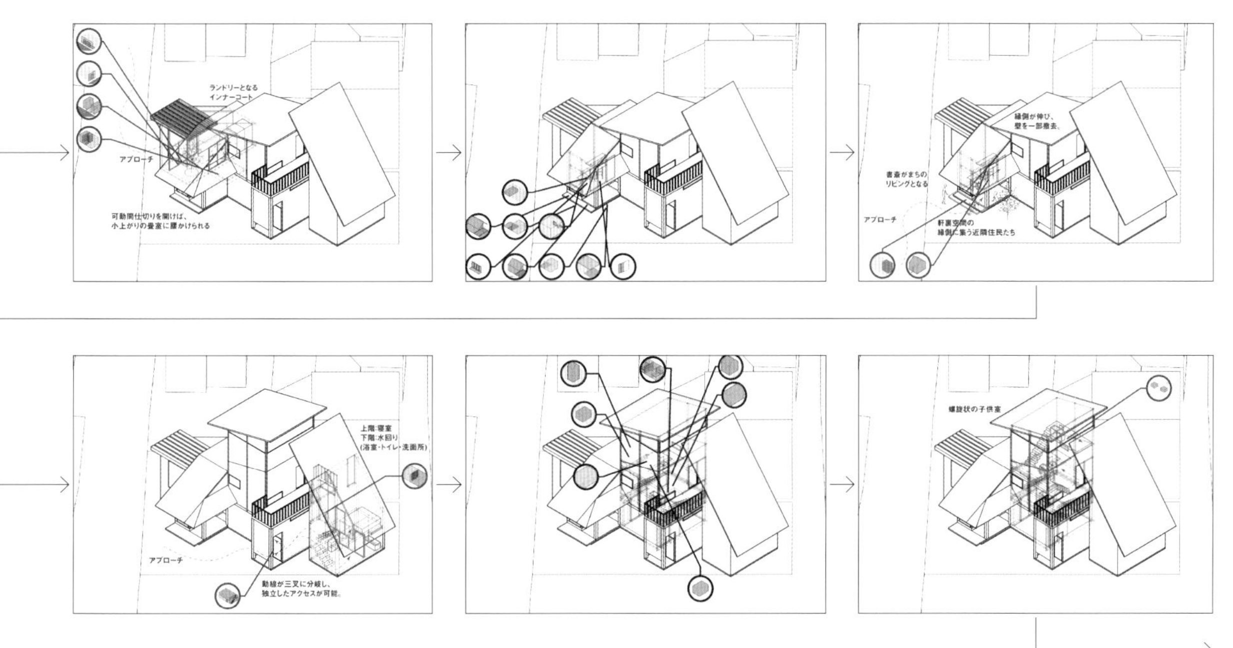

将来的な状況変化と種の応答による反復的ケーススタディ

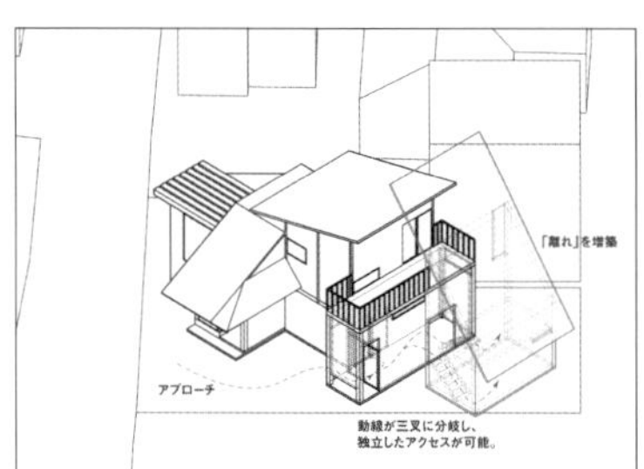

Case 01

●社会的状況の変動に伴い、住居内に個人的な活動スペースが求められるようになる。●予め余白のある建物配置としておくことで、東側の庭に離れを増築することができる。

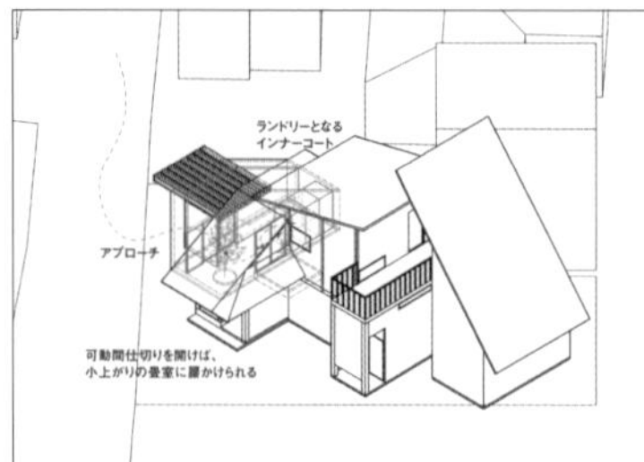

Case 02

●近隣のクリーニング店が閉店する。●西側下屋のインナーコートをランドリーとして用途転用。隣接する小上がりの畳室も可動間仕切りによって開放する。

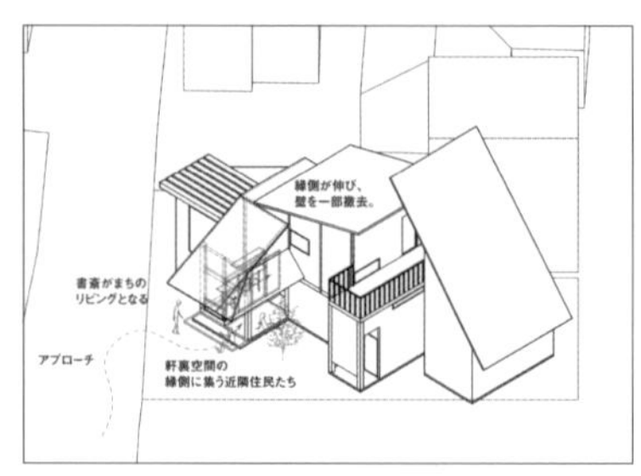

Case 03

●北側地区開発の影響によって通行者数が増加し、他者との出会いが増える。次第に近所付き合いの場が求められるようになる。●深い軒裏空間に縁側を延長し、一部壁を撤去。書斎としていた板間と共に地域のリビングとして活用され始める。

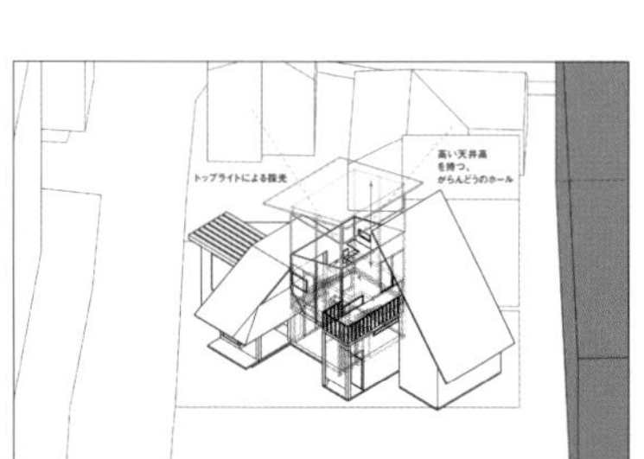

Case 04

●東側駐車場において大型開発が進行。近隣で最大級のマンションが建設される。●RC造の接地階に支えられたW造中央ボリュームを、がらんどうのホールとしてトップライトを設けつつ増改築。

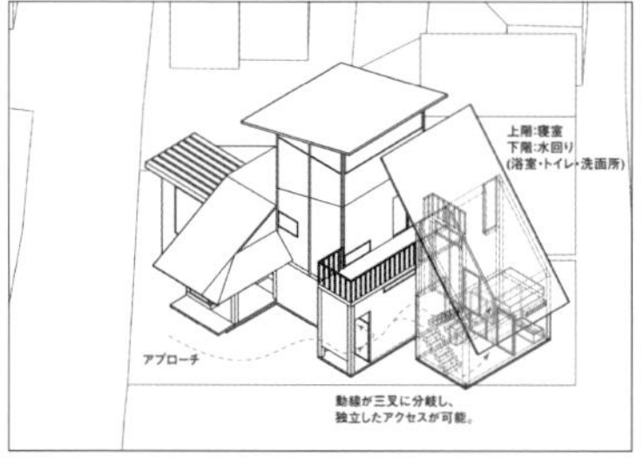

Case 05

●息子の仕事の都合により、子世帯としばらく同居することになる。●独立したアプローチが可能である東側の離れに間仕切りを新設し、寝室や水回りを整備しプラン変更。子世帯の居室。

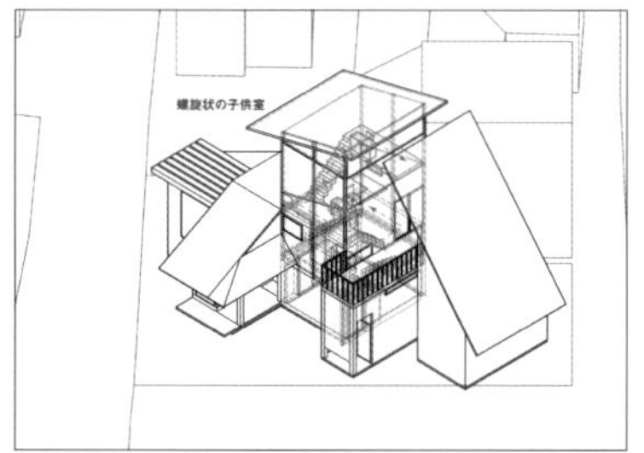

Case 06

●孫が2人誕生し、成長するに伴って子供室が必要となる。●中央ボリュームがゆとりのある吹き抜け空間を有しているため、増床しつつ螺旋状に子供室を追加できる。

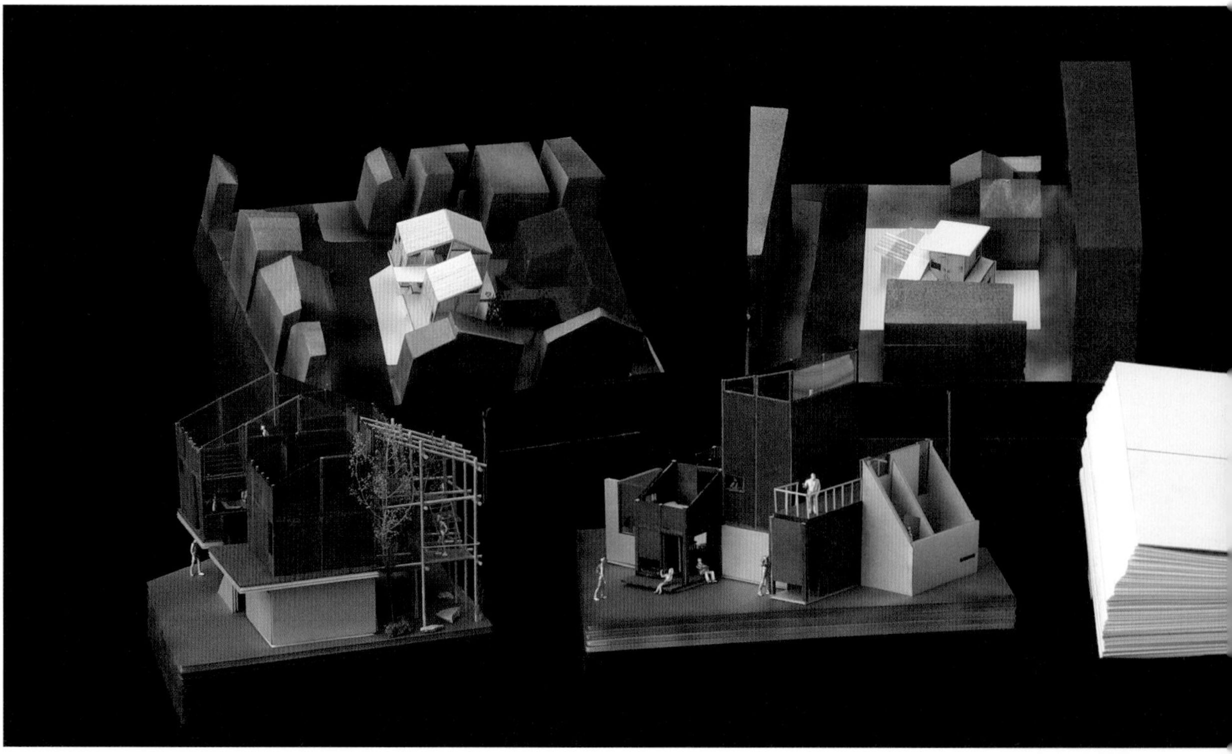

4つの敷地において「可変性の種」の応答により徐々に住宅の形態が変化していく。

反復的に環境適応を繰り返し続けることで、アジャイルなプロセスを継続させていく

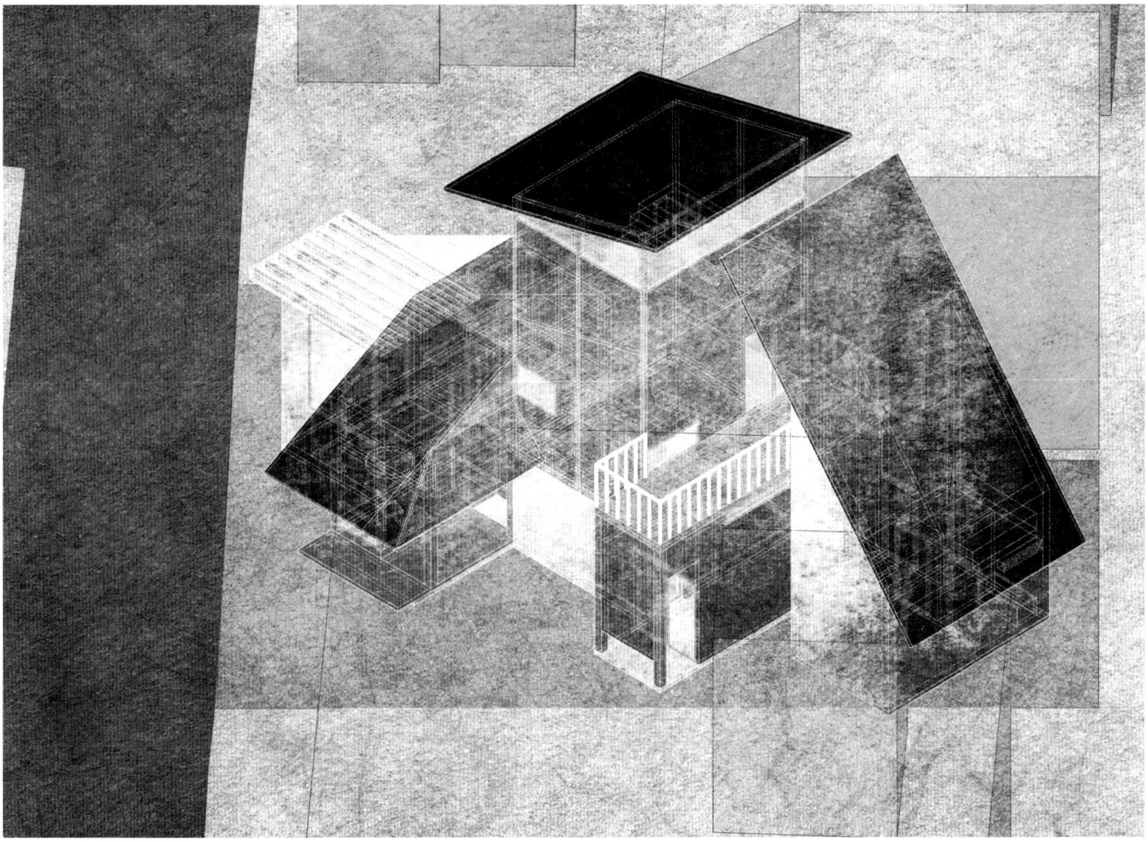

反復的に環境適応を繰り返し続けることで、アジャイルなプロセスを継続させていく“可変性志向戸建て住宅”の提案。

さぬき お遍路 明日への心路——世代を超える、美しき廻国文化の継承空間——

Day1:平田賞・ファイナリスト

ID100 | 坂本茉優 Mayu SAKAMOTO | 大阪工業大学

お遍路は四国の日常であるが、時代が進むにつれてその形式を変化させている。現代では簡略化されたお遍路が一般化する中で、本当の価値は歩く中での経験にあると私は考える。お遍路の中で心は揺れ動き、気持ちが変化することで人の心は成長していく。心の成長を育む道を「心路」とし、新しいお遍路の継承空間を提案する。場所は瀬戸内海に屋根のように浮かんでいる屋島。急峻な斜面の上に第八十四番屋島寺があり、昭和時代斜面を少し斜めに縦断するルートでケーブルカーが敷設され長年遍路に利用された。しかし、現在では廃止され、荒れ果てた現在のお遍路道と歩き難い線路跡のみが残る。この計画は、今残る線路跡を中心軸に分断されたお遍路道をつなぎ、その道に沿ってお遍路の文化を伝える場を設けるものである。この空間を歩く人によって遍路は日々更新されていくだろう。

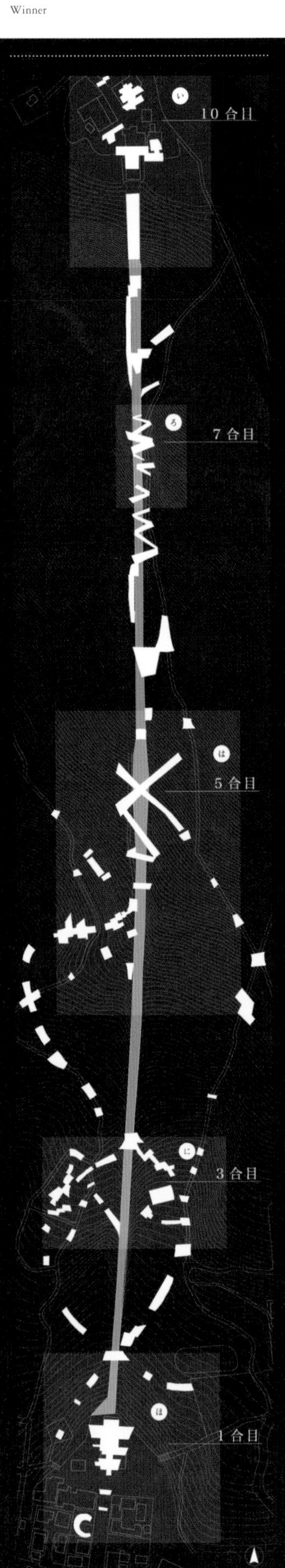

観光としての「遍路」｜現在［遍路の歴史をたどる］

敷地：香川県屋島／四国を循環するお遍路

高松市北東部、瀬戸内海に屋根のように浮かぶ屋島。頂上に四国88箇所霊所第八十四番屋島寺がある。ここは香川県高松市のシンボルとして観光客、お遍路さん、登山者に愛されてきた。古代から多くの歴史舞台になり、63年には213万人が訪れたが、大幅にお遍路さんと観光客が減少し2004年には、50万人／年間になった。このまま遍路の風景が無くなっても良いのだろうか？

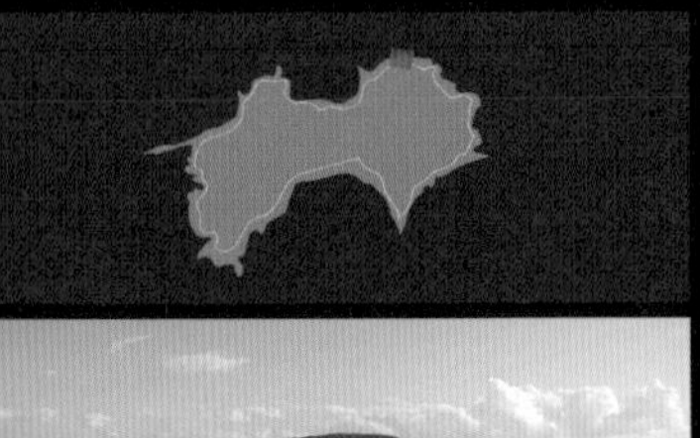

心の旅としての「ヘンロ」｜未来［心の動きをたどる］

10合目｜静かに休む遍路小屋

トンネルを潜り抜け一度明るいところに出ると、山上への感動的な景色が広がっている。そこから続く門型フレームの連続は既存の山上駅舎を包み込むように調和し、山上の平地へと繋がっていく。

7合目｜融和する畳石アーケード

勾配が急になり、元々ある線路脇の階段が主なルートになる。線路跡から派生する様に生まれた休憩所で瀬戸内海の景色を見ながら休む。大階段では登る人と降りる人が出会い、会話やお接待が生まれる。

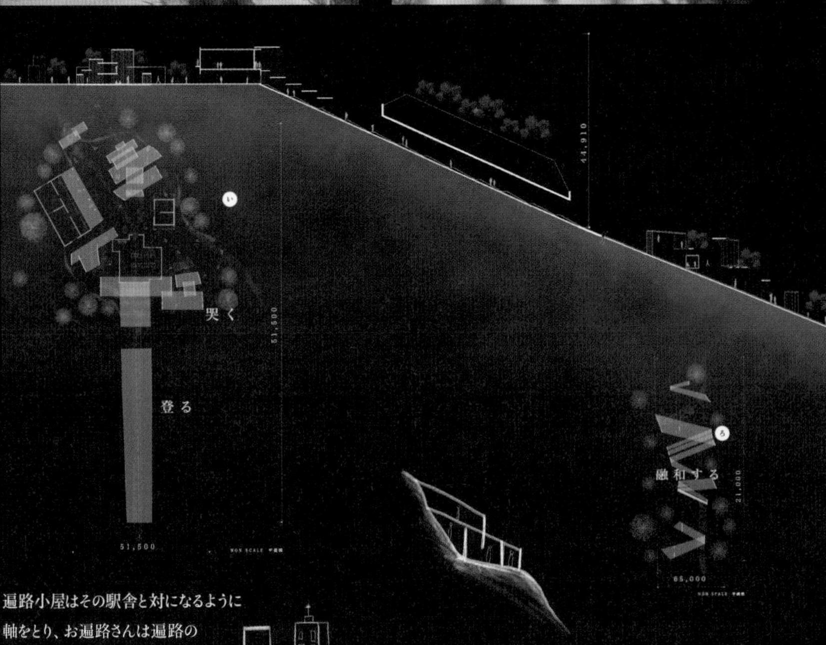

遍路小屋はその駅舎と対になるように軸をとり、お遍路さんは遍路の歴史遺産を見つめながら、自分の過去の思い出を懐かしむ。

斜面に合わせて傾いた門型フレームはかつての地形、畳石を復元する。

屋島登山ケーブル鉄道跡

この地に生まれる新しいお遍路道とは……

かつてお遍路道の一部として利用されたケーブル鉄道は廃止された。現在山上への交通手段は自動車のみである。ケーブル鉄道の線路跡は傾斜が急で歩きにくい。現在のお遍路道は荒れ果てて安全に歩くことができない。

分断されたお遍路道を繋ぐ

今残る線路跡を中心に新しいお遍路道を作り、自らの心を成長させる継承空間を生み出す。

お遍路の力

人の心を癒し、気持ちを前に進める効果があるのかもしれない。

5合目｜解き放つすれ違い展望台

5合目まで登ると、かつてのクロスポイントを跨ぐように展望台がある。2つのレベル差がある床で構成され、讃岐平野と讃岐平野を見渡せる。

展望台の端まで進むと雄大な景色が広がり、これまでの悩みを解き放つ。

3合目｜体得するアート工房

斜面に沿ってお遍路道を歩いていくと、屋根のある空間、完全に閉じられた内部空間、自然を感じる外部空間、トンネルを潜り抜けると線路跡に出る。

多様な空間体の中で光を感じるアート作品を見て感性をみがく。

1合目｜語り合うケーブル鉄道案内所

最寄りの琴電屋島駅から降りて、最初に現れる案内所。かつての歴史を物語るケーブル鉄道のホームと車体を残し、ここから遍路を始める人の待ち合わせや案内所として新しく活用される。

門型フレームの連続は環境に呼応しながらボリュームを変え、周辺地域からケーブル線路跡までを緩やかに繋ぐ。

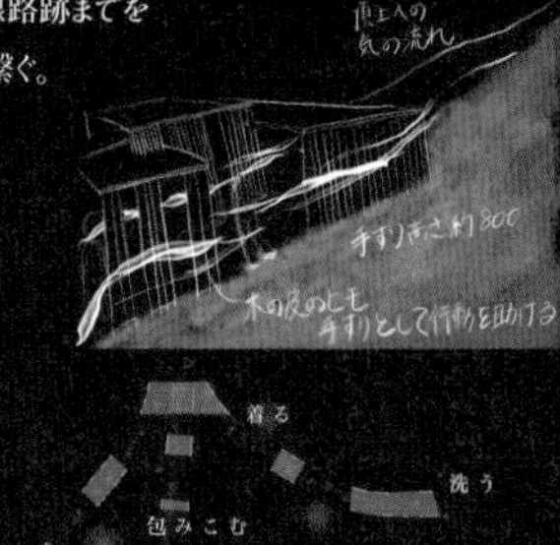

解き放つ　違う　はぐれる　覗く

結ぶ　に　体得する

着る　洗う　包みこむ　いただく

46,300　25,000　37,600　14,000　120,000

あてまげ道の先に。──伝統的な街路形態を活用したまちづくり──

Day1:大西賞

ID050 | 浅野愛莉 Airi Asano | 大阪工業大学

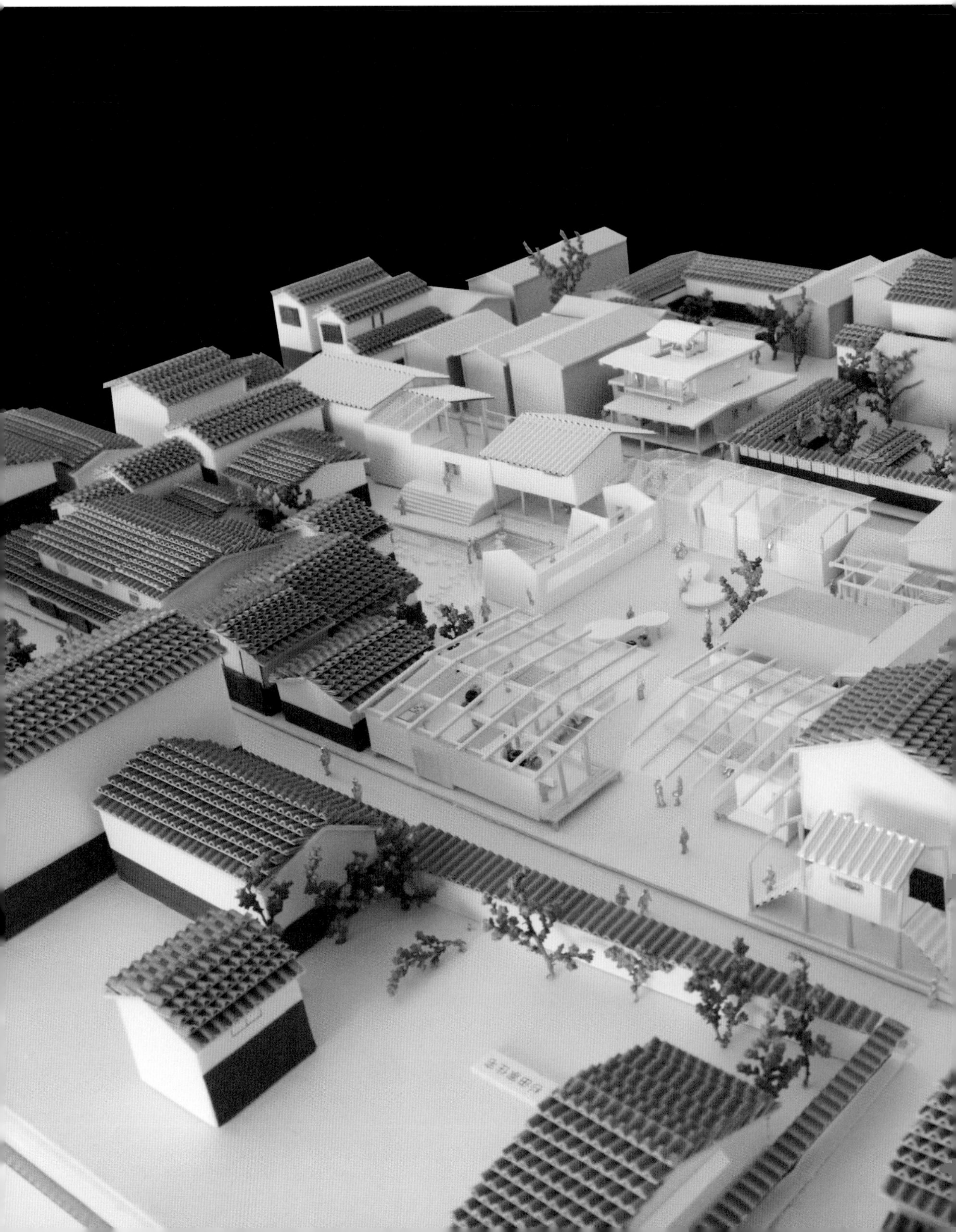

私の地元、富田林寺内町は、多くの町屋や町割りが現在も残る重要伝統的建造物群保存地区。しかし、来訪者が少なく知名度が低い。またまちの歴史を知る人も少ない。そこで、古建築を保存再生する「文化継承型リノベーション」を提案する。富田林寺内町の都市構造「あてまげ」の道に注目する。あてまげの道とは、十字路で道をずらす昔の防御の手段。このような道の構成を利用し、あてまげの先がアイストップとなり、来訪者を誘う。伝統建築の空き地や空き家などにギャラリーやまちの憩い場となるようなプログラムを挿入し、それらをつないでネットワークを構築する。施設をあてまげのように配置することで、驚きと楽しさが広がり、後世に歴史を知るきっかけを与える建築が誕生する。

あてまげの道とは

直交する二つの道路をわずかにずらし、侵入してきた外敵が遠方をまっすぐに見通せない構造で、当時は織田信長の軍勢がいつ攻めてくるか分からない中での緊迫した設計だった。

あてまげのない通り

あてまげのある通り

まちで見つけたちょっとした建築的要素

「水路のある風景。水路の交わり。」

「越屋根って秘密基地に見えへん？」

「後からつけた感がすごいけど。」「鳥居のアーケード？」

配置図兼一階平面図

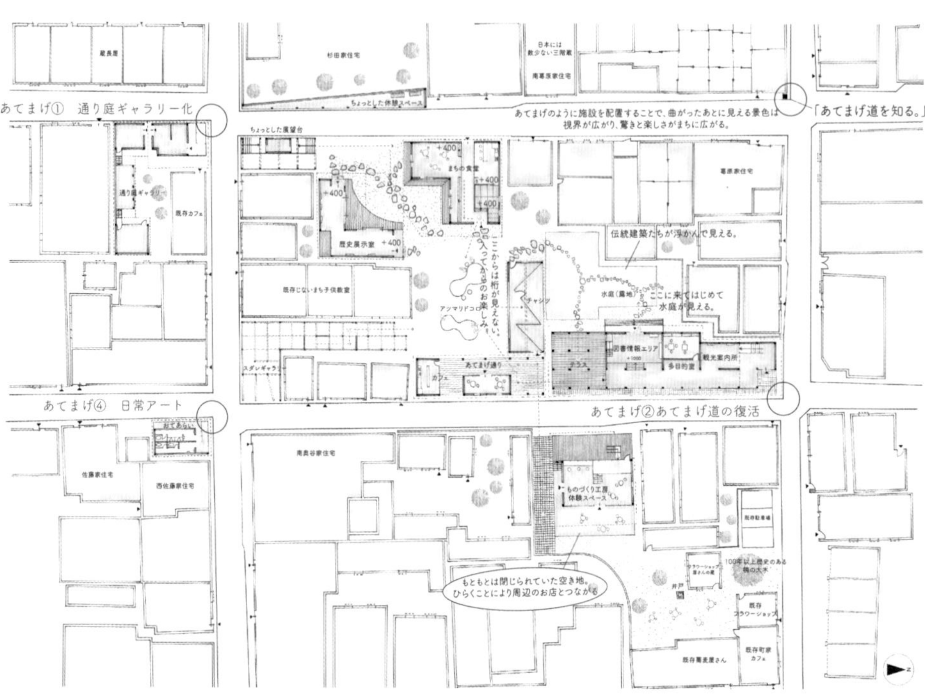

あてまげ1｜通り庭のギャラリー化

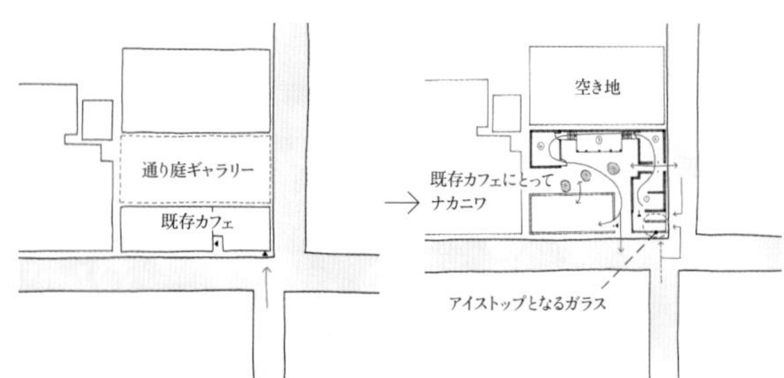

正面に扉が見える町家。真っ直ぐの動線ではあてまげの要素が薄れてしまっている。

正面に入り口を設けるのではなく、ガラス壁でアイストップをつくる。中に入ると、空き地を生かした通り庭ギャラリーが広がる。ギャラリーを見た後は、お隣の町家カフェでお茶でもしませんか？

あてまげ2｜あてまげ道の復活

もともとは12個の倉庫たち。あてまげ道という歴史ある道を目の前に引っ込み思案な倉庫たちが並んでいた。

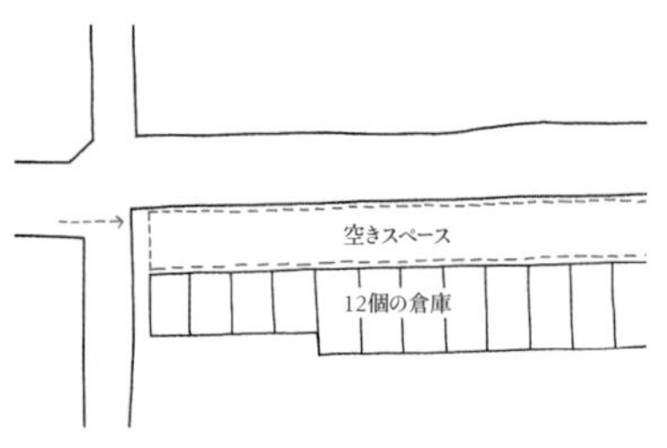

空きスペースがあり、あてまげ道とは言わない状態。

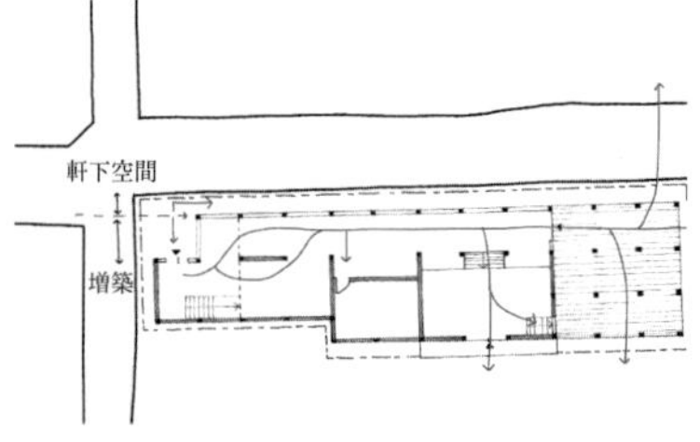

倉庫の柱の位置は変えず増築させ、コンバージョンを行う。既存の街路の延長としての新たな道空間が完成する。

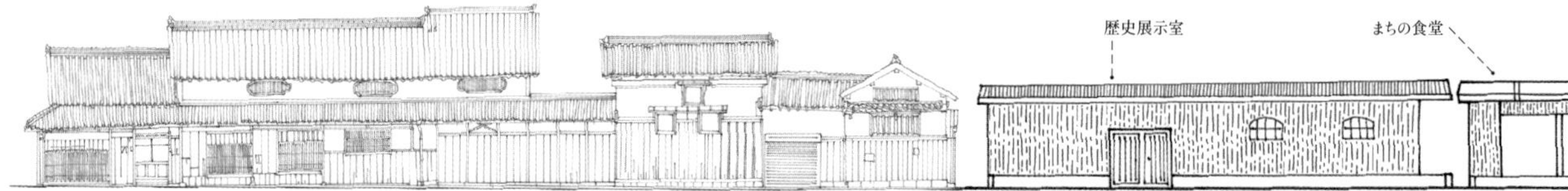

東側立面図

二階平面図

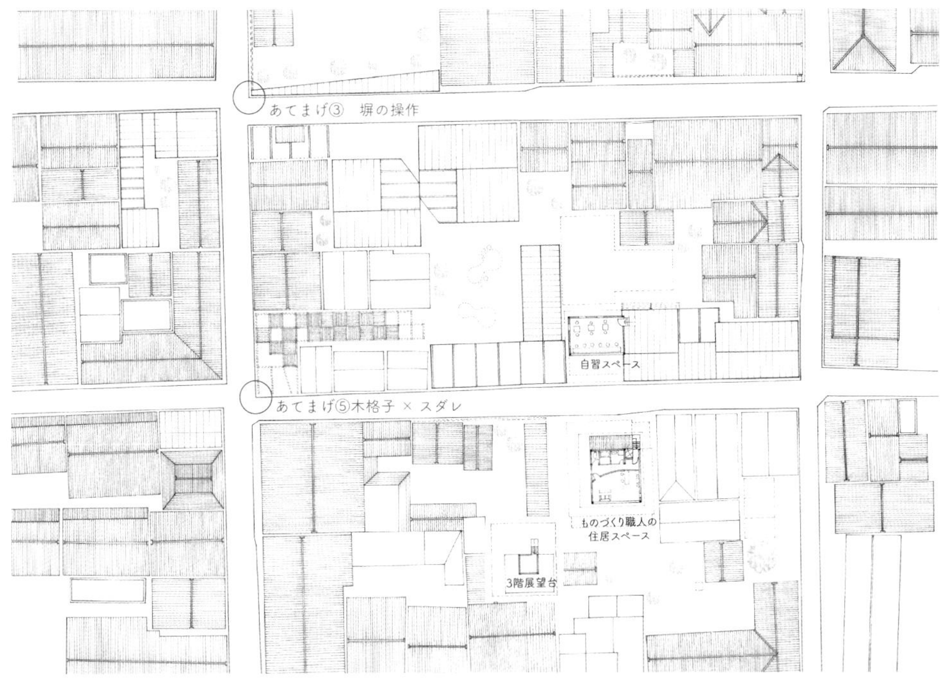

あてまげ3｜塀の操作“板塀×犬矢来”

「このまち塀が多いなぁ …。」

富田林の町家は、主屋や蔵、付属屋などを塀によって結んでいるものが多い。連続した街路空間を形づくっていて、寺内町の建築環境を作り上げるもの。

「これ倒れてるんじゃないん。」

犬矢来とは町家の正面に設けられた柵で、もとは牛馬を繋ぎ止めておくものだったと考えられるが、今日では人が軒下に入ることを防ぐためのものになっている。

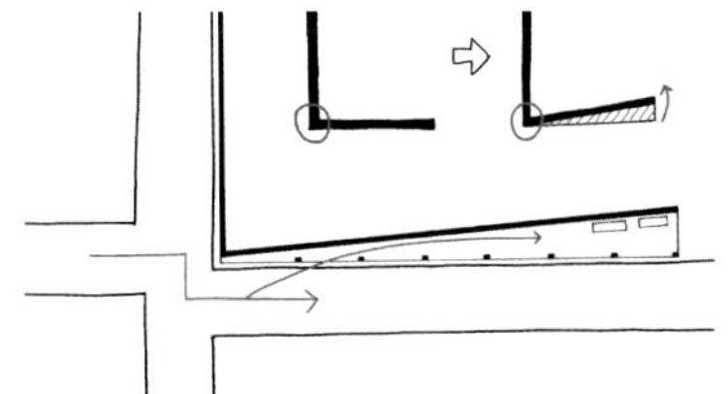

塀のタテヨコの交わり点は変えずに、タテの塀の角度をずらし、最小限の操作を行う。あてまげの形は残したまま、斜めに広がる動線。ちょっとした休憩所となる。

あてまげ4｜日常アート

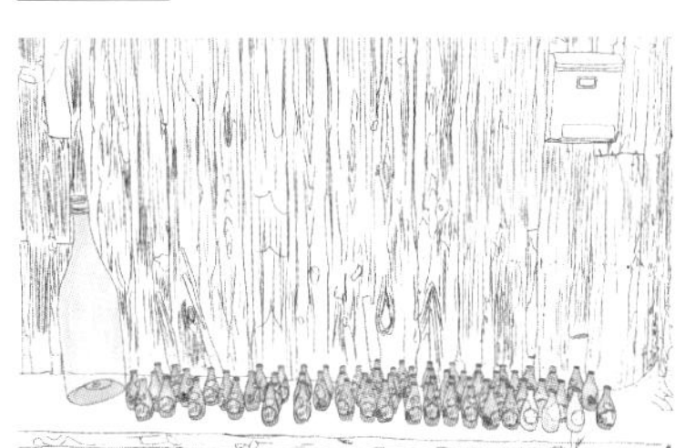

まちにとっては日常であるが、来訪者にとってはアートに見える。そんな出来事をあてまげ道に落とし込んだ。

あてまげ道によってチラリと見えるガラス壁に描かれたトイレのサインは来訪者へのユニバーサルデザイン。

あてまげ5｜木格子×スダレ

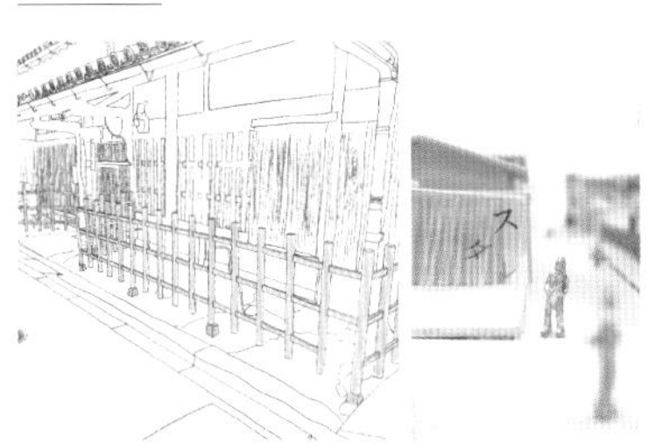

いろんな形と色の木格子。それぞれの家の顔。

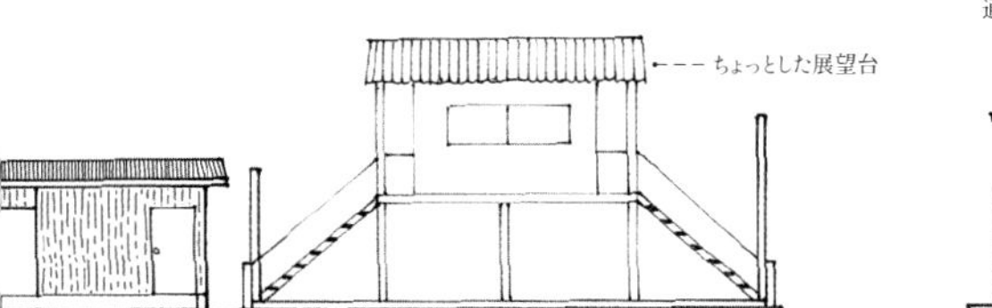

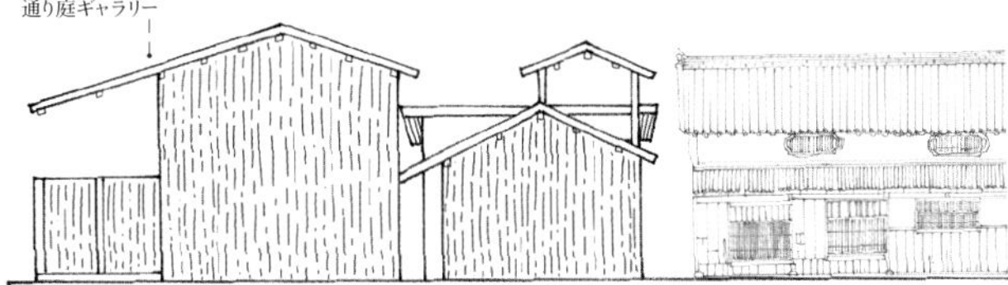

小さな日常、長い一瞬。私とまちの暮らしの設計図

Day1:勝矢賞・ファイナリスト/Day2:五十嵐賞/Day3:野口賞

ID091 | 小川璃子 Riko Ogawa | 大阪大学

中津と私

1年半前、初めて中津に訪れた。なんだか好きなまちだった。しばらく時間をあけて1年前、私はもう一度中津に訪れる。やっぱり好きに思えるまちだった。そして、卒業論文の対象地として何度も中津に足を運び、日常の中の小さな風景を写真に記録していた。

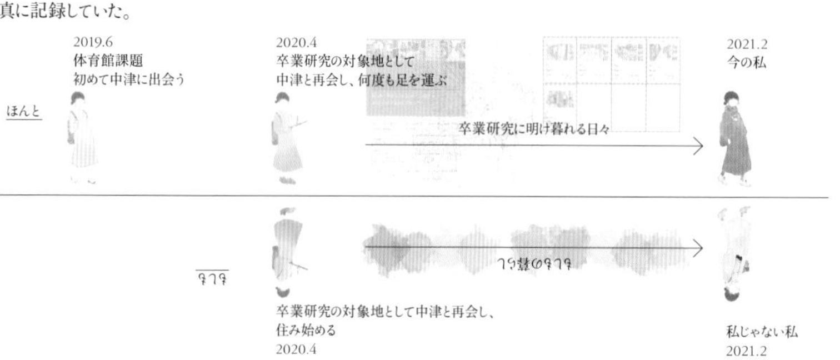
2019.6
体育館課題
初めて中津に出会う
ほんと
2020.4
卒業研究の対象地として
中津と再会し、何度も足を運ぶ
卒業研究に明け暮れる日々
2021.2
今の私
卒業研究の対象地として中津と再会し、
住み始める
2020.4
私じゃない私
2021.2

私と私じゃない私

何気ない日常の風景が私にだけとても美しく見える瞬間がある。それは場所や環境、時間の変化に加えて、私自身の変化も大いに関係しているのだと思う。この1年、もしも私が中津に住んでいたら、どんな風に暮らしていたんだろう。そんな「私じゃない私」の暮らし方の設計図を描く。

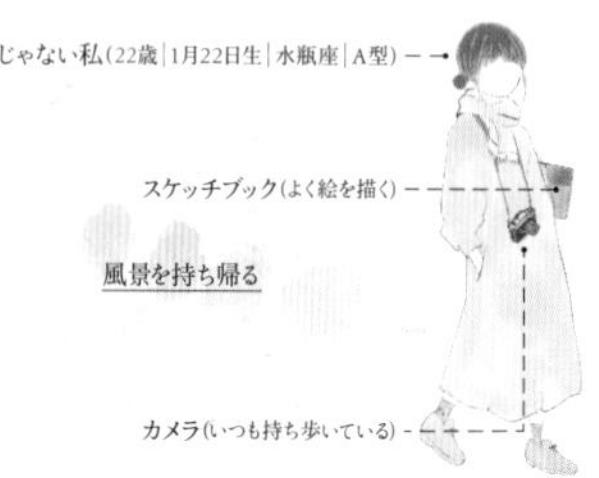
私じゃない私(22歳|1月22日生|水瓶座|A型)
スケッチブック(よく絵を描く)
風景を持ち帰る
カメラ(いつも持ち歩いている)

暮らしの変遷図

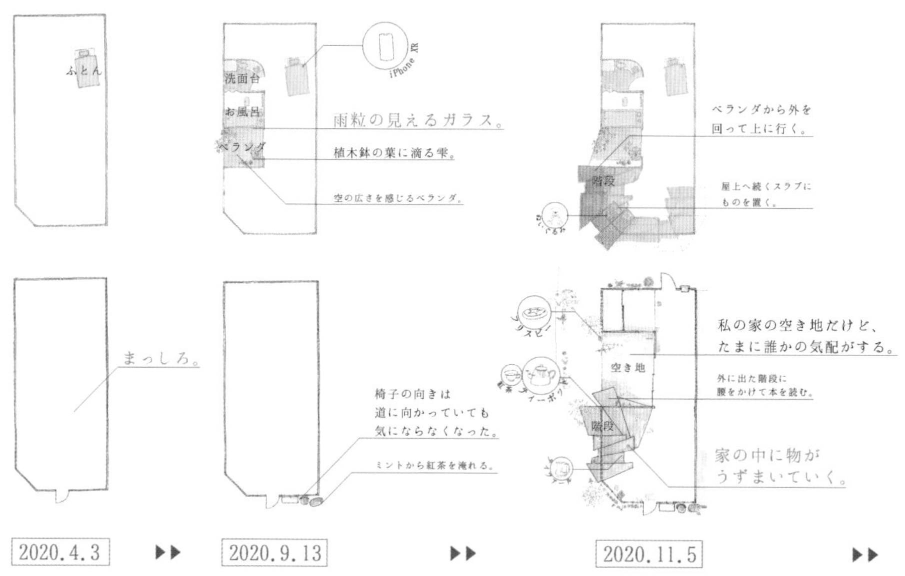
ふとん
まっしろ。
洗面台
お風呂
ベランダ
iPhone XR
雨粒の見えるガラス。
植木鉢の葉に滴る雫。
空の広さを感じるベランダ。
椅子の向きは
道に向かっていても
気にならなくなった。
ミントから紅茶を淹れる。
ベランダから外を
回って上に行く。
階段
屋上へ続くスラブに
ものを置く。
私の家の空き地だけど、
たまに誰かの気配がする。
空き地
外に出た階段に
腰をかけて本を読む。
家の中に物が
うずまいていく。
2020.4.3
2020.9.13
2020.11.5

空白

•

中津で空き家を譲りうけた。
私には真っ白な空間が
広がって見えた。

最低限の暮らしはできるけど、
私にはこの家を
住みこなせていない。

4.3

毎日家に帰る。
駅に近い勝手口から家に入っていると、
この扉が私にとっての玄関になった。

実家から持ってきた
布団の上で過ごす時間が
居心地が良い。

•

いつも使うみちが帰りみちになった。

珈琲の香りが窓からこぼれ、
溢れんばかりに置かれた
植木鉢の葉が身体に触れる。
ハーブティーを飲むために
ミントを育て始める。

•

たまには商店街の方から
帰る日もある。
気分で通りたくなる路地だなぁ。

皆が通りやすいように
ナンテンの枝が
剪定されていることに気づいた。

•

いつも閉まっているシャッターが開いている。
アトリエ「空白」に入ると、
「中津風景画展」が開催されていた。

ロケ地周りをすると、
知らないところや素敵な場所が
中津にはまだまだある。

7.11

相変わらず、布団の上で
過ごす日々。だけど、育ったミントを
摘んでハーブティーを
入れることが楽しみだ。

今日は天気が良いから外で本を読む
家で余っていた椅子を
引っ張り出してきた。

繰り返す日常は、思い返すと過去の一瞬として感じられることがある。日々の暮らしの中で心が揺さぶられたとき、その一瞬だった風景は自らの時間を長く延ばすように私の中で認識は大きくなる。例えば、雨上がりに見た空き地のフェンスの美しさはあの時にしか見ることができなかったものだけど、何度も思い返しては感傷に浸って時を重ねていく。そんなことを考えたこの作品は、私が中津というまちに出会い、小さな日常の風景を記していく中で生まれた、暮らしの設計図です。この1年、何度も訪れる中で大好きになった中津にもし住んでいたら、私はどんな暮らしをしていたんだろう。そんなもしもの私である「私じゃない私」の風景との対話を通して、まちでの暮らしの理想の姿を設計図として描き、小さな日常の中で見つけた一瞬の素敵な風景を長い時間考えました。

暮らすこと

暮らすことは、家の中だけで生活することだけでなく、まちに居場所を見つけることでもある。私がまちに暮らすということは人と直接関わることだけでなく、一人でこっそり楽しみを見つけることかもしれない。そうして見つけたまちの要素と家と私がつながることで暮らしができていく。だけどやっぱり、まちに暮らした先に他者の存在を確かに感じ、また私の存在も誰かのまちの風景の一部になっている。この住みこなしは、今まで気づいていなかった気持ちを持つ新たな自分を作り出し、日々自分も変わりながら暮らしていく。

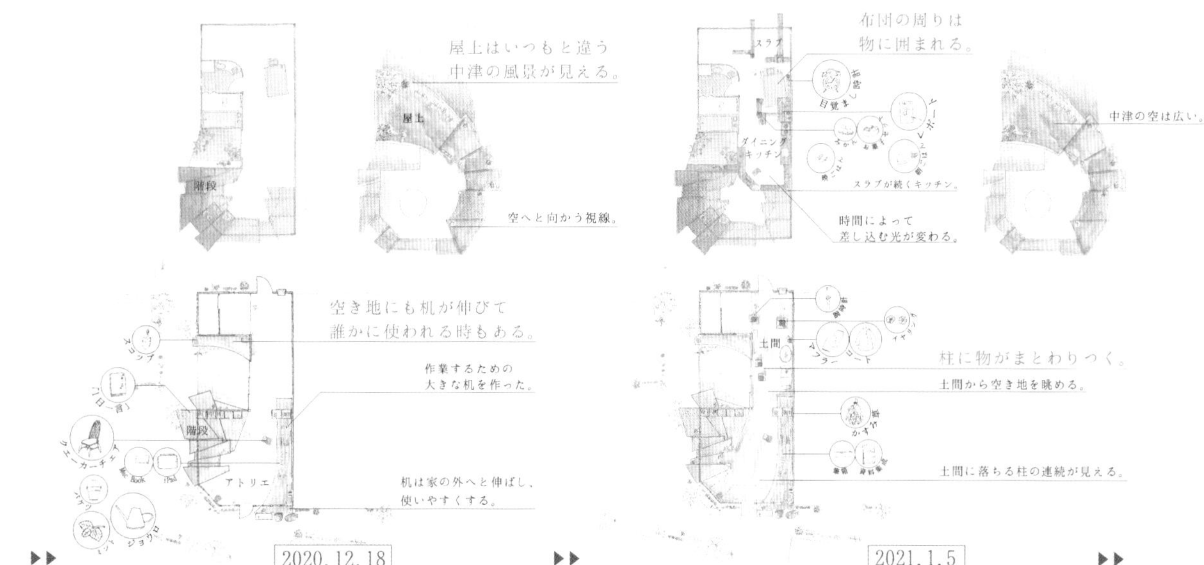
屋上はいつもと違う
中津の風景が見える。
屋上
階段
空へと向かう視線。
布団の周りは
物に囲まれる。
スラブ
ダイニング
キッチン
スラブが続くキッチン。
時間によって
差し込む光が変わる。
中津の空は広い。
空き地にも机が伸びて
誰かに使われる時もある。
作業するための
大きな机を作った。
階段
アトリエ
机は家の外へと伸ばし、
使いやすくする。
土間
柱に物がまとわりつく。
土間から空き地を眺める。
土間に落ちる柱の連続が見える。
2020.12.18
2021.1.5

•

繰り返される日常の中で
椅子の向きはみちに向かい、
ナンテンの枝を剪定して
のれんをかけた。

気づけば家の前はリビング、
路地は玄関と廊下のように
感じられている自分に驚く。
中津での暮らしも悪くないかも。

9.13

雨上がりの日に路地に
迷い込んだ。
中津風景画展の作品
『迷子のための地図』を
思い出す。

他のロケ地も見て帰ると、
トタンの上にあった植木鉢は
なくなっていた。

•

雨上がりの日に雨粒が
綺麗に見える
フェンスとベンチを見つけた。

誰かが傘を干しているのを見て
真似する。
私にとっての傘干し場になった。
雨粒がよく見える窓と
お風呂を設計しよう。

•

雑貨店『ubdy』からの
帰りみちに
家への近道っぽい
抜け道を発見した。

家々の裏の隙間に緑が生茂る
ジャングルのような場所があった。

•

『中津風景記録会』という
まちあるきWSを行う。
ルートを決めるためにいつも
通らない路地を散策。

ジャングルのように見えた
家々の隙間は、緑が消えた
空き地となり、空へと伸びる
ベランダが照らされて見えた。

11.5

自然も人間も太陽さえも
自分勝手に動いている姿によって、
自分の視点は空へと上に上がった。

自分の行為によって
見え方が変わる
階段を設計しよう。

私とまちの暮らしの設計図

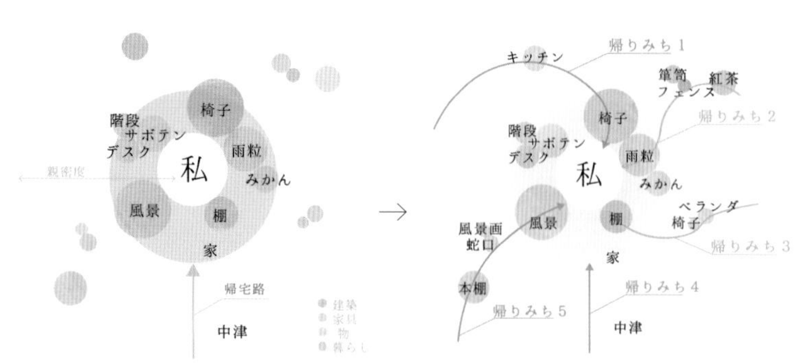

私が好きな物の集まりによって家ができる。中津から家に真っ直ぐつながる道はただの帰宅路。

関係ができた場所になんとなく引き寄せられ、いつもの帰りみちができていく。

1 2 3 4 5

N 0 10 20 40(m)

帰り道で集めた風景

操作｜風景から空間をつくる

あの時の感動や気持ちを忘れられず、風景を私の家に取り込みたくなった。そして、私からもまちを少し作った。

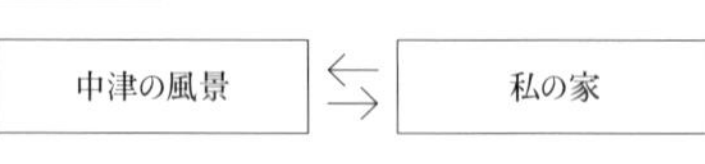

2020.9.13｜雨粒のミエルお風呂

水滴に感動する心を手に入れた。

2020.11.5｜空へとノビていく階段

空を感じるようになった。

2020.12.18｜外へツナがる机

まちに手を差し伸べてみた。

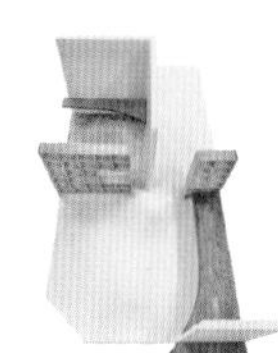

►►

●

やっぱり家の中だけで
最低限の暮らしはできるけど、
家の周りでの住みこなしも
増えてきた。

今度は私の家から
中津のまちの風景へ伸びていく
ような机を作る。

●

『中津風景記録会』で
撮影された写真に
空き地での色のコントラストが綺麗なもの
があった。

それ以来、この空き地を見る目は
まるでカメラのレンズのようになった。

12.18

日常的な場所が
ふと違う視点からのぞくと
違う空間に見えることもある。
そんな体験のできる
模型棚を家にも作ろう。

たまに裏口から帰ると、
棚越しにのぞくアトリエは
新鮮に見えることもある。

●

だいぶ中津での暮らしにも
慣れてきて、
まちの空気感を掴む。

この道に植木鉢と白い壁面の
関係性にいたずらしてみたい。
道にタイルを敷いて帰り、
両者の関係を時々観察してい

2021.2.19｜1年経った今の住宅。これからも更新されていく。

1年で出会った風景からできた『私の住宅』。繰り返す日常は思い返すと、過去の一瞬の出来事に感じられる。心が揺さぶられた時、その一瞬の風景は自らの時間を長く延ばすように私の中で認識は大きくなる。そんなふうにして、風景との対話の中で生まれた、私とまちの暮らしの設計図。

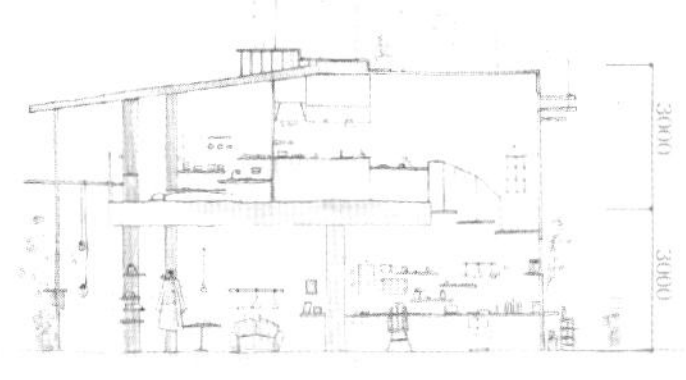

断面図

全体模型

1F平面図

2F平面図

屋上平面図

1｜階段に物を積み上げていく。

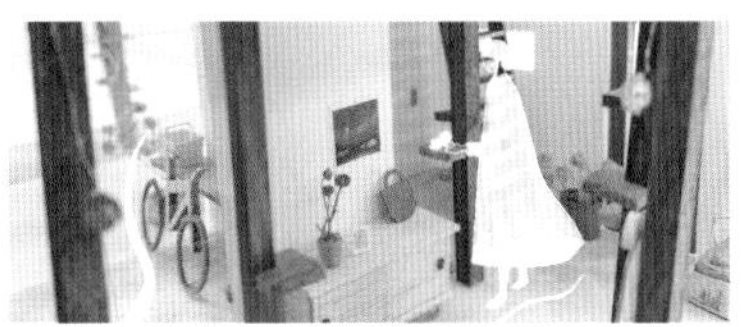

2｜家の前を誰かが歩く気配がする。

3｜玄関前で休憩中に顔見知りと会う。

●

しぶりに『中津風景画展』の
地を訪れると、トタンの上には
ジーと鬼灯、椿が色づかせる。

まるで季節ごとに変わる
トタン舞台みたいで、
次の季節を楽しみにしたい。
そうだ、余ってたタイルを
トタンの上に置いて飾ろう。

●

トタン舞台からタイルの
代わりに持ち帰った鬼灯を家に飾る。

『中津風景画展』で描かれた
トタン舞台はスポットライトのように
差し込む太陽光がとても綺麗だった。
光は時間によって場所が変わり、
そんな陽だまりの中に入れる
ダイニングテーブルを制作する。

●

道の関係性にいたずらした場所が
少しずつ変わっている。

冬は外が寒くて、布団の中が最高に
心地良くて、一度の目覚ましでは
起きれない。布団の周りに物を集めて
置くことできるように、
棚を作り、毎日目覚まし時計を
置く場所は変わる。

1.7

棚を構成する柱は
1階の空間をも変える。

そうして影響を受けた空間は、
気分によって裏口から
帰りたくなるものであった。

●

夕方にいつもよく通る帰りみちの中で、
黒ビニールと西日の影の暗闇に
咲き誇る花を見つける。
自分で居場所を見つけて
輝く様子に気持ちが揺さぶられる。

この場所はあまり日が差し込まないし、
フェンスがあって入れないけど、
私にとってテラスみたいだ。

●

冬の夜空にオリオン座を
探してしまうのが私の癖だ。
梯子のような階段をのぼると、
壁に開けた小さな窓に星が見える。

そして、壁には今まで見てきた
中津の風景が
展示されているギャラリーがある。

「見える」と「見えない」とそのあいだ——都市と海の関係から新たな暮らしのあり方を想起する——

Day1:長坂賞・ファイナリスト

ID063 | 櫻井彩乃 Ayano SAKURAI | 関西大学

堤防のしたから水があふれ出ている
堤防の絶対的な安心感を崩す

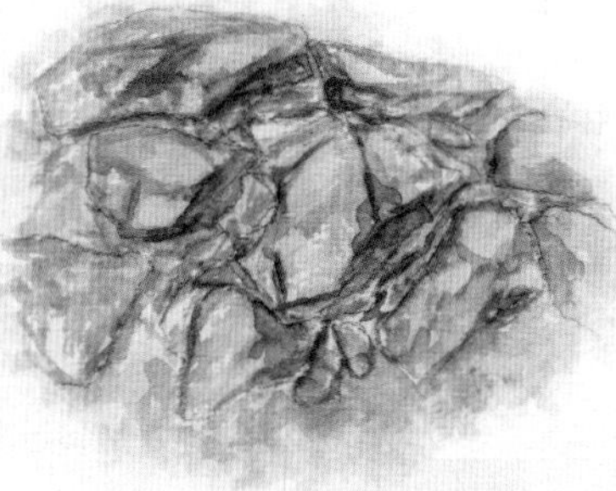

コンクリート片のすきまに水が入ったり出たり
普段なら避けてとおるような
今にも沈んでしまいそうな場所

堤外部分であったところの形状は元々川があったため
入り組んでおり、
くる波をあらゆる方向の面でうけとめ
新たな波を引き起こす
川部分とは違った水面の表情が現れる

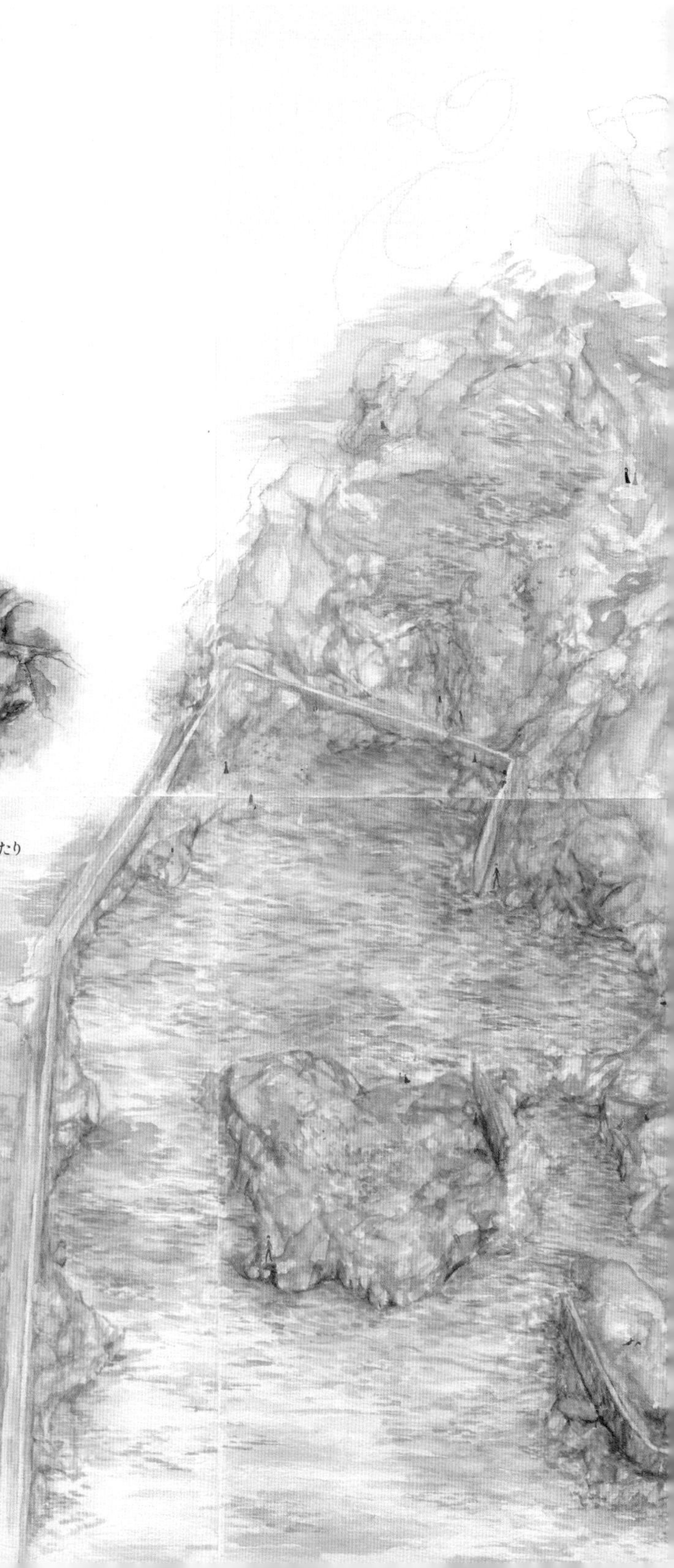

都市の中で生活していると、自然は都市のなかにあるように感じるが、実は都市は自然の上に成り立っている。見えると見えないのあいだを行き来する事象と建築が組み合わさることでこの重要なことが可視化されていく。都市のなかにある自然が溢れていき、やがて都市と自然が同列の要素として捉えられるような環境となる。その環境に生まれる新たな空間を提案する。この空間で、水面の移り変わりのきれいさや、水位が変化する面白さを感じ、日常を過ごす。そして水のそばで暮らしていること、自然のなかに都市がありそこで生活していることをすこしでも考えられたら。この空間のGLとスラブのあいだには人々の考えが溜まっていき、やがてそれが暮らしになっていき、都市になっていく。そうして都市の構築の仕方も変わっていくかもしれない。

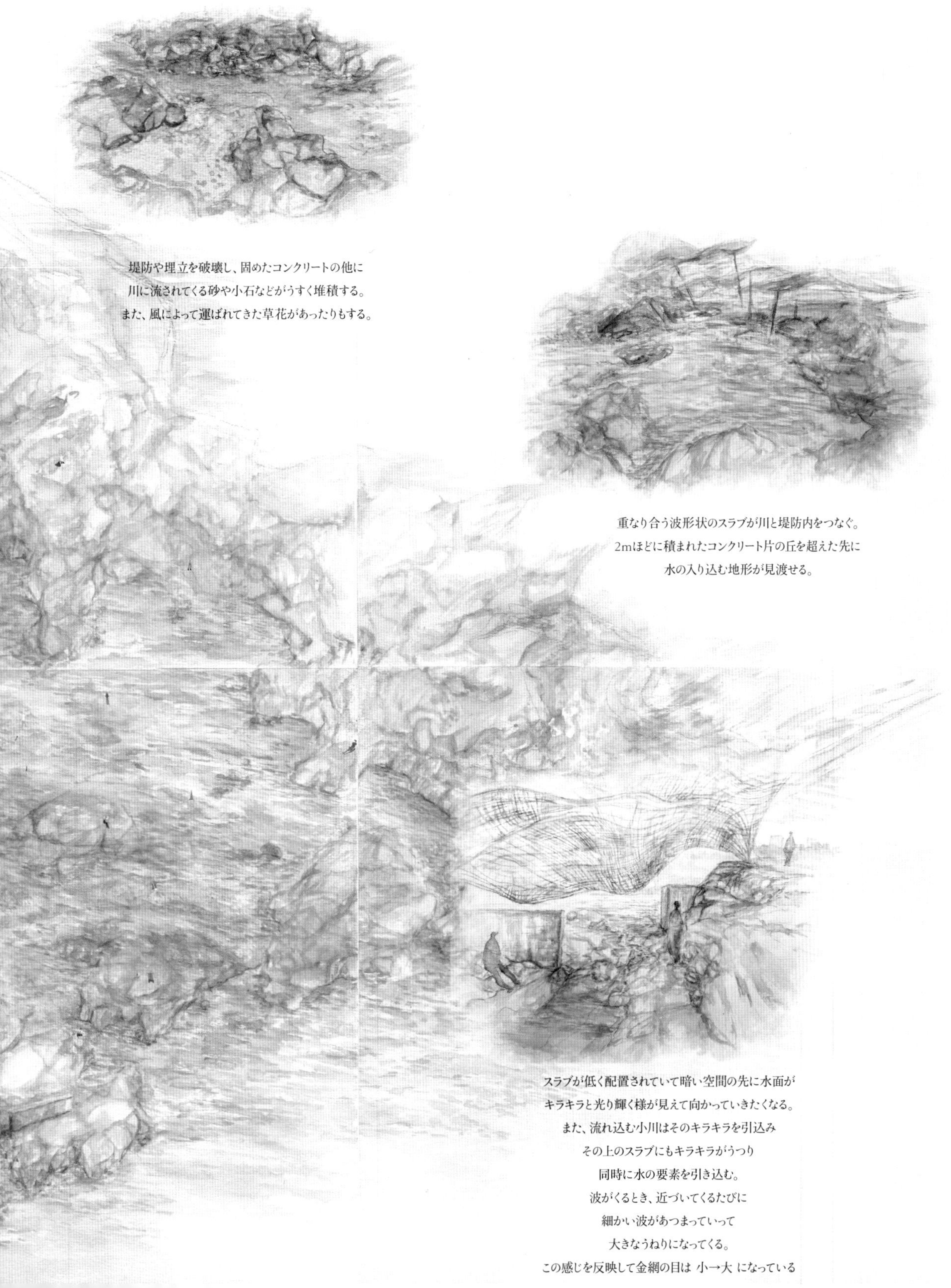

堤防や埋立を破壊し、固めたコンクリートの他に
川に流されてくる砂や小石などがうすく堆積する。
また、風によって運ばれてきた草花があったりもする。

重なり合う波形状のスラブが川と堤防内をつなぐ。
2mほどに積まれたコンクリート片の丘を超えた先に
水の入り込む地形が見渡せる。

スラブが低く配置されていて暗い空間の先に水面が
キラキラと光り輝く様が見えて向かっていきたくなる。
また、流れ込む小川はそのキラキラを引込み
その上のスラブにもキラキラがうつり
同時に水の要素を引き込む。
波がくるとき、近づいてくるたびに
細かい波があつまっていって
大きなうねりになってくる。
この感じを反映して金網の目は 小→大 になっている

「見える」と「見えない」のあいだ

「見える」と「見えない」のあいだを行き来しているが、普段人びとが気に留めていない事象に着目する。

見えたり見えなかったりする動きのなか
全体の環境=建築と捉えれば

- ・ 建築自体が見えかくれする動的な存在になり得る
- ・ 見えかくれする動きが可視化される
- ► 見えかくれする動きは私たちに何かを考えさせる

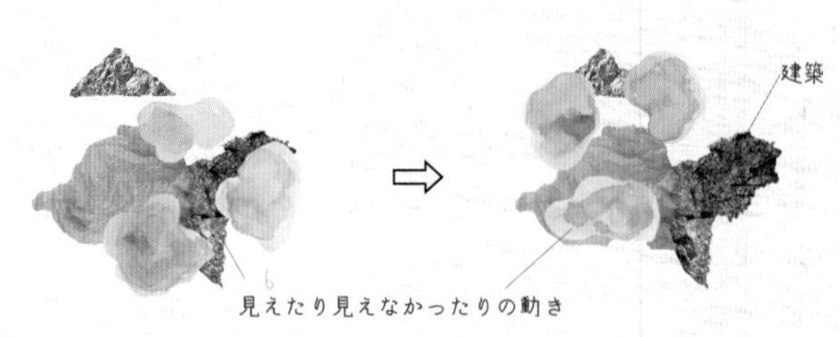

堆積する暮らし

GLとスラブのあいだに人びとの“暮らし”がたまっていく。そしてGLは複雑化していく。水位が上がるほどにGLが上のレベルに構築されていき、“暮らし”が堆積していく。人びとのふるまいがたまっていって、ふるまいはあつまって生活をつくる。それらはだんだんと都市を形成していく。新たなGLに都市が形成されることで、都市の形態の変革を試みる。

一度堤防を築いてしまった状態ではさらに堤防を築いていくことで治水を行うという手法が取られてしまう。堤防を高く築くことで、人びとの都市生活空間が守られたとしても、水を感じない暮らしでは、水のことを知ることができず、水辺に近いというその土地の特性を生かした生活ができない。そして都市はどこであれ同じ顔を持つようになってしまう。堤防を築いてしまっている現状を一旦、都市と自然が同列の要素として在るニュートラルな状態にし、そこに積層していく新たなGLを配置する。

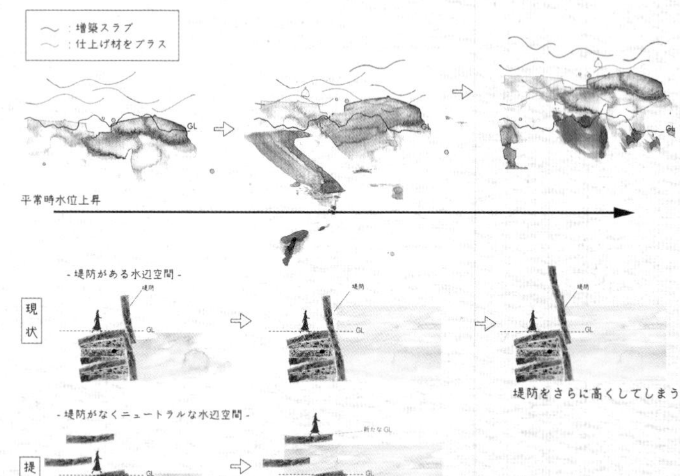

設計概要

川沿いは堤防がぐるりと回っている。敷地は堤防内部分と埋め立てられただけの堤外部分がある。

建築と自然 両者が共存した状態をつくりだす
堤防を一部は壊し、一部は残し、壊した堤防のコンクリートを用いて、新たなGLを形成する。

建築と自然が共存した状態のまま更新されていくような都市形態の基礎を築く
その上に波形状のスラブを配置する。これらは水位が上昇したときGLとなる。

断面図

水面の動きや視覚的な水の効果——水面と実体の行き来——

reflect（うつる）

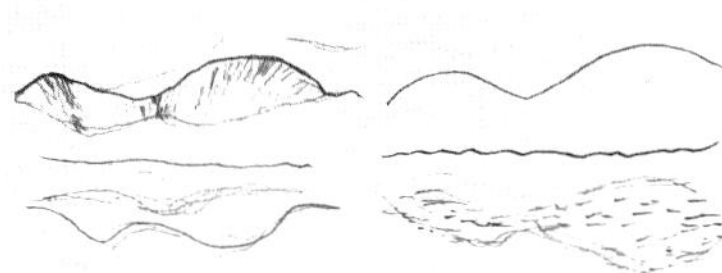

reflectした姿は
実像ほぼそのまま

ある程度の大きさに
disassembleされる

どちらが水面でどちらが建築かわからない感じ。ゆらめいて入り混じって入れかわって動的に、互いにその姿をうつし合う。

disassemble（分解する）

いくつかの実体は水面上でそれぞれ要素に分解され、要素同士が交ざりあい、ひとつになる。水面にうつり一度分解されることで、組み合わさっていろいろな可能性が生まれる。ばらばらだけどひとつ、ばらばらがよい。

trimming（切り取る）

水面だけを切り取る視点を取り入れる。普段は水面のある風景を見ることはあっても、水面のみを眺めることはない。水面に現れるテキスタイルデザイン的な面白さに引き込まれる。

空間の構成要素

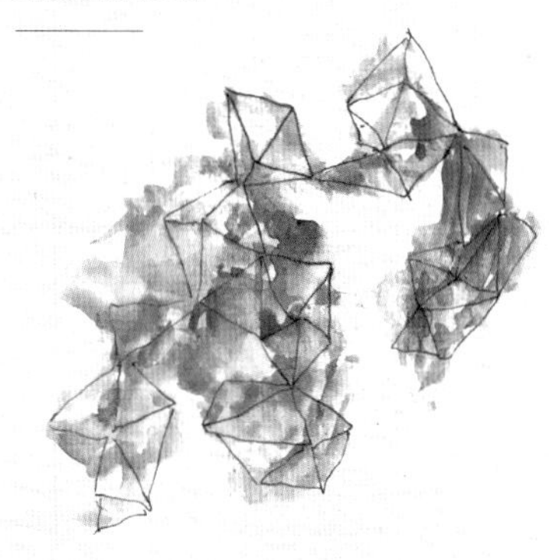

水と建築の呼応する関係だけでなく、そこに人が介入していくことで、同列の要素のひとつとなる。人の動きが建築/空間の形状を変え、水の様子を変える。人びとの考えやふるまいが溜まっていく。それらは“暮らし”としてこの空間に介入してくる。また、水の様子や建築を介して光や風を感じられる。その時々によって異なる様相をする水、光、風によってできた空間性により、全体の環境=建築はまわりの変化に対して動的なものとなる。

水位変化や水の流れに対して

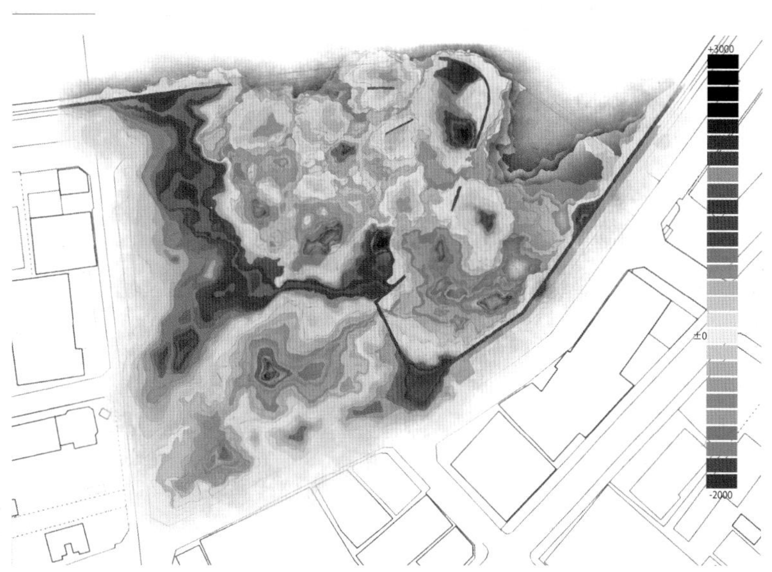

配置高さや深さの異なる“水たまり”をいくつも提案することで、潮位の変化による水の変化を可視化する。

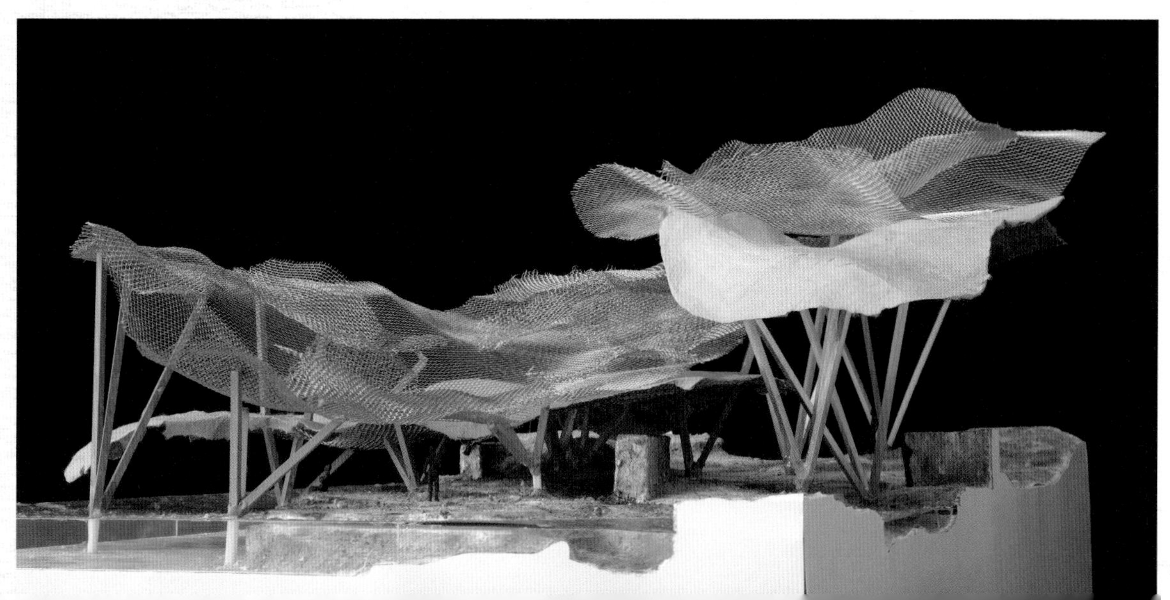

Day1

審査ドキュメント

Document of Critique

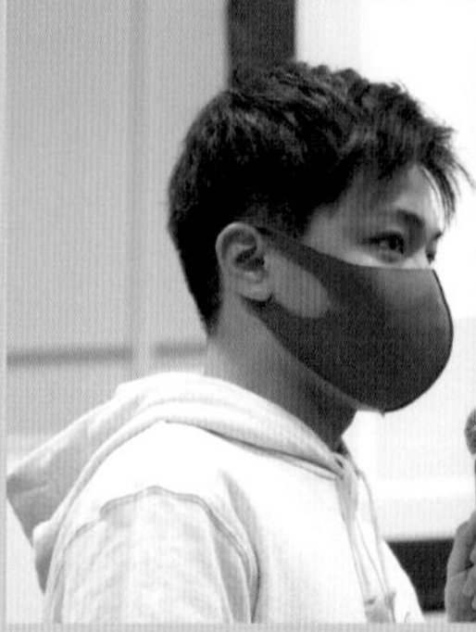

プレゼンテーション

ID018｜谷本かな穂｜近畿大学

『都市への感覚
——まちの活動のうつわとなる建築の提案——』

谷本　都市の中には、まちの人の愛着や着心地のよさを伴った空間が存在し、独自の活動や暮らしが形態や空間と結びついています。私が卒業設計で扱う銭湯はそのような建築の一つです。敷地は大阪市生野区の田島です。昔から大阪には銭湯は200mの間隔を空けるという条例があるのですが、田島は生野区の中でもっとも銭湯とまちが密接になっている土地です。このまちをよりよく知るためにスケッチを用いてパースにしていくと、まちのいたる所で修繕や増改築がなされた建物が存在しているのを発見しました。それらを踏まえ、まちを一つの平面ダイアグラムとして設計しました。また、銭湯の設備のみを更新するのではなく、街区全体のエネルギーを共有し、それにともない空間も共有できる建築を考えました。このまちの風景となっている煙突を構造の軸とし、周りの建物を巻き込みながら、今の暮らしと新しい暮らしが混ざり合うように設計しました。街区を含めた建物の用途、周辺環境からそれぞれの特徴を捉えて銭湯のキャラクターを決定しました。

大西　街区が一個の建物という考えがおもしろいと思うのですが、何をすればその街区が一個のものとして捉えられるようになっていくのでしょうか。

平田　かさねて質問すると、なぜこの三つの敷地を選んだのでしょうか。それらはどういう特徴で結ばれているのでしょうか。一つひとつは周りの状況を読み解き、ありそうなものを丁寧につくっているのはわかりました。その三つが一つのものとし

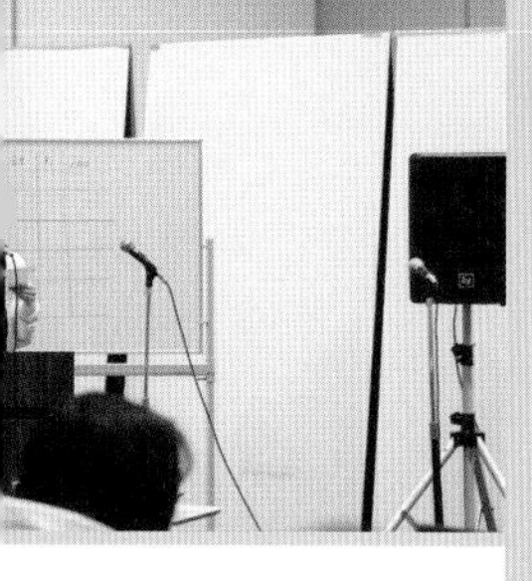

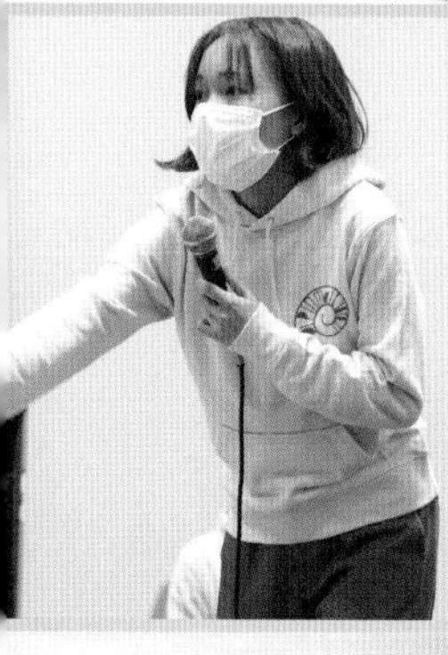

て捉えるためにどのようなことを想定していますか。

谷本　たとえば、この場所にはお店で食べるということが街区の中に入ってきて、そこにまた違う人が入ることで、何か一つになると思っています。

冨永　街区を中心として、銭湯とプラス・アルファなものをつくりながら、足りていないものや足りているものに接続していくと、ありすぎるものと、足りないものが変化していくと思います。この建築ができることによって周りがどう変わるのか、具体的に示してくれるとよかったと思います。

勝矢　元々エッセンシャルな施設であった銭湯が、新しいまちのコミュニティの中心になるのがおもしろいと思いました。まちの読み解きに合わせて建築の形態言語を変えていると思いますが、そこをどのように考えて読み解いたのかをもっと聞きたかったですね。

ID036｜生田敢士｜関西大学

『令和鴨川圖屏風
——縁を紡ぐ河原のカタチ——』

生田　私は、河原はその土地の風景と向き合う秘められた魅力で満ち満ちていると考えています。鴨川は氾濫対策の築堤工事によって平安時代から築かれた人工河川です。人工物でありながらも自然を体験できるような里山的な気持ちよさがあり、建築と人と自然が共生する景色を望むことができます。しかし、鴨川に魅力を感じた一方で、不完全であるとも感じました。鴨川の河原は広大であるが故に利用されず、整備されていない場所が多く見られ、その真価を発揮できていません。その真価を発揮できていない河原を敷地として、現状の問題点を改善し、目の前に広がる風景との調和をはかります。設計を行う敷地は二つです。一つ目は「橋の額縁」。鴨川に多くまたがる橋の景色における役割は、「風景を切り取る額縁」だと考えます。橋下の薄暗い場所から橋のシルエットに区切られた景色は、青空の広さや草木の色味、水流の音色を強調します。そんな景色の観賞点からの見えを誘導するため、橋下での過ごし方を提案します。二つ目は「空き庭」です。ふとしたときに、外の空気を求めて出歩ける河原は、その人にとっての第二の庭であり、河原とまちの中間領域も同様に豊かである必要があります。コンクリート舗装やフェンスで強引に線引きされている場所の境界を曖昧にし、空き地で風景を味わうためのランドスケープデザインを行います。各敷地ごとに、鴨川の風景に対する「風景の軸」を設定し、植栽の種類、椅子や石畳の向き、地形の微妙な高低差を設計します。この3要素の操作によって風景との調和をはかります。

(オンラインの音声トラブルの為、質疑応答なし。)

ID040｜廣瀬憲吾｜立命館大学

『海郷の螺旋塔
——漁業地域における事前復興まちづくりの提案——』

廣瀬　南海トラフ地震によって被災する地域では、震災前から地震や津波の被害を想定し、被災からの復興まちづくりに着手しておく「事前復興まちづくり」を行う必要があります。対象敷地の高知県巣鴨市片島地区は、昔から漁業・林業が盛んで、海とのつながりが深い場所です。そこに堤防一体型タワーによる新たな暮らしを取り入れた事前復興まちづくりを提案します。防災時に限らず、コミュニティハブとして日常的に利用可能な建築とし、災害時においても漁業・観光業を持続可能なものとします。片島では最大9.8メートルの津波が来ることが予想され、それに対して避難タワーを設けるとともに、建物の老朽化によって壊される公民館・観光センター市場を避難タワーに設けます。さらに地域特性に根ざしたライフライン、バイオマス発電と海水イオンの給水排水システムを設けることで、災害時の生活を支える復興拠点になります。日本全国で事前復興まちづくりが行われるなか、山を開拓して住宅地を高台移転するのではなく、海のそばで日常生活の活動拠点をつくり、海とまちの関係を見直し、リスクと向き合いながら生活できるような提案が全国的に広がっていくことを期待します。

—

平田　考え方はすごくおもしろいし、よくできていると思います。タワー部分の構造ですが、真ん中のコアは強そうですが、外側に張り出した鉄骨部分はペラペラと剥がれそうに見えます。この部分はどうなっていますか。

—

廣瀬　スケルトンインフィルによる増減を可能にしています。防災上必要な部分はしっかりしていますが、その他はそのときどきに応じて変化していく想定です。

—

大西　建物によって解決することが前提になっていますが、防潮堤を建てるという事前復興の前提をまずは疑うべきではないでしょうか。集落全体のありようを考えたときに、事前復興が建物によって解決されることがベストだと言い切れますか。

—

廣瀬　この提案をきっかけに、地域の人々が事前復興を見つめ直してほしいと考えました。

—

冨永　山と海が近い場所であれば、この建築形式はどこにでも成り立つと思います。なぜこの敷地に建てなければいけなかったのか、もしくはこの敷地以外にも同じような建築の形式がありえるのか聞きたいです。

—

廣瀬　この場所は元々市場があり、地域の人々が集まる場所でした。そこでもう一度、人々が集まる場をつくろうと思いました。

—

勝矢　多くのレイヤーを螺旋状に組み合わせていく建物の造形が、非常によくできていると感心しました。図式としては山があればどこにでもつくれるので、必ずしもこの形をつくらなければならない理由はありませんね。

—

平田　堤防の存在や、避難経路も可視化されていると、もう少し素直につくれたのではないかと思いました。

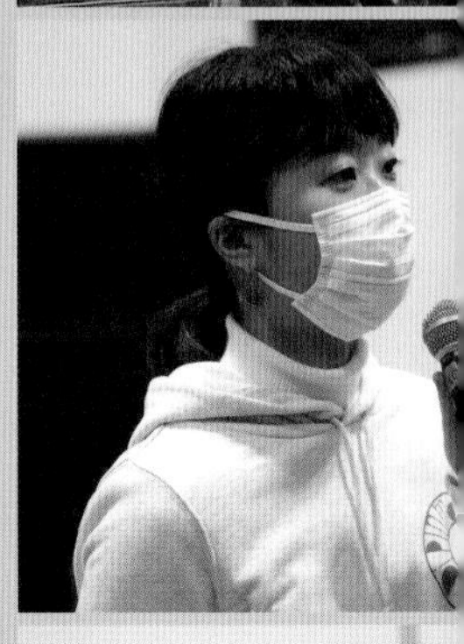

ID063｜櫻井彩乃｜関西大学

『「見える」と「見えない」とそのあいだ
——都市と海の関係から新たな暮らしのあり方を想起する——』

—

櫻井　都市のなかに流れる川の様子を、都市の隙間から海が垣間見えていると捉え、その海の波の様子であったり、移り変わる水面の様子から都市における海の存在を感じさせるような空間を提案します。敷地は大阪市西区川口。ここはかつて安治川沿いの港として栄えたように、潮の満ち引きの影響がある、まさに都市のなかに在る海です。現在のように都市に自然が窮屈にあるのではなく、自然が溢れていくとやがて都市と同列の要素として捉えられるような環境となり、新たな空間が生まれていくと考えます。既存の堤防を一部は壊し、一部は残し、埋立てられたGL（グラウンドレベル）も部分的に破壊し、壊したコンクリートを用いてレベル差をつけた新たなGLを形成します。新たなGLには潮の満ち引きに応じて水が引き込まれ、水の動きが可視化されます。また波の様子、天候などにより移り変わる水面のさまざまな表情が空間性をつくります。波のような形状のスラブが重なり、自然光をレイヤーに分け、同じ時でもさまざまな水面の表情が現れます。この提案は、もし自分のまちが水没してもそこに住み続けるのではないだろうかという仮定のもとに進められ、自然と都市が同列の要素として存在する空間を目指しています。そこにスラブを配置しただけですが、そのGLとの間には人々の考えが溜まっていき、やがてそれが暮らしになり、都市になっていくのではないでしょうか。この空間で、水面の移り変わりの美しさや、水位が変化するおもしろさを感じ、水の側で暮らしていることを少しでも考えてほしいと思います。

—

平田　この屋根も地形もどちらも半ば人工的なものだと思います。なぜそれぞれつくり方を変えたのでしょうか。

—

櫻井　GLの地形はさまざまな水たまりがあります。堤防の外はゴツゴツしていて、内側は浅い水たまりになっているような空間にしています。スラブは人工物という感じですが、潮の動きや、人の手による変化が加わることで、二つの間に新たに

何かがつくられていく空間を想定しました。

勝矢　この提案は、一度出来上がった人工物を、人工的に自然に戻していくアプローチだと思います。ただ、人工的な自然は、本来の自然とは別の表情をしているべきなのではないかと思います。なので自然の地形に寄せすぎているという印象を持ちました。そのために、都市との境目が非連続的に見えている。これが都市と自然の間をつなぐような造形になると、よりおもしろいことになる気がします。人工的自然が建築の形、あるいは地形の形として開発されていくとなおよかったですね。

長坂　潮の満ち引きによって、昨日はここまであった水が今日はこっちまできているとか、日々ちがう感覚を得ることができるのが、おもしろかったです。

ID078｜赤嶺圭亮｜大阪大学

『Capacity for adaptation
——状況変化に適応する、可変性の設計——』

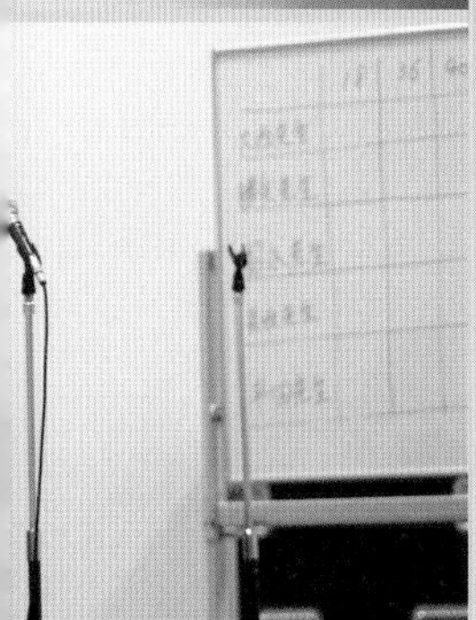

赤嶺　可変性にまつわる歴史を辿りながら、雑誌『住宅特集』を用いて具体的な手法について学び、定量的な分析を経て傾向を把握、類型化することで、規模に応じたパタンカードを作成しました。得られた295のパタンを一冊の書籍としてまとめ、一般に共有可能な形としています。この「可変性の種」を用いた設計手法の提案として、四つの新築戸建て住宅の設計を行いました。たとえばSiteCには、西側に高層マンションがあり、東側が現在大型駐車場になっているので、同様に開発されるのではないかという課題に対する種があります。このような設定すべき種を選定し、入れ子状になりながらも調停を経て竣工時の姿が描かれていきます。ここからは具体的な状況変化と住宅の適応についてです。Case1では「社会的状況変動に伴って個人的な活動スペースが求められるようになる」と、建物配置にあらかじめ余白を設けたり、外部空間に手を加え過ぎないといった種を設定しておくことで、離れが増築可能になります。この適応後に、新たな種が埋め込まれます。次に、「近隣のクリーニング店が閉店する」といったローカルでリアルな課題も存在します。このときも、室規模や室構成にまつわるさまざまな種を設定しておくことで、インナーコートはランドリーとして用途転用可能となります。Case3では「北側の地区開発の影響によって近所付き合いの場が求められる」です。これは実際にヒアリング調査から得られた課題です。これに対しても、屋根下の空間に対しさまざまな種を設定しておくことで、縁側を伸ばしたり、壁を一部撤去したりするだけで、近隣住民が集う軒裏空間を設定できます。Case4は「東側駐車場で大型開発が行われる」というものですが、中央ヴォリュームの下階をRC造、上階を木造としておく種を設定し、天井高の高いがらんどうのホールに増改築できます。このようなケーススタディを通して、「種の埋め込み→状況の変化→住宅が適応→再度、種の埋め込み→状況の変化→住宅が適応」というようにアジャイルなプロセスが何度も連鎖していくことで、住宅は長寿命化するのみならず、設計者と建主の関係性が長期間続くことを可能としています。

勝矢　僕らから見るとこれは「パタンランゲージ」に見えます。パタンランゲージは、ある意味失敗に終わった部分もありました。機能ごとのパーツをただ組み合わせただけでは、そこから全体性が発生しないというのが原因だったと思います。現在、こうしたパタンランゲージを使うのであれば、その限界を乗り越えなければいけません。あえて言語と現実がずれてしまうこと、言語を非常に大量に重ねていったが故の過剰さ、言語そのものが抱えている限界を乗り越える更なるアプローチが必要な気がします。アジャイルという言葉に、そういうことを考えているとも思いましたがどうでしょうか。

赤嶺　一年間研究していて、パタンランゲージとの比較についてのコメントはいただきました。アジャイルと言っているのは、建主からすれば竣工時がスタートなので「状況が変わりました」となったら、「じゃあ、あの時設定しておいた可変性の種がここで活きてきたね」となって、「建物を変化させよう」と。また「状況が変わった」となったら、「次はこの種を活かそう」みたいにずっとメンテンスし、住宅を徐々に変化させていくことに対して設計者も責任を持つべきだと考えたからです。

冨永　設計と並行してメディアをつくるのが特徴だったように感じます。メディアをつくることのすごさは、自分の設計したものとは無関係に他者に受け取られ、解釈され、展開されていくことだと思います。この地域にとっていいものは何か、どういう暮らし方をしていったらいいのか、みたいなところを専門家としてまとめた全体性に対しての言及がメディアの中に内包されると、プロジェクトとしてさらに深みが出そうですね。

–

大西　種を埋め込むという話が何回か出ていたと思いますが、一番初めに種を埋め込むというのは、改築のきっかけになるものが最初からあって、改築するときにはそれがまた次の種になるという意味ですか。

–

赤嶺　そうです。設計の中に「種を埋め込む」というプロセスを挟んでいきたいと思っています。さまざまな段階で、種を埋め込んで、活かされて……ということが繰り返されることを考えています。

ID083｜篠原敬佑｜神戸大学

『共庭都市 ――公と私の都市空間に対する 共的空間形成の手法と実践――』

–

篠原　地球環境の悪化と人口減少を迎えるいま、縮小のデザインが必要ではないでしょうか。そこで日常の場を狭め、現在の都市に新しい住環境を整えます。その上で、現在の都市に欠けている「共」を「庭」によって呼び覚まし、街の変化と共に変化する「共庭インフラ」を提案します。敷地は現在の三ノ宮です。敷地と道という公と私に分けられている都市空間、そして用途地域境界上に存在する現在建っているオフィスビルによって、全てが分断されている状況を都市の問題として捉えました。利活用されていない空隙を立体的に再構築し、立体的公開空地として新しく提案します。さらに庭による「共」の空間を埋め込んでいきます。ゾーニングとしては周囲の用途地域の用途を引き継いだもの、新しい都市で生活していく上で中層部に生活を支援する施設、デイケアセンターや子育て支援施設、上階には住宅も設計しています。「庭」の特性は、一番が自律可変性、二番が共有性、三番が創発性です。自律可変性は、土のつながりや水の落ち方を検討し、全体が一つの構造になるよう立体的にくの字型に構成し、時間と共に街に必要な用途が埋まっていくことです。共有性はさまざまな居住者や利用者によって庭が管理されることです。この建築ではどの階でも地上階になるような関係性が庭によって生まれないかと考えています。小さな都市のような建築が都市に高密に存在し、そこで生活する人々が都市やまちを育てる経験をし、外に出ていくことで、ワンセンターではない自律分散的なシステムとしてこの建築を提案します。

–

平田　インフラストラクチャーとしてのつくり方の原理が見えてこないのですが、詳しく説明してもらえませんか。

–

篠原　実際に素人が庭を育てていく上で必要なものは水と土だと思います。断面の形が船のようになっていますが、全体に具体的なルールはなく、何回もスタディをする中で、水が自然のシステムで循環するような形を考えました。

–

勝矢　「共」の庭という話をしておきながら、住む人たちとの絡みが全くないというか、住んでる人たちが豊かさを感じられないつくりになっている状況が気になりました。

ID091｜小川璃子｜大阪大学

『小さな日常、長い一瞬。私とまちの暮らしの設計図』

–

小川　敷地は大阪中津です。何度も通う中で小さな風景を記録していきました。こんなすてきな風景を見せてくれる中津に、私が住んでいたらどんな暮らしをしていたのだろう。そんな、もしもの私、私じゃない私の風景との対話がこの卒業設計です。4月3日、家を譲り受けた。最低限の暮らしはできるけれど、真っ白な空間が見えた。9月13日、雨上がりの日、路地に迷い込んだ。空き地のフェンスに映る雨粒が私には美しく見えて、とても感動した。そんな感動を手に私は中津の風景から家をつくります。さっきの雨粒から感動した風景は私の住宅のお風呂として取り込みました。このお

風呂がベランダと繋がることでベランダにある植木鉢に映る雨粒が見えるように設計しています。こうして、私は雨粒に感動する心を手に入れました。11月5日、空へと視線が上がる。緑がジャングルのようにつたっている裏道を見つける。緑が枯れて私にはベランダがうつってくる。また別の場所には空へつづく螺旋階段が見えた。この三つのできごとから、私は私の家に階段を取り込みました。家の中からは私が本を重ね、外からはまちの人が机のように使う。直接まちの人と関わらないけれど、私なりのまちとのかかわり方です。このように風景との対話で私の家を設計しました。この家はこれからも変わり続けます。この卒業設計で設計したものは私の住宅と家へと続く帰り道です。その中で一瞬一瞬の風景を大事にしてきました。小さな日常での一瞬の風景を長く卒業設計と考えることで、長い一瞬としました。

大西　既存の家を改築していることで、インテリアというか、装飾的ということに留まっている感じがします。たとえば、全部を新築でやるか、あるいは既存のものが全体を破壊していくか、そういうことは何か考えられましたか。

小川　新しい家を建てると、この場所の風景を全て壊してしまうと考えました。私がこの場所を選んだのは、家の雰囲気や、この場所が好きだったので、新しい建築を一から建てるというのは思い浮かばなかったです。

平田　発見したまちの魅力を建築にしていく考え方はおもしろいと思います。一つひとつ発見したことから、新しく建築が生まれてくる新鮮さがどのように成果物に定着しているのでしょうか。

小川　その点に関しては、中津で心に残った風景が二つあります。一つが、建物が低いので空が広いと感じたこと。もう一つは雨粒に感動したということです。その二つがとても強くこの住宅に出ていて、他の部分に関してはささやかに設計しています。

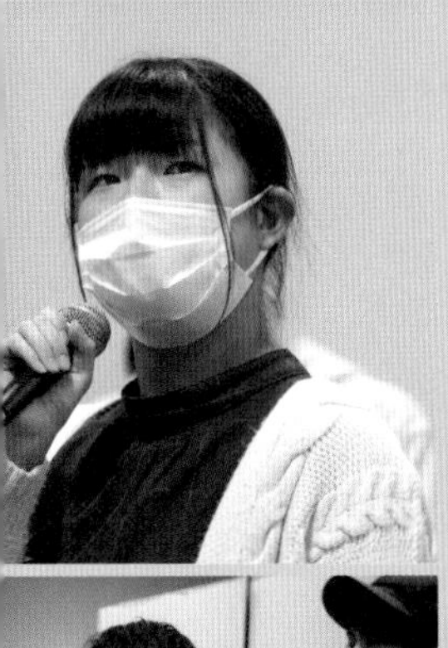

ID100｜坂本茉優｜大阪工業大学

『さぬき お遍路 明日への心路 ——世代を超える、美しき廻国文化の継承空間——』

坂本　お遍路は古くから四国の日常として存在していますが、時代が進むにつれてその形式を変化させています。現代では簡略化されたお遍路が一般化する中で、その本当の価値は歩く中での経験にあると私は考えています。お遍路をする中で心は揺れ動き、気持ちが変化することで人の心は成長していく。体験を通して心の成長を育む道を「心路」とし、新しいお遍路の継承空間を提案します。幻想空間、それは全く新しいお遍路の空間体験です。空海の祈りの修行から始まったお遍路は時代とともに変化していますが、今もなお四国の大切な文化です。敷地は瀬戸内海に屋根のように浮かぶ屋島です。そこはかつてお遍路さんと観光客で賑わっていました。現在はその姿は消えつつあり、このままではお遍路の風景がなくなってしまいます。かつてお遍路の一部だった屋島登山鉄道には、使われなくなったケーブル線路跡があり、荒れ果てたお遍路道が残されています。そこでこの地に新しいお遍路道を考えました。現在残る線路跡を中心軸に新しいお遍路道をつくり、分断されたお遍路道を繋ぎます。一合目は語り合うケーブル鉄道案内所、三合目は体得するアート工房、五合目は解き放つすれ違い展望台、七合目は融和する畳石アーケード、十合目は静かに休む遍路小屋。この空間を歩く人にとって、お遍路は日々更新されていきます。

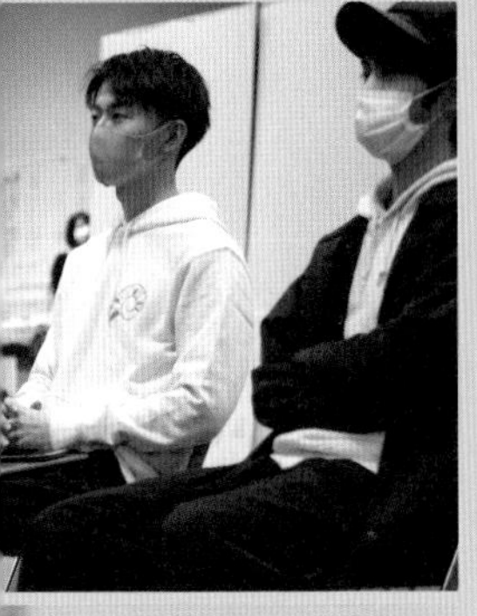

長坂　建築が形を持ちすぎている気がします。形によってそこを訪れる人の気持ちを操作しすぎることになりませんか。

坂本　建築的な形になっていますが、歩く人によって空間構成や、気分によって体験が変化していくと思います。

平田　道を再現して終わりとなるようなテーマに対して、凶暴なまでに建築をつくっています。僕はそういう野性的なところに感動しました。このままだとどんどん寂れてしまう状況に対して、このぐらいやったっていいじゃないか、そうしたらあるところまではちゃんと残ると表明しているのは、建築家としてとてもよいスタンスだと思います。

坂本　私の設計では心の動きに注目することで、お遍路の文化継承空間としての新しい建築のあり方を示したいと思いました。そうすることで、ここだけなく他のお遍路道にも影響を与えたいと考えています。

審査

司会　ここまでで気になった作品を教えてください。

—

大西　おもしろいと思ったのは谷本さんです。お風呂がないからお風呂を共有していた時代とは異なるインフラとしての役割を、銭湯が果たしていくことのおもしろさを本人の視点で語ってもらえたら説得力が増したと思います。もう一人が赤嶺さん。プレゼンテーションを聞いてもまだまだこの人には何かありそうだという密度があり、すぐにわかった気にならなかったところに可能性を感じました。あと一人が坂本さんです。道をテーマにすると小さな建築を点在させるとか、ランドスケープ的な提案になりがちなところを、すごくエネルギーのある不思議な提案に昇華させていたと思います。

—

勝矢　一人目は谷本さんですね。これからの時代、まちを全部つくり直すわけにはいかない中で、今あるまちを受け入れつつ、そこに新しい豊かさをどうつくるかは、非常に現代的な課題だと思います。銭湯を復活させてまちを豊かにしていこうという試みと、まちを読み取った中でかたちをつくっていく造形の両方に感銘を受けました。二人目は事前復興を考えられた廣瀬さんですね。やはり造形が非常によかったです。最後は、世界がささやいているようなものを、日常の視点から建築に取り込んでいる小川さんです。

—

冨永　私がいいなと思ったのは谷本さんです。この建築が建つことが、街区や周りのまち対してとてもポジティブなことだと感じました。建築がまちと対話するというか、それぞれが個性を持ち始め、時間軸や人間の関係性を豊かにしていくような提案だと思いました。次が廣瀬さんの事前復興プロジェクトです。避難所に日常的な場を絡ませるという構想からおもしろく、最終的な建築の姿も含めて素晴らしいと思います。もう一つは小川さんのプロジェクトです。一軒の家をつくることで自分の日常や、好きなこととまちが共鳴し合う部分を問い直しています。個人的なところにモチベーションがありますが、個人から生まれる好きだということが、まちを好きになる人を増やしていくきっかけになると思いました。

—

長坂　一人目は谷本さんですね。銭湯って一度なくなるともう復活できないんですよね。僕もそんな財産を残していきたいと思っていますが、これは夢のあるプロジェクトだと思いました。この三つの関係がどういうことをまちに投げかけているかが、もう少し読み取れたらよかったです。次が廣瀬さんです。流されていい部分と流されてはいけない部分を分けたことで、仮設感が人の営みを豊かにするのではないかと思いました。三人目は櫻井さんです。硬いコンクリートや鉄骨でつくっている部分での体験が柔らかくなるのかが疑問ですが、水辺に対する見え方、川面の光の美しさを捉え建築にしたいという感じがすごくいいなと思いました。

—

平田　コロナ禍にあって驚いたのは、例年の作品に比べてほとんど遜色ないものができていたことです。むしろパワフルなものが多くて、それだけでも結構感動的でした。卒業設計ではその人の自白みたいなものが現れていることが大事だと思っていますが、その意味では谷本さんと赤嶺さんには圧倒的なエネルギーを感じました。廣瀬さんもいろいろ突っ込みどころはありますが、パワフルだと思います。というところで、あまり時間がないので、ここで一人2票ずつ投票したいと思います。

投票

司会　結果、ID018谷本さんが4票、ID040廣瀬さんも4票、1票ずつ獲得しているのがID078赤嶺さん、ID100坂本さんになります。これで上位4作品が決まりました。ここから、本日の1位、2位、3位を決めていきたいと思います。

—

平田　谷本さんと廣瀬さんのどちらを推すか。それぞれに聞いていきます。

—

冨永　私は、造形としての力強さと、空間としても登ってみたいと思える魅力を感じた廣瀬さんです。

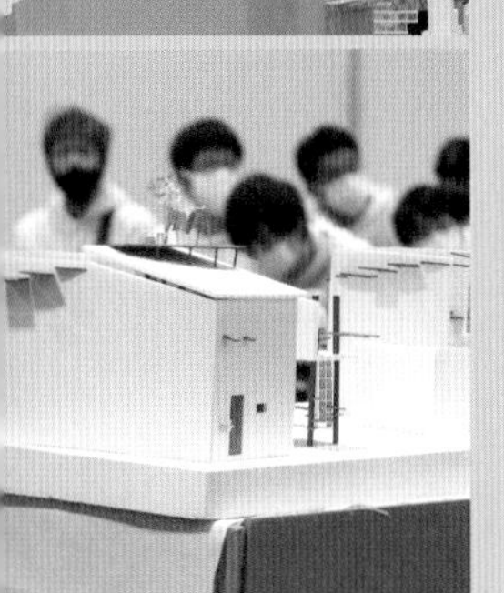

勝矢　廣瀬さんの提案が持つ登ってみたくなる感じは得難いと思っています。それが形の力と構成のうまさによって出来ているところを高く評価したいです。

—

大西　廣瀬さんの提案は、前提として何を捉えるかに疑問を覚えたのと、建築が大きすぎてハコモノ建築になってしまう危険があると思いました。一方の谷本さんは、これまでにない建築のあり様、一つの建築の中で閉じているというよりまち全体を変えていくものでもあり、推したいと思います。

—

長坂　どちらにも票を入れたので、結論が出ませんでした。両方とも切実に取り組んで欲しいと思います。

—

平田　ということは、廣瀬さんが2票、谷本さんが1票ですね。廣瀬さんはまず言い切っているというか、一歩踏み出しています。設計者として言い切ることは勇気がいります。もちろん否定されたときは考えて、変えていけばいい。谷本さんの提案も一つひとつ誠実に設計しているし、言い切らないことによって、みんなが味方してくれると思います。将来的に雪だるま式に味方がついていって、いろいろおもしろいことができるかもしれません。しかし、個人的には言い切っている方に入れたい。非常に微差ではあるけれども廣瀬さんに1位をあげたいと思います。

—

（拍手）

—

平田　では3位ですが赤嶺さんと、坂本さんの一騎打ちということになります。両方ともに魅力を感じています。赤嶺さんはこの溢れるエネルギーをどこかに集中することができたら、この先すごいものをつくるかもという期待感があります。ただ、今回は集中しきれていない感じが気になっています。坂本さんは、心の動きみたいなものと連動した造形がすごく印象的でした。それは誰にでもできることではないと思います。ものとして定着した強さでいうと、個人的には坂本さんの方に軍配をあげます。

—

大西　人間的な魅力というか、熱量みたいなものが今後どうなっていくか、楽しみなところがある赤嶺さんを推したいです。

勝矢　坂本さんはこれだけの長さの建築をランドスケープの中につくったときに、全てが体験に繋がっていないように見えました。地形に合わせて体験をつくるともっとよくなったのではないでしょうか。赤嶺さんは非常にエネルギーがあって、たくさんの事例を集めていますが、その集めたもの自体に囚われないでほしいなと思っています。論理は道具であって、自分を縛るものではあってはいけない。ただ執念に感服し、一票入れたいと思います。

—

冨永　坂本さんの、一つの柱を立てたり、梁をかけたりすることに対する軽やかな手つきに魅力を感じています。しかし、やはり一つを積み上げるために膨大な研究して、その蓄積の分厚さが手に馴染み、自分の線に変わるということを信じた赤嶺さんに一票を投じたいと思います。

—

長坂　僕は2人とも最初の段階であまり見えていなかったんですよね。赤嶺さんは、すごい情報量で、どう受け止めていいかよくわからずに逃げたという感じです。坂本さんの提案は、4年間勉強してきた自分の思いをかたちにしています。それは自分だけが理解したものかもしれないですが、それが卒業設計の大事なところだとすると、力強くていいなと思いました。なので坂本さんに一票入れます。

—

平田　では赤嶺さん3票、坂本さん2票ということですね。赤嶺さん3位、おめでとうございます。

—

平田　皆さんお疲れ様でした。今どのように建築をつくっていったらいいのか、ここにいる建築家にもまだ完全に分かってはいませんし、これから変わっていくだろうと思います。もっと時間があったら、二次選考に残らなかった人たちとも話してみたかったです。コロナで大変な中でも本当におもしろい作品があり、それぞれが問題意識を発展させていて、素晴らしいと思いました。卒業設計というのは本当にスタートに過ぎないので、ここで止まらずに、より深いところへと考え続けて欲しいです。みなさんお疲れ様でした。

Day1 座談会 Round Table

審査員
・平田晃久
・大西麻貴
・勝矢武之
・冨永美保
・長坂常

参加者
・廣瀬憲吾(1位)
・谷本かな穂(2位)
・赤嶺圭亮(3位)
・坂本茉優(平田賞・ファイナリスト)
・小川璃子(勝矢賞・ファイナリスト)
・櫻井彩乃(長坂賞・ファイナリスト)
・篠原敬佑(ファイナリスト)

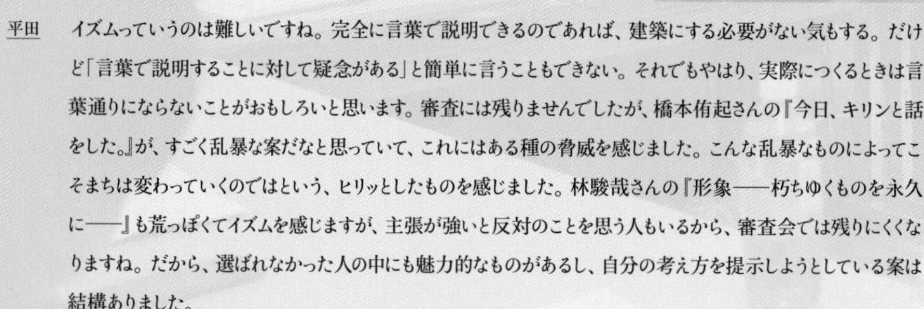

イズムを問う

司会　今日の審査会のテーマは「-ism」でした。イズムを感じる作品はありましたか。

平田　イズムっていうのは難しいですね。完全に言葉で説明できるのであれば、建築にする必要がない気もする。だけど「言葉で説明することに対して疑念がある」と簡単に言うこともできない。それでもやはり、実際につくるときは言葉通りにならないことがおもしろいと思います。審査には残りませんでしたが、橋本侑起さんの『今日、キリンと話をした。』が、すごく乱暴な案だなと思っていて、これにはある種の脅威を感じました。こんな乱暴なものによってこそまちは変わっていくのではという、ヒリッとしたものを感じました。林駿哉さんの『形象――朽ちゆくものを永久に――』も荒っぽくてイズムを感じますが、主張が強いと反対のことを思う人もいるから、審査会では残りにくくなりますね。だから、選ばれなかった人の中にも魅力的なものがあるし、自分の考え方を提示しようとしている案は結構ありました。

冨永　今年はとくに今までみたいにフィールドワークをしながら、敷地を探すことが難しかったと思います。家に籠もって作品をつくる状況で、何かポエティックな始まり方や、一人で籠もって考えたからこそオリジナルな仕方で発酵している作品があっておもしろかったです。それがイズムかどうかわかりませんが……。

司会　例年であれば、学校に集まってみんなでディスカッションし、案がまとまります。しかし、それが無かった分、自分を見つめ直すことになり、それが独特の発酵に繋がったと思います。

冨永　本来的には今年のようなあり方の方が卒業設計としては豊かですね。実際の設計では、敷地状況やお施主さんとの対話の中でつくるので、自分自身を掘り下げる時間は貴重です。

勝矢　自分のリアリティから卒業設計をつくることが増えていますが、それでも建築は現実の世界にはない夢を追い、美しい詩を持っていて良いのだと強く思っています。一次審査で推していた篠山航大さん『長島協奏曲』は、音楽が直喩的に建築になっている点は気になりましたが、建築の詩に着目するのは、建築の力を信じていることなので、すごくよいなと思いました。

平田　篠原敬佑さんの『共庭都市——公と私の都市空間に対する 共的空間形成の手法と実践——』は、単体の建築だけよりも、時間が並行する仕組みになっていたら、イズムを感じられたような気がします。

長坂　篠原さんは何をつくっても大丈夫なものになりそうな造形力がありました。あんな暴力的なものをつくりながらも、ちゃんと風景の中に着地させていました。

大西　わたしはCGを見たとき、少し綺麗すぎる印象を持ちました。都市の中に建築を提案するとき、どこを敷地にするかのセンスが問われると思います。インフラのような得体の知れない佇まいが都市の中に出てくるときに、どこを敷地とすべきなのかもう少し考えた方がよいのかもしれません。

篠原　神戸三宮は自分にとって一番身近な都市でした。都市の用途地域の境界上に建築を建て、周りの道に接続しながら、地下街もハッキングし、タクティカルアーバニズム的なものを提案したいと思いました。

コモンを設計する

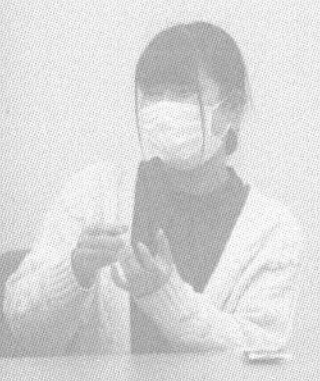

勝矢　このプロジェクトが目指しているのはコモン（共）であってパブリック（公）ではないですよね。そのあたりはどう考えていますか。たとえば、ニューヨークのハイラインはランドスケープがおおらかで、都市の中のパブリックになっている建築ですよね。一方でこの提案は、コモンをつくろうとしているところが気になっています。なんでもパブリックというのもよくない風潮だと思いますが、コモンと言いながら周囲と切れたものをこの場所につくる意味は何でしょうか。そこにこのプロジェクトの本質が出ていると思うのですが。

平田　コモンというのはパブリックとプライベートの間で、少しパブリックよりのイメージがあります。しかし、ある領域はこの人がケアするというようなことがコモンにはあって、完全にパブリックにしてしまうと「ここは公共がケアするんだ」みたいになります。そうなると、それはコモンとは違うものを孕んでしまいます。そこを詰めると提案に深みが出てくると思いました。

冨永　高いところに庭があって、自分の住戸がそこにへばり付いていたらコモンになっていくと思います。みんなが自分と一緒に行動して、この場所を使っていく設定にコモンのおもしろさがありますよね。上に行けば行くほど、少しの人しか使わないから個に近付いたコモンになるとか、高さ方向でコモンのグラデーションが設計されるとより具体的な提案になったと思います。

平田　櫻井彩乃さんの『「見える」と「見えない」とそのあいだ—— 都市と海の関係から新たな暮らしのあり方を想起する——』は、明示的に共有可能性を提示しないにもかかわらず、みんながいいと思っています。これは結構すごいことだなと思います。

大西　もう少しスケールが大きく、あきらかに私たちの生活に介入していくような提案だったら、さらに迫力とか凄味が出てきたと思います。ドローイングもすごく綺麗だったし、模型も味わいがありましたね。

平田　あんなふうに建築をつくっていいというのは、ある意味で発見的だと思います。みんなはもう少し建築的につくらなくちゃいけないと思っていますよね。建築家が「地形をつくる」と言うと、どうしても建築みたいな地形をつくってしまいがちですが、櫻井さんはそうではなくロウを固めたような、よくわからないものができています。その感覚がおもしろい。ホースで砂場に水を流したら刻一刻と水の流れが変わるのを、「こう流れなさい」と閉じ込めたのが土木の技術。櫻井さんの提案はそれを壊しています。ただし、あまりにも二項対立で考えられているので、もう少し重いものが軽く見えるなどやり方はあったと思います。

大西　このテーマを深めていくと人工的なものとどう共存し、暮らしていくのかという話に繋がっていくと思います。これは廣瀬憲吾さんの『海郷の螺旋塔――漁業地域における事前復興まちづくりの提案――』にも関わってきます。ただ単に機能や暮らしの話だけでもなく、もう少し詩的で、感覚的なところも操作しつつ設計していくと、どうなるのか気になります。

御しきれないものに接続する

平田　僕は人知を超えたものとか、一人の人間が想像できないようなことと建築を結び付けることに関心があります。たとえば、赤嶺圭亮さんの『Capacity for adaptation――状況変化に適応する、可変性の設計――』は、たくさんのものを集めて、AIみたいなもので建築をつくるとしたらどうなるのか。これは単なるルールだけで建築をつくっていくと無味乾燥なものが生まれるはずなのに、実はそうではないという話に繋がるような気がしていています。扱う量が増えていくと、あるところでものの振る舞いが自然に近づくという感じです。また、小川璃子さんの『小さな日常、長い一瞬。私とまちの暮らしの設計図』も、まちというさまざまなファクターが絡んでいる存在を、あくまで私的な視点を通して再発見することで、これまで見えてこなかったものを示していると思います。御しきれないものに接続しているという意味で、二人の試みが似たものに見えました。

赤嶺　周りからは「それって要はパタンランゲージの失敗みたいな話で、パタンさえあれば誰でもできることを、赤嶺が提案する必要はないじゃないか」と言われました。

平田　個人の頭で考えることの可能性がある一方で、自分だけでコントロールしきろうとするつまらなさもあります。無限のことにアクセスして、それと繋がりながら考えた方がよいと思います。

勝矢　この話は多様性を持った豊かさに繋がる閾値を超えられるかということだと思います。これまで人類は、限られたマテリアルと知識の中でバラバラに生きつつ、何百年もかけて集落的多様性を生み出してきました。しかし現代では、データを取り、組み合わせのバリエーションから新たなかたちの可能性に行き着くことができます。ただし、たくさんのデータから生みだされたものがつまらなかったら意味がないと思います。ランゲージをただ当てはめるだけでは辿り着けない、全体性の豊かに気づいてほしいです。

赤嶺　それと戦い続けた1年だったと思います。AI的、自動生成的ではないことを証明することがこの提案のポイントだと思っています。

平田　全部が自動生成になってしまうとおもしろくない。自動生成を起こす部分と人間の絡み合いがおもしろい。どちらかでしかなくなった瞬間にダメになるので、そこをちゃんと考えたほうがいいですね。これからもしっかり取り組んで行ってほしいです。

長坂　そうですね。卒業設計で取り組んだことは、これからもずっと引きずっていくと思います。僕も「あれ、そういや昔に考えていたな」と思い出すことがあります。これだけつくり込んだ経験は、みなさんのいい血潮になると思います。ぜひそのことに自信を持って、いい建築をつくる人になってほしいです。

-ismの"拡張"

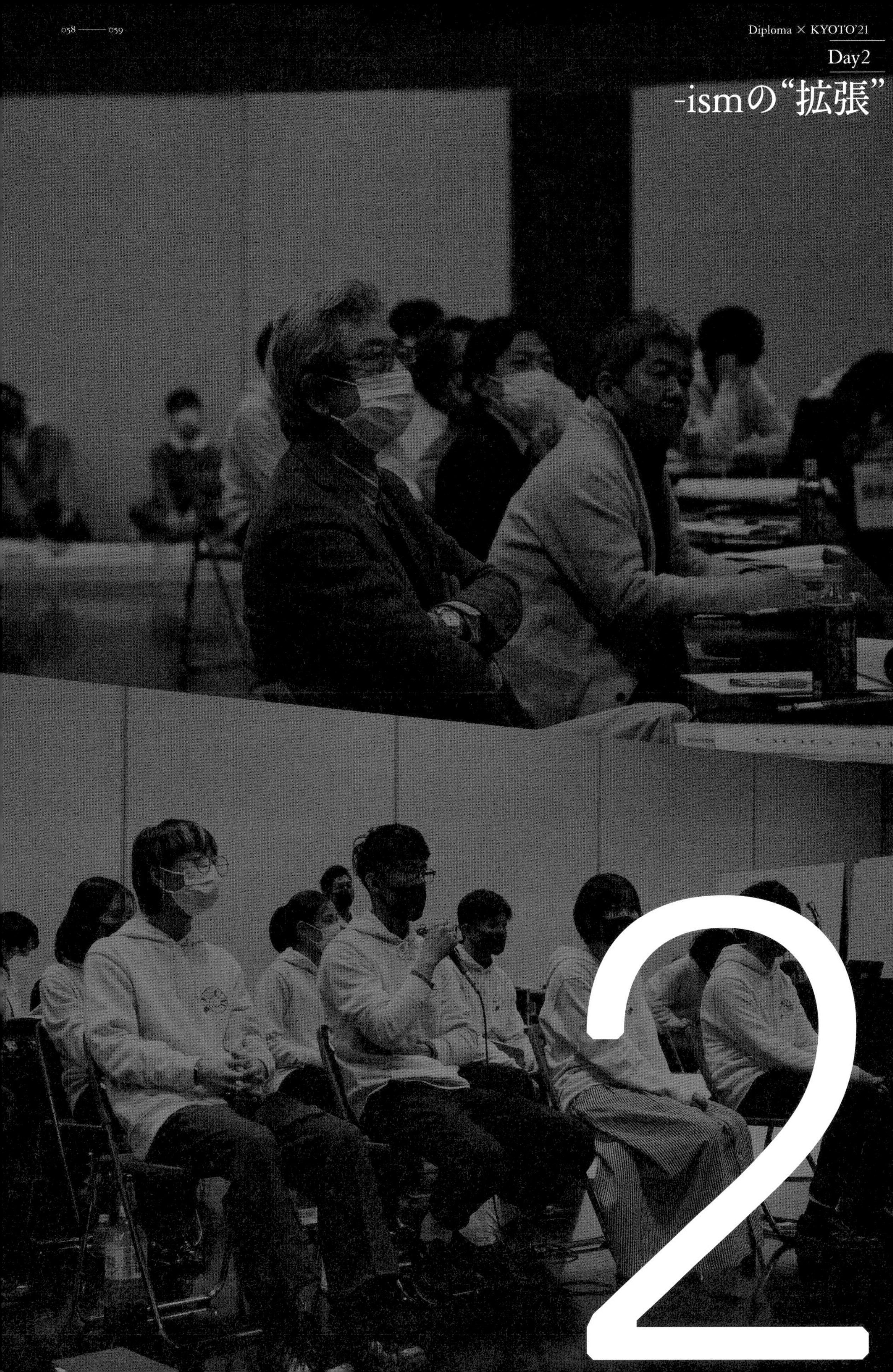

2

Day2：-ismの"拡張"

"建築"においては様々な分野が存在し、評価軸も多様である。
Day2では建築家をはじめとして、建築史家、ランドスケープデザイナー、構造設計者の4名を審査員として迎える。
Day1では見られなかった様々な視線からの意見が飛び交い、議論を重ねる。
その中で自身の中にある"-ism"を拡張し、多面的な視点から捉え直す。

審査方法

1　巡回審査

作品展示会場を巡回し1人8作品選出。

↓

2　予備審査

ポートフォリオを用い
最終講評会に進む8作品を選出。

↓

3　最終審査

パワーポイントと模型を用いたプレゼンテーションと質疑応答を実施。
8作品全てのプレゼンテーションと質疑応答終了後、
ディスカッションを経て、投票により1–3位と各審査員賞を決定。

受賞者・ファイナリスト

1位	みゆきもりくんモノガタリ——小学校の終焉と懐かしい未来——	ID007	化生真依	大阪大学
2位	町ウツシ——醤油蔵遺構と町並み景観の再編——	ID104	松野泰己	立命館大学
3位	長島協奏曲	ID013	篠山航大	神戸大学

個人賞

►p.102	竹山賞	樹木寄生——生死の連鎖とユートピア——	ID005	大桐佳奈	大阪大学
►p.040	五十嵐賞	小さな日常、長い一瞬。私とまちの暮らしの設計図	ID091	小川璃子	大阪大学
	忽那賞	mo recovery　伊勢湾菅島採石場跡再生計画	ID059	森暉理	武庫川女子大学
	永井賞・ファイナリスト	人間というノイズ——集団的生存確率を意識する空間——	ID015	千賀拓輔	大阪工業大学

ファイナリスト

►p.134	見えない日常——Riddle Story Museum of Edward Gorey——	ID006	真壁智生	大阪工業大学
►p.014	海郷の螺旋塔——漁業地域における事前復興まちづくりの提案——	ID040	廣瀬憲吾	立命館大学
►p.170	まちの内的秩序を描く——意図せずできた魅力的な空間から導く住まいの提案——	ID061	中野紗希	立命館大学
►p.173	地形を編む——人工地盤場にあらわれ積層する暮らし——	ID066	依藤一二三	関西大学

審査員紹介

竹山聖

建築家/設計組織アモルフ代表/審査員長

–

1954年12月24日大阪生まれ。東京の幼稚園で東京弁を覚え、大阪に転居し大阪弁もマスター。
小学校はマンガ、中学はエレキバンド、高校はバスケットボールに明け暮れ、
京大に入学、建築を志す。京大ではオーケストラでコントラバス。
東大大学院に進学し、1979年「設計組織アモルフ」創設、1980年一級建築士事務所登録、
1983年に株式会社に改組。1984年東大大学院博士課程退学。1982、83年SDレビュー、
1988年吉岡賞、1991年アンドレア・パラディオ賞など受賞。1992年より京大で教える。
1996年ミラノトリエンナーレ日本チームコミッショナー。パリ、ヴァレンシア、香港など
海外の大学でも教鞭を執る。「不連続都市」「超領域」「天と地の対位法」といったテーマを通し
建築におけるポエジーを求め、建築的思考の可能性を追う。著書に独身者の住まい(廣済堂出版)、
ぼんやり空でも眺めてみようか(彰国社)、庭/のびやかな建築の思考(A&F BOOKS)など。
クロード・ガニオン監督の映画KAMATAKIでは美術監督。2014年より日本建築設計学会会長。

五十嵐太郎

建築史家/東北大学大学院教授

–

1967年生まれ。建築史・建築批評家。
1992年、東京大学大学院修士課程修了。博士(工学)。現在、東北大学大学院教授。
あいちトリエンナーレ2013芸術監督、第11回ヴェネチア・ビエンナーレ建築展
日本館コミッショナー(2008年)を務める。

忽那裕樹

ランドスケープデザイナー/まちづくりプロデューサー/株式会社E-DESIGN代表取締役

–

1966年4月21日生まれ。大阪府立大学農学部農業工学科緑地計画工学講座卒業。
多くの地域で公園、広場、道路、河川の景観・環境デザインと
マネジメントを同時に企画、実施している。
また、大学、病院、学校、商業、住宅のランドスケープデザインについては、
国内外を問わず活動を広げている。新しい公共を都市で実現し、
魅力的なパブリックスペースを提供することを目指している。
国土交通省ミズベリング・プロジェクト諮問委員。大阪市立大学客員教授。

永井拓生

構造設計者/滋賀県立大学講師/Eurekaパートナー

–

1980年山口県生まれ。
2005年早稲田大学大学院修士課程修了。
早稲田大学助手、東京大学研究員等を経て、2008年永井構造計画事務所設立。
2009年Eurekaパートナー。
2011年滋賀県立大学助教、現在同大学講師。博士(環境科学)。

みゆきもりくんモノガタリ——小学校の終焉と懐かしい未来——

Day2:1位/Day3:南後賞

ID007 | 化生真依 Mai Kesho | 大阪大学

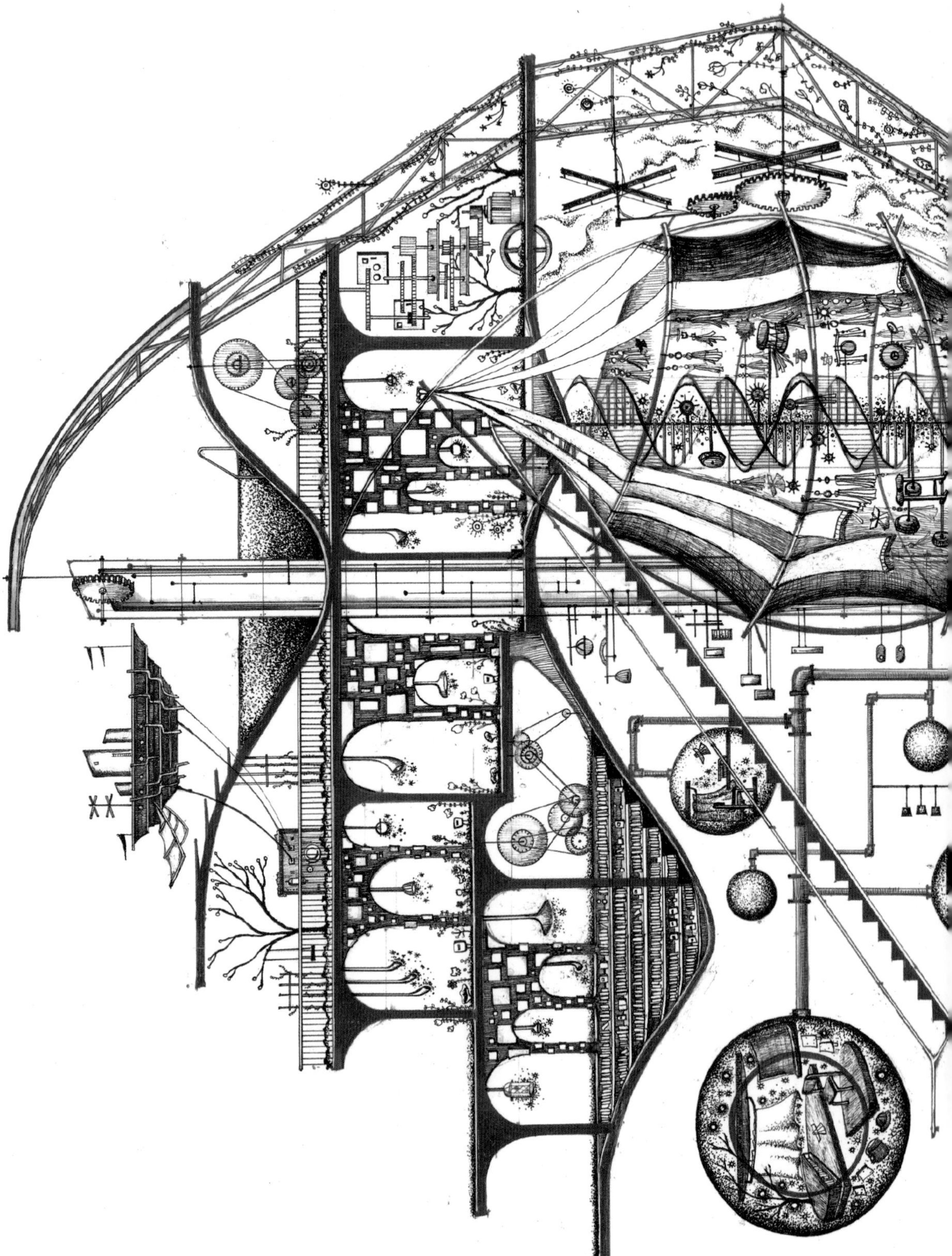

この作品は私が4年前に生野区と出会い、聞いたこと見てきたことをストーリーにしたものです。"みゆきもりくん"は小学校閉校に伴い女の子の目の前に現れた偶像としての建築物であり、生き物です。みゆきもりくんの骨格は地図をトレースして構造化されています。例えば校区を貫く一條通りはみゆきもりくんの背骨として機能します。女の子はみゆきもりくんの隠し場所を探してまちを歩きます。みゆきもりくんは段々と小さくなっていきます。最後、6つの約束は私がこの地域に提案するまちづくり構想案です。例えば平野川では「水の近くで遊ぶこと」という約束がされ、屋上プールのパーツが落とされます。まちに伸びるエッジの消えた空間が平野川に転写され、親水空間を作ります。このようにみんなの愛着や帰属意識を介した提案を行うことで、記憶を踏襲した「なつかしい未来の設計」ができると考えました。

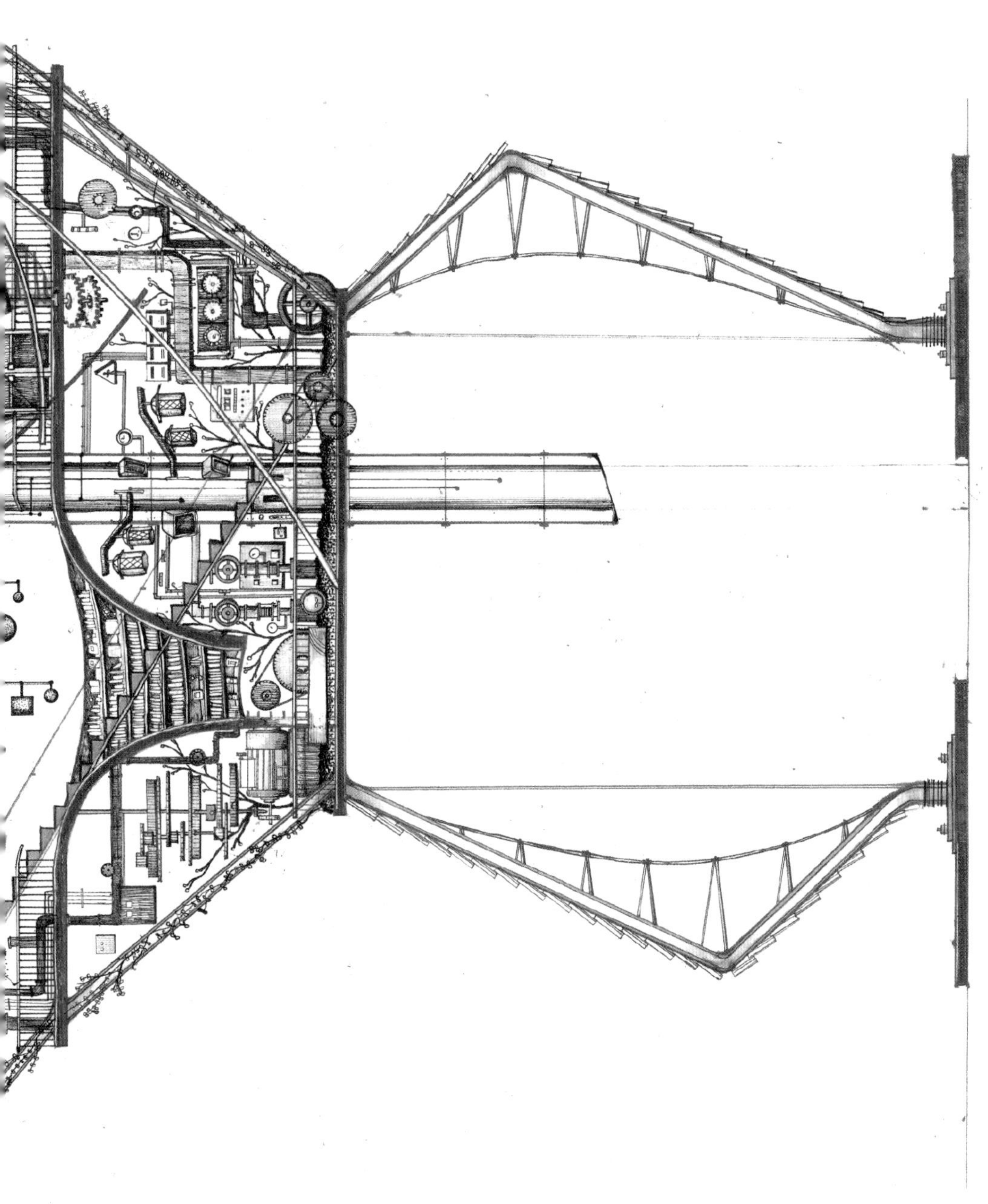

2021年3月生野区の大規模な統廃合計画の第1校目として御幸森小学校は閉校します。この作品は私が4年前に生野区と出会い、聞いたこと見てきたことをストーリーにしたものです。「建築物がヤクワリを終えるとき失われるものに対して、人はどのように立ち振る舞いまちはどう対応しうるのか」このテーマを、愛着や帰属意識から立ち上がるアンビルドの建築物である"みゆきもりくん"と"絵コンテ"という設計図を用いてこの地域に提案します。

みゆきもりくんを連れて、街を歩く

一條通りには玄関ホールとしての背骨が、長屋には教室が隠されて…
みゆきもりくんは段々と小さくなっていく。

私はとても寂しくなりました。

外に連れ出すことにしました。

【設計06】●渦をまくエネルギー。

「高学年の民族学級の踊りは、まるで魚が渦を巻いているこうに力強かったんだ。」

【設計05】●自分だけの世界。

「ここが私の席。」
「民族学級の飾りを作っているときは、
自分だけの世界みたい感じるんだ。」

【設計04】●遠くを見る。

「遠くまで見えて気持ちがいいなぁ。」
「丸い窓が船みたいで好きなんだ。」

私はみゆきもりくんの隠し場所を探して街を歩きました。小学校の友達も、街のみんなも手伝ってくれました。
みゆきもりくんを分解して私たちのあそび場に隠してしまえば、ずっと遊んでくれると思ったからです。 16

モチーフ欄

■コマ17
綿毛:
視線の誘導

■コマ18
揺れる軒
声が聞こえてくる方向

■コマ19
飛ぶ本:
みんなのお気に入りのモノ

■コマ20
船:
見通し

■コマ21
ランプ:
等距離の広がり

■コマ22
紙飾り:
賑やかな声

【約束01：通りはいつも賑やかにすること】

【約束02：掲示板は挨拶の言葉でいっぱいにすること】

まちづくり構想案

■コマ17
一條通り

一條通りにだんじりを通す。現在のガレージを夜店として開く。

■コマ18
コリアンタウン

現在観光地化が進むコリアンタウン。キャノピーの下に掲示板を設け、子供のあそび場として担保する。

■コマ19
路地

旧平野川沿いに残った路地のへたちに、現在取り組まれている仮説の図書館を設ける。

■コマ20
平野川

現在RCで固められた平野川の縁に雁木を設け、親水空間を整備する。

■コマ21
通りに面した長屋

通りに開いた長屋の一階(空き家やガレージなど)を、習い事スペースとして活用していく。

■コマ22
学校跡地

学校跡地を活用し民族学級の発表会開く。

19
地域資源 C 路地にできたへたち

【約束03：お気に入りのモノは友達と分け合うこと】

地域資源 D 平野川

【約束04：水のそばで遊ぶこと】

【約束05：学校を好きな気持ちを忘れないこと】

地域資源 F 学校跡地

【約束06：毎年冬には、民族楽器の発表会をすること】

お別れの日、私たちとみゆきもりくんは ずっと友達でいるための6つの約束をしました。
だから私はもう寂しくありません。

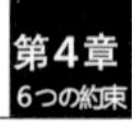

『 この街をつくってくのはこの校区の生徒たちであり、この街から自分たちの大切なもの、自分たちのルーツを引き出していってほしい。
そんな地域であってほしいという願いを込めて、この卒業設計を御幸森小学校の生徒たち送ろうと思います 。』

みゆきもりくんモノガタリ
モチーフ欄
■コマ番号
モチーフ：
意味
【小見出し00】
場所名
ヒアリング内容 筆者の考え
メイキングについて
00 コマ番号
01
鶴橋駅
序章
生き生きとした校区
【敷地情報03】敷地は大阪府生野区。在日コリアンを中心に様々なルーツを持つ人々が多く暮らしている。かつては部落差別の激しい地域であったが、現在は多文化共生の取り組みが多く行われている。
02
鶴橋駅階段
足元にご注意くださ
【敷地情報02】様々な背景を持つ「旧猪飼野地区」と校区が重なる「御幸森小学校」を対象とする。
猪飼野とは、大阪府大阪市東成区・生野区にまたがる平野川旧河道右岸一帯の地域名称。
03
小学校統廃合に反対するポスター
【敷地情報03】生野区では現在１２の小規模小学校を４つに再編する大規模な統廃合計画が進められている。御幸森小学校はこの計画の第1校目として2021年3月に閉校する。
4年前、私が初めて生野区「猪飼野地域」と出会った日
すべてのものがエネルギーに満ちていて、不思議な引力に導かれているような気がした。
04
鶴橋商店街
モチーフ欄
■コマ04
キノコ：地面から湧き上がるエネルギー。
煙：キムチの匂いがこの空間を支配していた。
紙吹雪：賑やかで色鮮やかな空気感。
ライト：いろんな形の照明が、にょきにょきと伸びてくる感じ。
海藻：商品の瓶や樽からいろいろな植物が生えてくる感じ。
暗号：ハングル文字が知らない世界の暗号に見えた。
【提案】この地域の生き生きとした今の姿は、過去の経験の積み重ねでできている。小学校閉校後も、大切な記憶や経験をまちの中に発見できるような“懐かしさを引き継いだ未来のデザイン”を考える。このエネルギーに満ちた「旧猪飼野地区」へ“6つのまちづくり構想案”を提案する。
05
ナレーション①
私は御幸森小学校の4年生です。
私は4年前にこの街に引っ越してきました。
初めてこの街を見た時、すごくびっくりしました。
本当にこんな風に見えたんです。
【手法01】筆者は4年前に生野区と出会い、沢山の方にヒアリングを行った。その内容をもとに、この場所の地域構造を担保する6つのエリアに“まちづくり構想案”を作成した。
私：御幸森小学校の生徒。ストーリーの主人公。
この「4年生の女の子」には、筆者が生野区で見てきた4年間を重ねている。そのため、筆者の心象風景を通した、女の子の目線でコマが進んでいく。
06
ナレーション②
今年の3月、私たちの小学校はなくなってしまいます。
ある日、校庭に積まれたゴミ山を眺めていると、
目の前にそいつが現れました。
学校や街のモノがぐちゃぐちゃにくっついて、
ヨロヨロと立ち上がりました。
私はそいつを「みゆきもりくん」と名付けました。
【手法02】そしてこの構想案を“帰属意識から立ち上がるアンビルドの建築物”を用いて街の人に伝えたい。ここではこの建築物を“みゆきもりくん”と呼ぶこととする。
07
現在の校庭の様子
第1章
みゆきもりくんに出会う
【手法03】2021年3月、御幸森小学校は閉校する。着々と閉校への準備が進められてゆく小学校に対して、子供たちは不安や寂しさを感じると述べる。ストーリー中では、備品を眺める少女の「寂しさ(学校への帰属意識)」が“みゆきもりくん”という生き物として、立ち現れる。そして、「みゆきもりくんを分解して、まちに隠す」というストーリー展開により、小学校と同質の空間を街の中に展開していくという形での「小学校の終わり方」を示す。
みゆきもりくん：
閉校に伴い女の子の目の前に現れた、偶像としての御幸森小学校の姿。
御幸森小学校の現生徒と3世代の卒業生にヒアリングを行い、その言説内容をもとに制作した。
08
小学校内部 A 玄関ホール
【設計01】●スーッと視界が抜ける。
「校庭までスーッと見えて気持ちがいいんだ。」
「朝来て、みんなと会える場所だから好きだったなぁ。」
09
小学校内部 B 職員室前
【設計02】●いろんな方向から声が聞こえる。
「先生みんなが窓から挨拶してくれるんだ。」
10
小学校内部 C 階段とアルコーブ
【設計03】●好きなものが自分を取り囲む。
「下からみんなの声が聞こえて、そこで絵本を読むのが好きだったなぁ。」
11
ナレーション③
みゆきもりくんの中に入ってみると、
教室や講堂があって、
「これは学校なんだ。」と気づきました。
みゆきもりくんはとても楽しそうに
私たちとの思い出を話してくれました。
第2章
みゆきもりくんと私
【設計ダイアグラム】みゆきもりくんを構成する6つの主な部屋について説明する。6つの部屋は子供たちからきいた「学校の好きな場所」のエピソードをもとに筆者が設計した心象の空間として現れている。
モチーフ欄
■コマ08
綿毛：視線の誘導
■コマ09
アーチ：声が聞こえる方向
■コマ10
紙飾り：華やかな声
■コマ11
船：見通し
■コマ12
球：等距離の広がり
■コマ13
魚：勢いの渦

第1章：みゆきもりくんに出会う
ここで登場した"みゆきもりくん"とは、御幸森小学校の閉校に伴い、
女の子の目の前に現れた偶像としての小学校であり、生き物です。
みゆきもりくんの骨格は、
校区の地図をトレースして構造化されています。
第1章
みゆきもり
くんに出会う

04
モチーフ欄 ■コマ04
キノコ: 地面から湧き上がるエネルギー。
煙: キムチの匂いがこの空間を支配している。
紙吹雪: 華やかで色鮮やかな空気感。
ライト: いろんな形の照明が、上からにょきにょき伸びてきている。
海藻: 商品の棚や柵からいろんな植物が生えてくる。
暗号: ハングル文字が知らない世界の暗号に見えた。
序章：生き生きとした校区
ここで登場した女の子には、
私が見てきた生野区での4年間を重ねています。
私の心象風景を通した女の子の目線で
コマが進んでいきます。
序章
生き生きと
した校区
0
50
100(m)
N

17
18
第4章：6つの約束
ストーリーの最後、みゆきもりくんと女の子は、
ずっと友達でいるための6つの約束をします。
この6枚のイメージパースは、
私がこのまちに提案するまちづくり構想案です。
例えば平野川では「水の近くで遊ぶこと」という約束がされ、
屋上プールのパーツが落とされます。
"まちにスーッと伸びるエッジの消えた空間"が
平野川に転写され、親水空間を作ります。
このように、
みゆきもりくんを介して6つの生き生きとした
イメージパースを描くことで
リアルな設計ではできない
記憶を踏襲した
「なつかしい未来」の設計ができると考えました。
19
20
21
22
第4章
6つの約束

第3章：まちを歩く
ここでは女の子がみゆきもりくんを連れて、まちを歩きます。
一條通りには背骨である玄関ホールが、
長屋には教室が隠され、
みゆきもりくんは少しずつ小さくなっていきます。
第3章
まちを歩く

町ウツシ──醤油蔵遺構と町並み景観の再編──

Day2:2位

ID104 | 松野泰己 Taiki Matsuno | 立命館大学

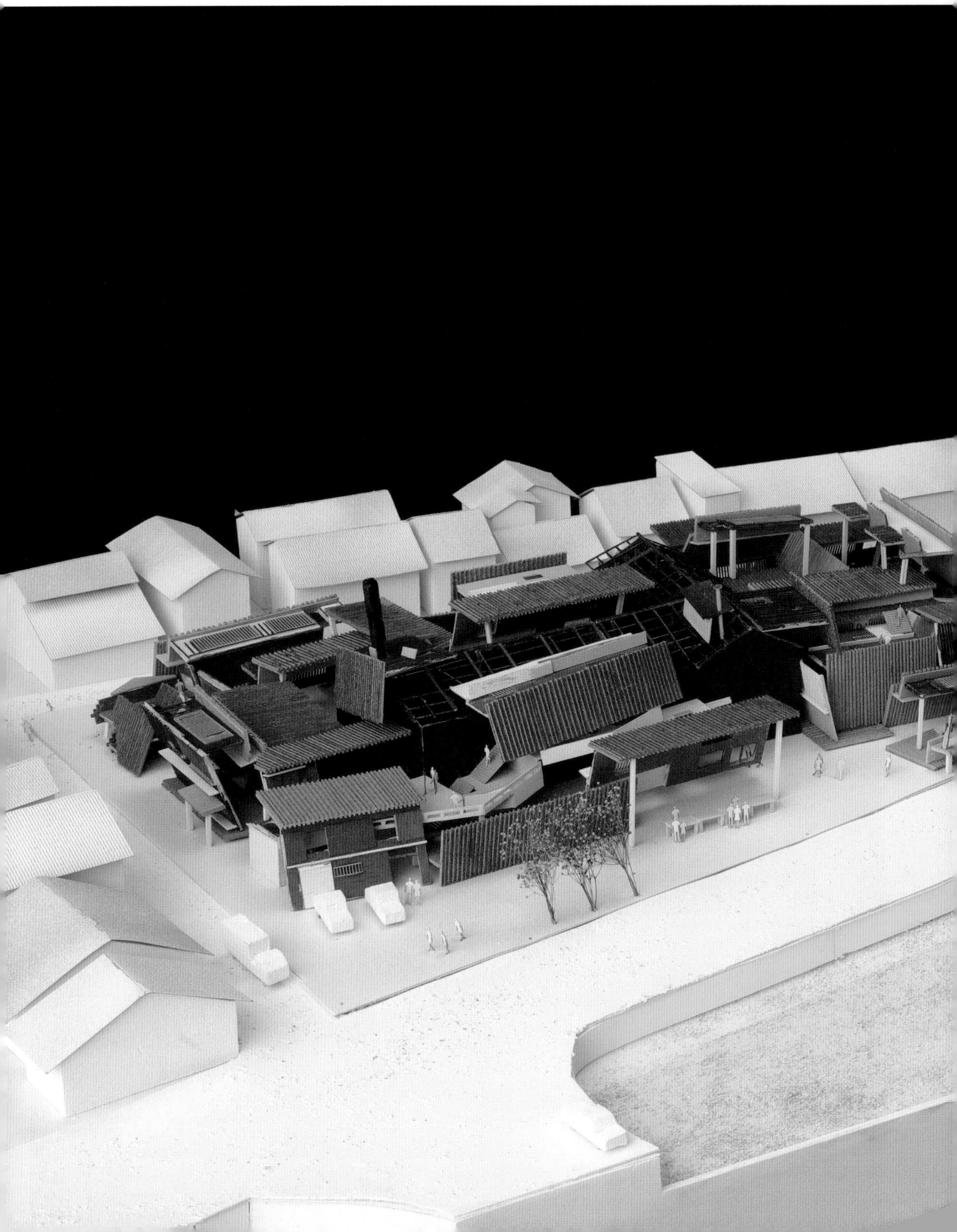

和歌山県湯浅町。ここは醤油発祥地として栄えた町並み景観が継承されている町です。
しかし、その継承方法は基本、勾配屋根や庇の設置、ある部位には特定の材料を使用するなど、部位単体に対してルール化するだけの「ただつければよい」という消極的な姿勢となっている。また、若者の都市部移動や高齢化から人が機能しない見られるだけの張りぼてが連続し、町は老朽化している。そこで、景観継承のルールと歴史的価値ある要素を抽出したものを再構築、再編集し、現状少ない活動的空間と歴史的空間を構成する。それらは新たな価値を見出し、「町の人」「町並み」「醤油」を活性化させ、歴史を継承した新たな湯浅を作り出す。

現状と提案

補助金制度と現状

「修景」「修復」という制度に補助金が付く

▼

空き家や空き地の移住に金的補助される

▼

「若者の都市部移動」「高齢化」

「醤油業の衰退」

▼

補助金制度がうまく利用できない現状

風景について

「歴史的価値の継承」

▼

「修景・修復」

▼

「町並みが保存」

▼

風景のものとされた

「張りぼて」が作られる

機能が失った建物

今の「高齢者にとって活動しにくい町」

住宅密集地、狭い路地、面による圧迫感、町に運動スペースがない。

「高齢者にとって活動しにくい町」「機能が失われた物」「張りぼての連続」という現状を「醤油の町という歴史性ある敷地」の利を活かし、現状に対して新たな価値を見出すことができるのではないか?

対象敷地——伝建地区に対して、新たな価値を見出す起点となる場所を選定

対象敷地は醤油の歴史性が存在し、「唯一営業する伝統醤油工場」と「形として残された伝統醤油工場」と「張りぼての建物」が連続する場所を対象とする。この場所が伝建地区を活性化させる起点の場として再生する。

抽出した要素の再編計画——機能しない「伝統醤油工場」と「水資源」を読みかえる

醤油として機能しない伝統醤油工場

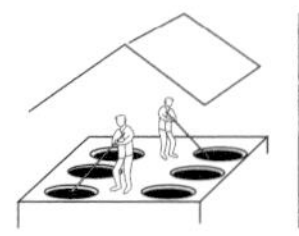

蔵の形

×

使用されていない水資源

→

銭湯スパ

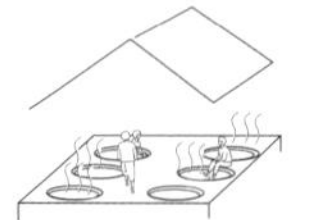

醤油という風景の歴史的価値を継承する。

抽出した要素の再編計画——変化した「立面」を新しく読みかえる

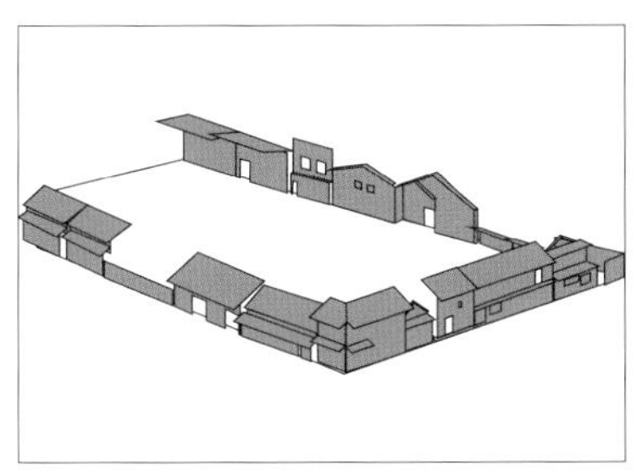

「張りぼて」が連続し、閉鎖的立面が蔵を囲っている。機能しない空間を再編する。

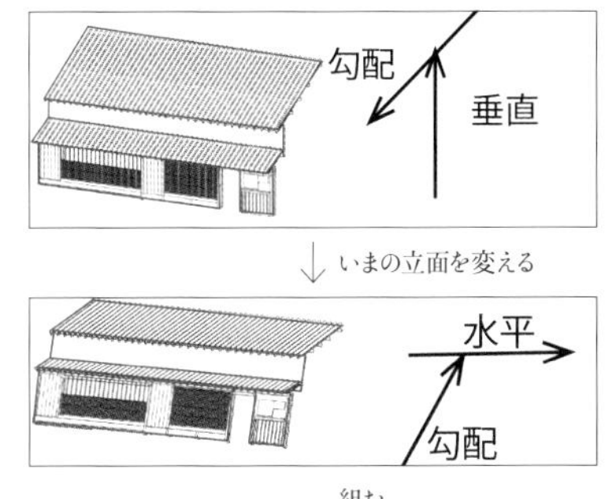

組む

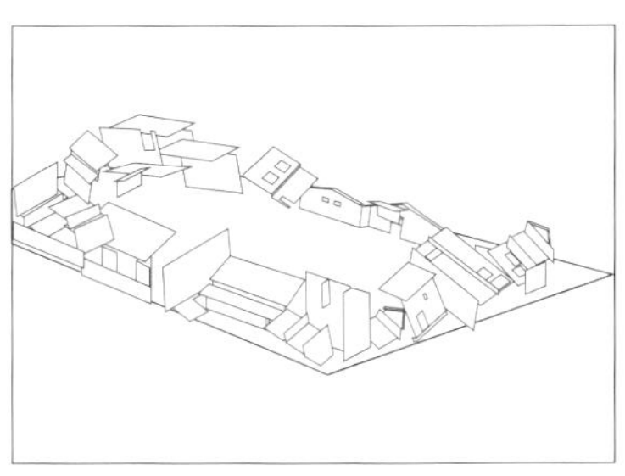

機能がない空間は立面を組みかえることで新たな価値が生みだされる。

現状の南側立面

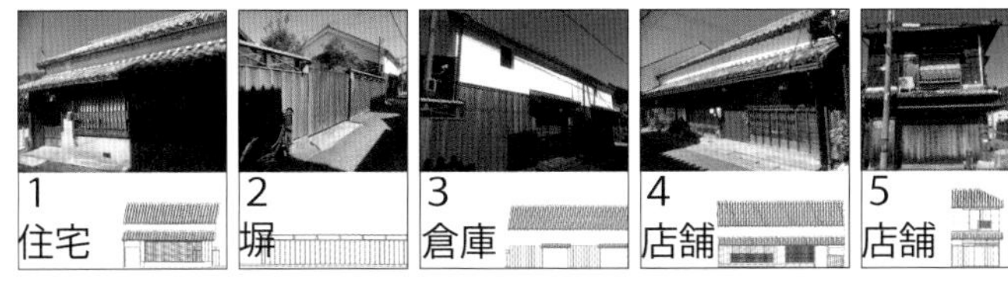

現状の東側立面

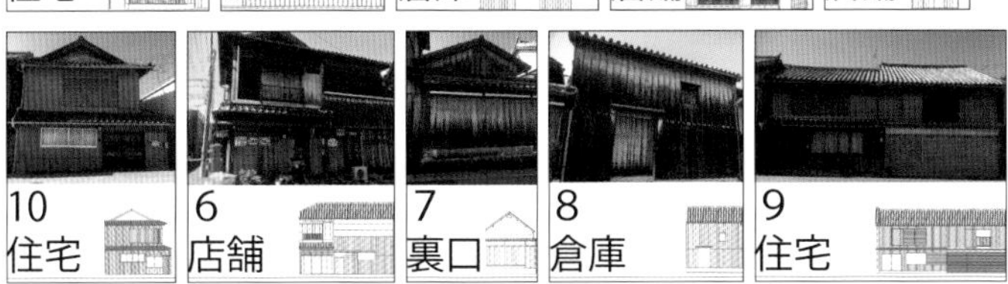

現状の北側立面

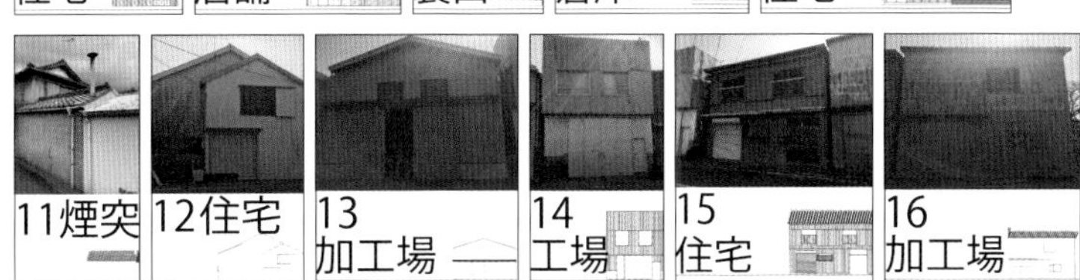

GL+5000 平面図

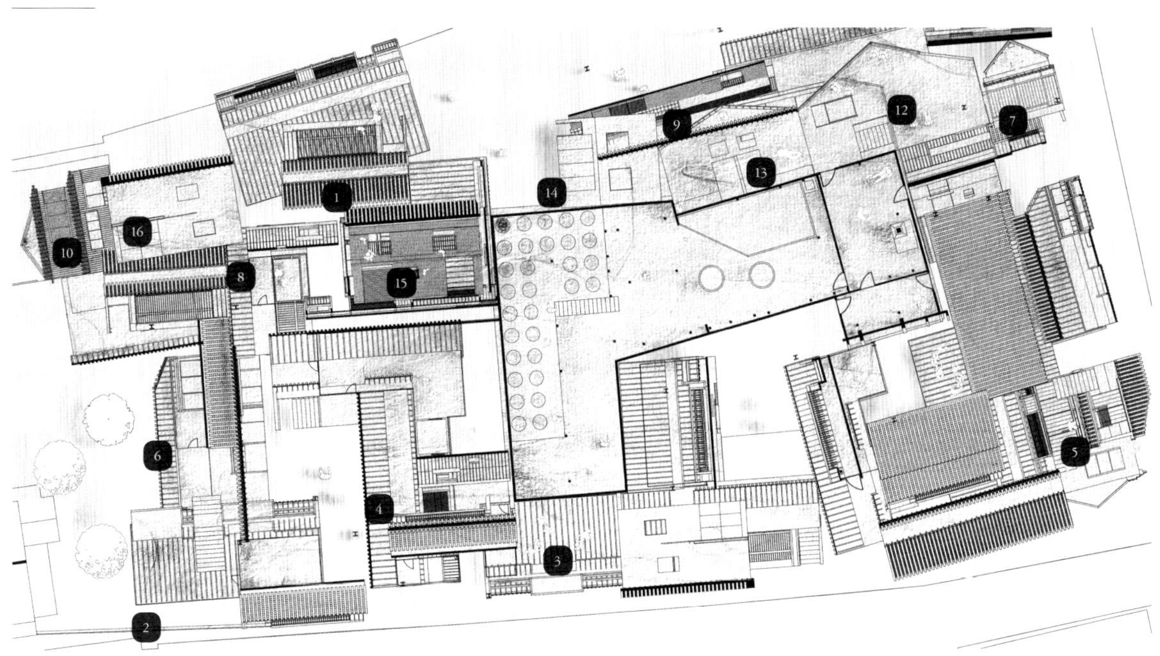

立面が組みかえられ、平面上に立面が写り、外観凹凸の健康保全空間が造られる。

抽出した要素の再編計画——変化した「立面」を新しく読みかえる

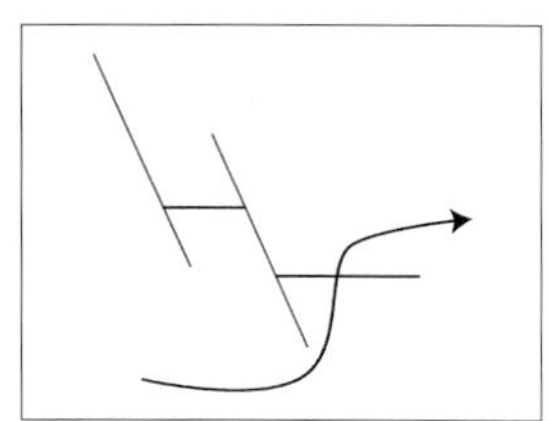

開口ある壁面は床下喚起などの設備機能のスペースとなる。

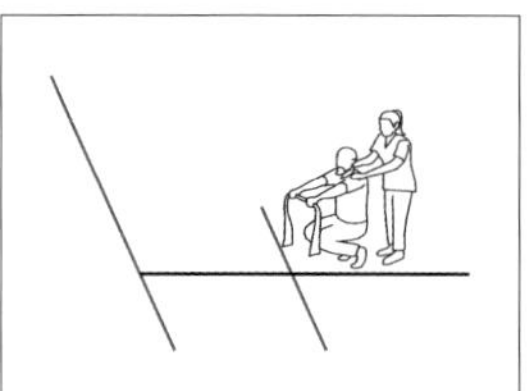

凹凸あるファサードは手すりや、ベンチへと読みかわる。

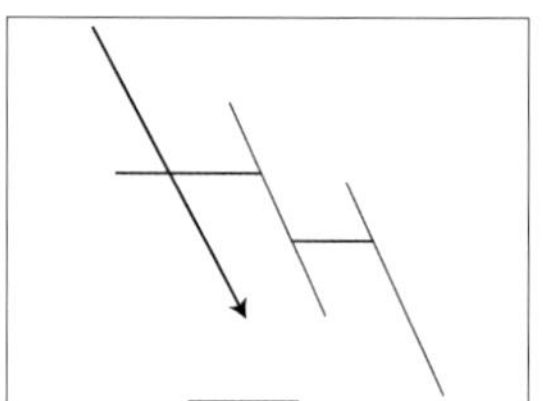

開口ある壁面は床天窓として機能し、開口パターンの違いにより、下の空間が変化する。

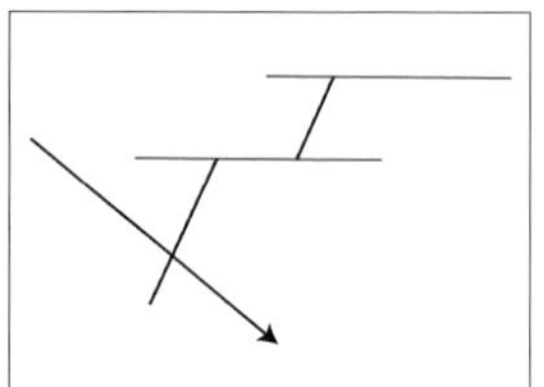

立面は奥行きある開口としてプライベート確保と天窓の二つの機能を持つ。

凹凸機能

住宅、店舗立面が組み合わさり、新たな路地の空間が生まれる。その組まれた凹凸空間は手すりやベンチ、軒裏凹凸のリハビリなど「高齢者が活動する」健康保全の場として読みかわる。床に格子がくる空間は換気として機能する。

出窓ベンチ

床格子

倒された立面

住宅、加工場立面の凹凸が段差を生み、動線操作を作る。また、元は開口であった面が床下喚起や縦の吹き抜けに読みかわり、窓の凹凸がテラスのベンチへと読みかわる。

段差の動線操作

入口吹き抜け

長島協奏曲

Day2:3位/Day1:冨永賞

ID013 | 篠山航大 Kodai SHINOYAMA | 神戸大学

敷地

海に囲まれた瀬戸内海の孤島「長島」。ここは、わが国初の国立ハンセン病療養所「長島愛生園」が存在している。国の政策によってここで一生を終えることを強制され、「剥き出しの生」になってしまった人々であるが、ただその状況に屈するのではなく、時には抗い、時には類まれな感性により、生きる意味を見出した。

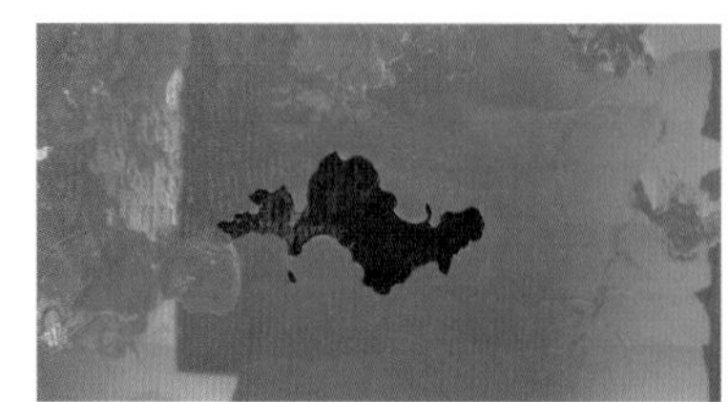

長島と音楽

一度この島に連れてこられると、名前も奪われ二度と故郷へ帰ることができない。 そんな中、音楽をはじめとする芸術活動は彼らにとって生きていくための唯一の光であった。特に、島内で結成された「青い鳥楽団」は、園内での演奏活動のみならず、差別が色濃く残る時代において、東京や大阪でも公演を行った。自らの身体を持って世間に自分たちの状況を知らしめたのである。このほかにも患者たちは時には人権を訴える抵抗活動を通して、また時には芸術活動を通して、自らの生を見出していった。こういった彼らのレジリエンス性は、ハンセン病を語るうえで欠かせない一面である。

ハンセン病の歴史を伝える5つの建築「巡る」「音楽を聴く/演奏する」「泊まる」

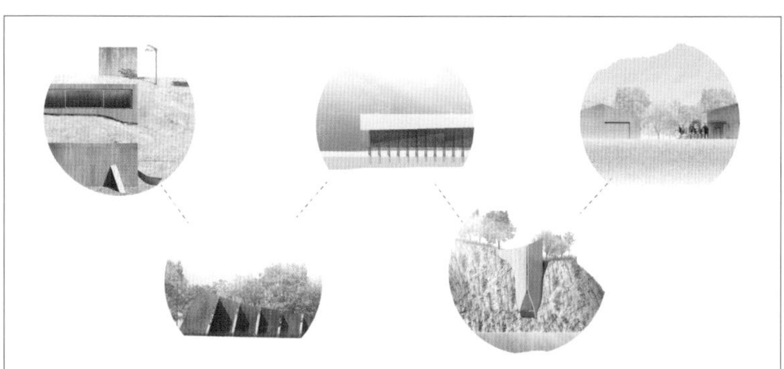

5つの土地に刻まれる患者たちの生活の記憶

資料館では分からない、島の土地に結び付いたハンセン病の記憶を5つ抽出し、それをメタファーとして建築と音楽体験の提案をおこなった。既存と隣接するもの、そこに至るまでのランドスケープにも価値があるもの、明るい希望に満ちていたもの、その土地で行われたかつての行為を表象させるもの、既存の制度に異議申し立てをするもの、の5つである。

島に点在する音楽練習場/ホール

音楽をはじめとする芸術活動は患者らにとって生きていくための唯一の光であった。特に、島内で結成された「青い鳥楽団」は、園内での演奏活動のみならず、差別が色濃く残る時代において、東京や大阪でも公演を行った。本提案では各敷地に一つの楽器を想定し、その練習場を作る。年に数回のコンサートのほか地元の愛好家に練習場として貸し出す。音楽によって、当時の様子を想起させることを目的とする。

小学生の歴史学習/記憶を受け継ぐ場

現在、岡山県では、ハンセン病の歴史学習に力を入れている。そこで、小学生が島に足を運び、記憶をつなぐ場所としてホールで講演等を行えるようにする。加えて、ここで一夜を過ごすことのできる宿泊所を提案する。

私は岡山県の出身である。この島のことは小さいころから知っていた。そこには、国立ハンセン病療養所「長島愛生園」が存在する。国の政策によってここで一生を終えることを強制された人々は、時には抗い、時にはたぐいまれな感性により、生きる意味を見出した。そんな中で、ここ長島においては、音楽という芸術が大きな役割を果たしていた。現在この島で暮らす元患者146名は、高齢化が進んでおり、25年後には人口が消滅してしまう。それに伴い、差別の歴史や患者たちの生活の記憶が途絶えてしまうことが危惧されている。そこで、この島の記憶を将来につなぐため、既存建築を保存し、音楽のための5つの建築を作り、それらをつなぐルートの提案を行った。ここを訪れる人は、建築空間と、そこで奏でられる音楽、島が奏でる自然の音によって、かつてそこにいた他者に想いを馳せることができる。

相愛の磯フルート練習場:「人間の魂を開墾する鍬を握れ」

敷地:患者作業の最果ての地「相愛の磯」

ハンセン病療養所では、予算処置が十分でなかった。そのため、患者に農業や土木作業等の労働を義務化することによって食料を確保し、生活を成り立たせていた。大規模に島が開拓され、ついには島の北側に位置する「相愛の磯」にまで及んだ。

患者労働の農作業や土木作業により、症状が悪化し、手や足を失った者が多くいた一方で、それを生きがいとしていた者もおり、患者労働にはそういった二面性がある。磯に吹く風がスリットを通り抜けることで、音が鳴り、演奏者がおらずとも、この建築には音が鳴り響く。

東側立面図

楽器:フルート

当時患者作業に用いられた工作器具と同じ金属である、フルートの空間である。

冷たい金属の素材と柔らかい音による建築の構成は、金属製のフルートから、柔らかい音が出るという楽器自体の構成と一致する。

鉄板と光による厳しい空間とフルートの柔らかい音色という音と建築の相反する関係性により、患者作業の二面性という部分を記憶し続ける。

平面図

監房横チェロ練習場:「監房に罵りわらふもの狂い夜深く醒めてその声を聴く」

敷地:埋められた監房の横

島に降り立ってまず初めに訪れる建築は、監房の隣である。療養所の園長に与えられた懲戒検束権により、治安を乱した者や精神病患者がここに収容されていた。かつては毎夜、コンクリートに囲まれた狭い空間に閉じ込められ、気が狂ってしまった収容者の声が響き渡っていたという。現在は、ほとんどが地中に埋められ、正面だけが顔を出しており、外側から眺めることしかできないようになっている。

楽器:チェロ

チェロは人の声に最も近い楽器といわれており、その音は、狂い叫ぶ声が響き渡る当時の島の様子を想起させる。今はいない、囚われの人の存在を意識することができる。

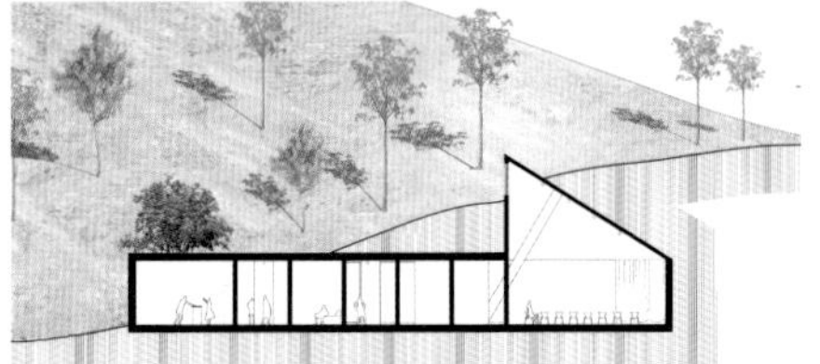

断面図

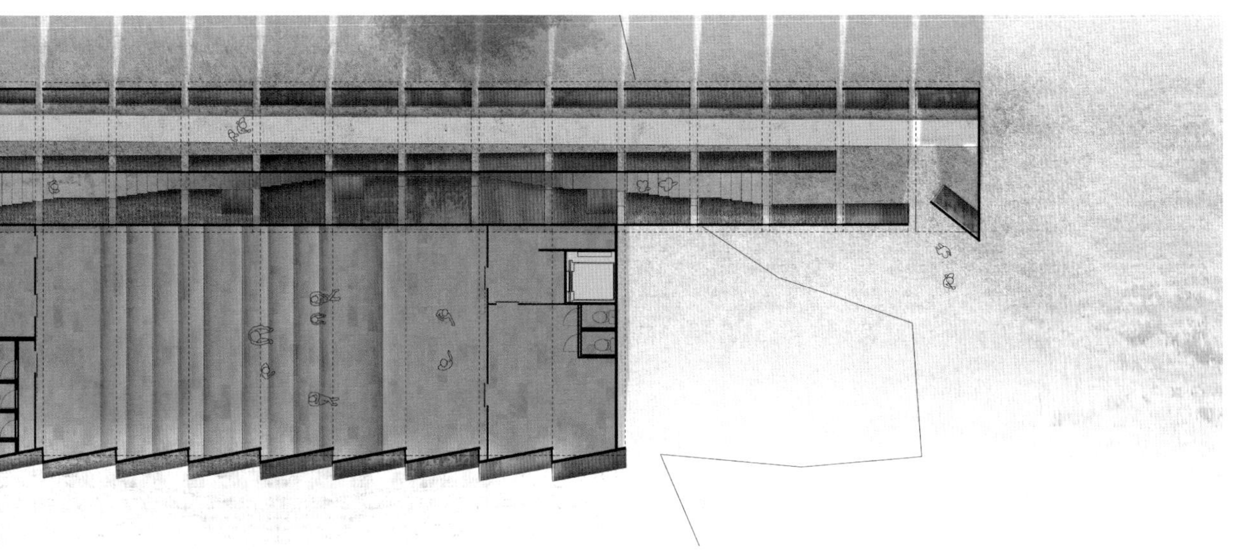

センター地区宿泊所：「深海に生きる魚族のように自らが燃えなければ何処にも光はない」

敷地：センター地区

ここは、多くの患者がこの島の最期間まで暮らす地区で、この島唯一建物の取り壊しが決まっている病院の跡地である。
同じ形、同じ色の建物が繰り返される光景は、「制度」に翻弄されたハンセン病の人々の生きざまを感じさせる。

立面形態

立面形態は、既存の外形をそのまま引用している。対して、平面では南北軸を採用している。
制度によって作られた既存の人工軸に対して、自然の強い軸を挿入することで、制度に対する異議申し立てを行っている。

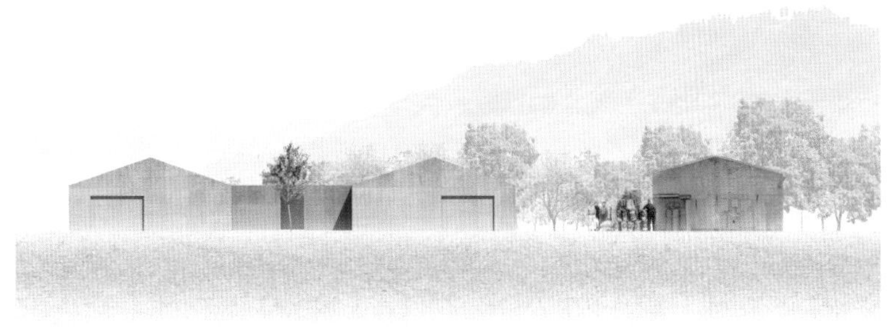

西側立面図

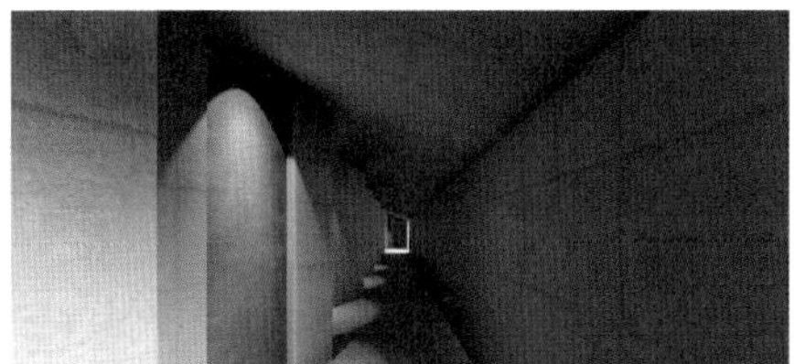

内観パース

新良田の浜ピアノ練習場:「308の希望」

敷地:新良田の海岸

この敷地は、子供たちが暮らしていた地域にあり、子供たちの明るい声は暗くなりがちな当時のハンセン病患者の暮らしの中で、一筋の光であった。また、全国のハンセン病療養所で唯一の高校「邑久高等学校新良田教室」が設置され、全国の療養所から若者が集まった土地である。ほかの土地とは違い、ここは希望に満ちた土地であった。高校の卒業生は計308人に上り、希望をもってここを旅立った。

楽器:ピアノ

ピアノは、木材の鍵盤が等間隔にならび、そこから多様な音が奏でられる楽器である。人間性を奪われ、均一にされた患者がそれぞれの希望と輝きをもってここを卒業した歴史と同じ構成である。
建築自体も、均一な木材による構成で、308本のタテ材によって構成されている。その中で、豊かなピアノが奏でられる様子は、当時の学生の力強さをメモリアルするのにふさわしい。
ピアノの音がないときは、砂浜に打ち寄せる波の音が建築内でも聞こえ、自然の音に耳を澄ませる舞台となる。

南側立面図

平面図

自殺の崖バイオリン練習場:「私は、もぎたての果実のように新鮮なそのまぶしさの中で、ちっそくしそうです」

敷地:自殺場所の崖

島をめぐる最後にたどり着くこの地は、多くのハンセン病患者が自殺をした土地である。縦に入ったスリットにより、この島の人の自由を断絶した海が切り取られて見える。最下部にあるホールでは、バイオリンが奏でられ、その音は20mの吹き抜けに木霊する。
音楽が奏でられていないときでも、波しぶきの音がバイオリンのごとく建築内に響き、建築自体が楽器となる。

楽器:バイオリン

バイオリンの複雑な音色が、建築の最下部から吹き抜けを通して、上部に響き渡る。バイオリンは、弦から出た音を空洞に反射させて音を出す楽器である。この建築も、内部に音が響き渡る構成であり、バイオリンの入れ子構造のようになっている。

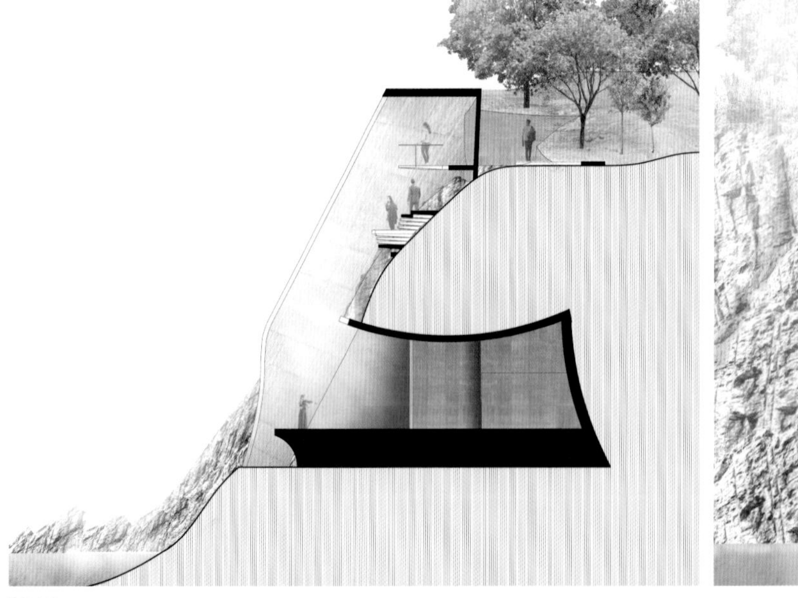

断面図

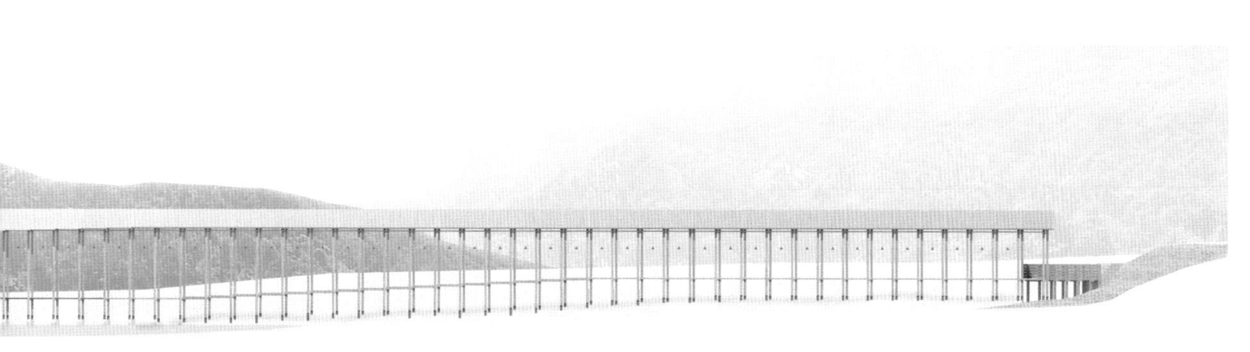

mo re-covery 伊勢湾菅島採石場跡再生計画

Day2:忽那賞

ID059 | 森暉理 Hikari Mori | 武庫川女子大学

持続可能な社会の実現が目指される昨今、今後も人と自然の共生は重要になると考えられる。人間の生産活動によって破壊された自然は、尚更、人の手で再生されるべきだ。今回は、採石場という最も人為的に自然破壊が行われた場所において、失われた森を取り戻す再生計画を提案する。この建築は、1000年間という時間のなかで、植生遷移とともに構成やプログラムが経年変化する。植林や間伐を経て、採石場の歴史を残し、やがて自然へと還っていく。この作品は、出身地の三重県において島が削られている現状を目の当たりにしたことから始まり、時間をかけて自然と向き合う建築のあり方を描いた。そして、その他の荒廃地においても、人の手による再生方法として汎用性のある作品となることを期待している。

敷地：三重県鳥羽市 菅島採石場

採石場の歴史

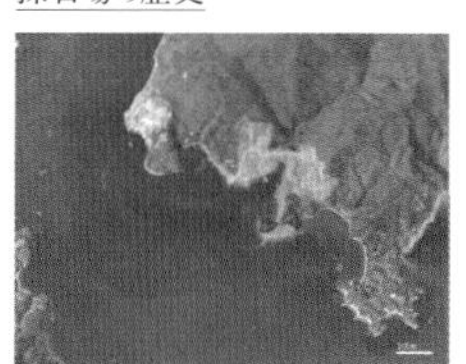

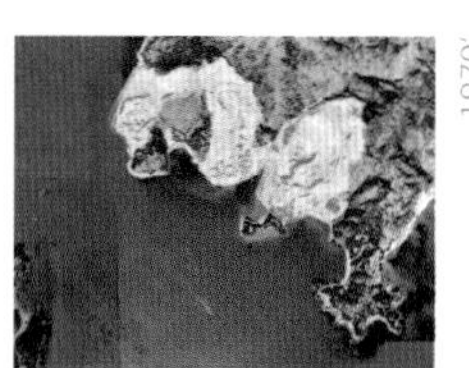

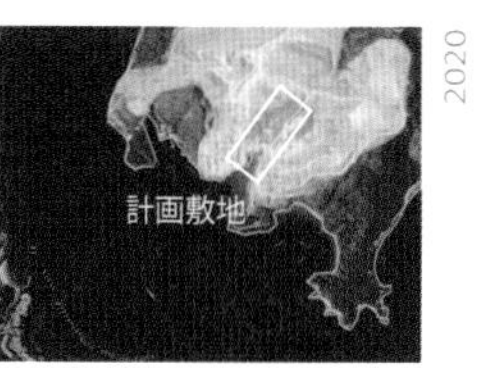

敷地となる菅島は三重県鳥羽市の伊勢湾口に位置する離島である。菅島における採石期間は100年を超える。以前は森林に覆われていた島の南西部分が採石によって大きく削られ、森林を破壊し、景観が大きく損なわれている。

森林資源の必要性

菅島を含む鳥羽市全域は伊勢志摩国立公園に指定されており、古くから豊富な水産資源を生かした養殖や海女漁業が行われてきた。このような内海が里海として機能してきた場所では、養分のもととなる森林資源の充実が必要不可欠である。そのため、採石による跡地は環境面、景観面ともに深刻な状況となっている。

計画概要

自然回復緑化

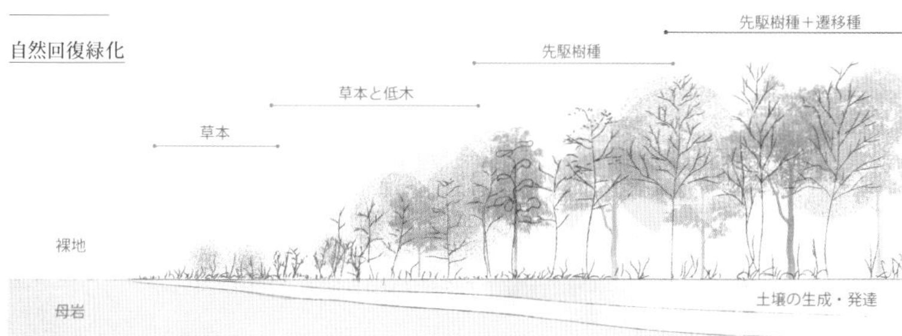

現在、菅島では採石終了地点より順に自然移入による緑化が進められている。現在行われている客土と吹き付け工法による緑化方法に則して、自然回復緑化を行う。同時に、植生遷移によって植物の生育に不向きな採石場跡地の土壌再生・発達を試みる。

1000年計画

この場所に植生遷移とともに歩む建築を提案する。人の手による緑化が円滑に進むことを目指し、植林に関する施設を設計する。そして、緑化には長い年月がかかり、植林が完了した後も間伐など森林管理が必要になることから計画期間は1000年間とする。採石場跡地が再生するまでを1年・10年・100年・1000年後の4期間において考える。

植生とともに変化する設計手法

階段室の形態

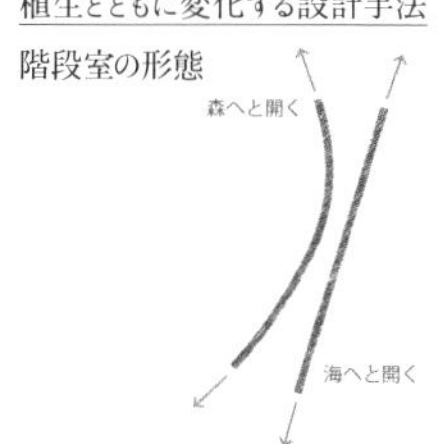

この場所は森林資源、水産資源が相互に影響しあう。ゆえにこの建築はそれらを結ぶ存在であり、中央の空間は森、海両方へ開く形態とした。

平面構成

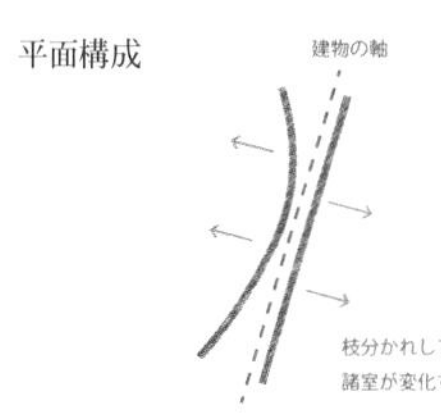

平面は植生遷移に伴い、変化する構成である。中心の階段空間を軸として、植林・緑化状況に応じて諸室が変化する想定をした。

断面構成

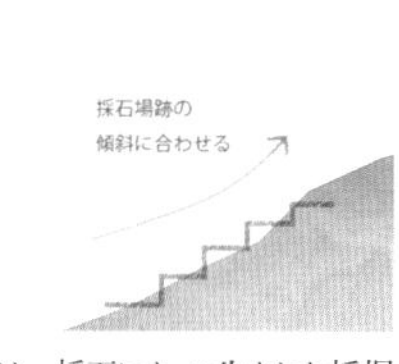

断面は、採石によって生まれた採掘斜面の傾斜に合わせ、現在の傾斜を残すための階段空間を設ける。

Phase 1｜採石中

プログラムの変化

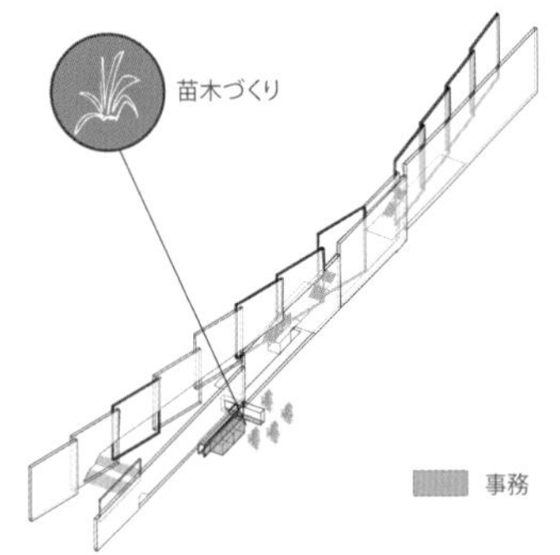

利用者の変化

1年後｜階段室を採掘された場所に建てる。採石中であることから、採石業者の利用する休憩所ほか、小規模な事務所を配置する。緑化のための苗木づくりなどが開始する。

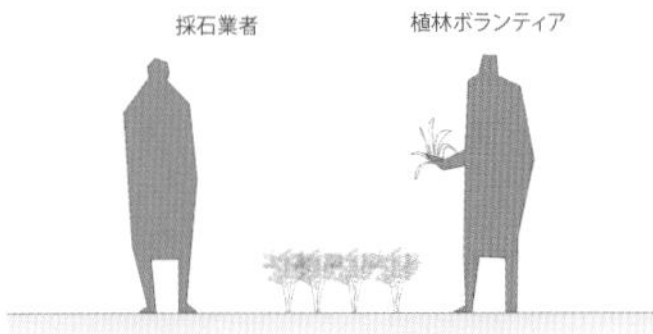

1年後 平面図

1年後 立面図

Phase 2｜緑化中

プログラムの変化

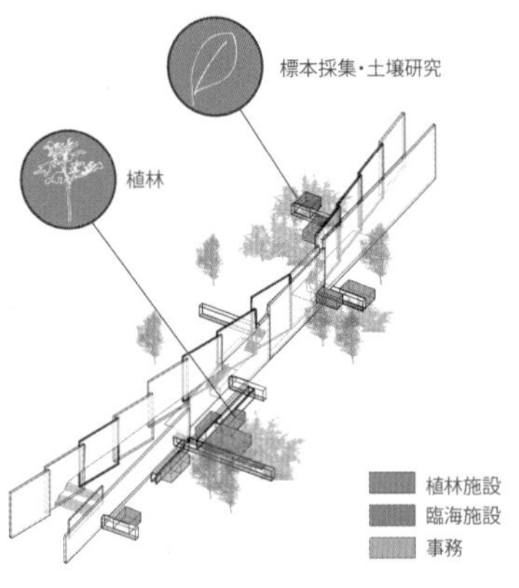

利用者の変化

10年後｜緑化が進行し、先駆樹種の低木が育つ。植林の苗木などを育てる温室や採石場の特異な土壌を研究する施設などが枝分かれして増える。

10年後 平面図

10年後 立面図

Phase 3｜森林管理中

プログラムの変化

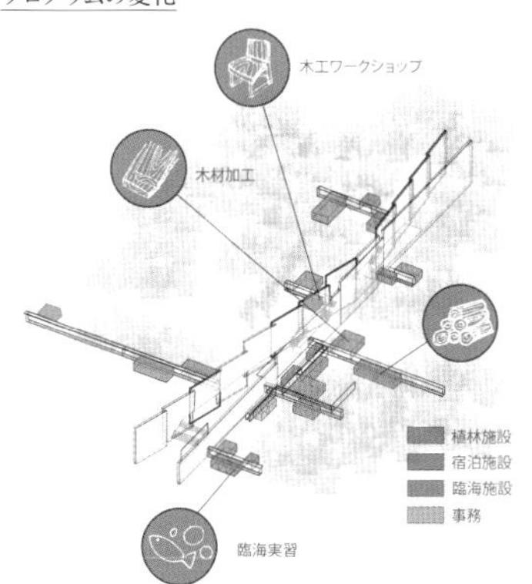

利用者の変化

100年後｜緑化が完了する。先駆樹種に加えて遷移種が成長し、周辺の植生に合わせた森林が形成される。間伐などで切った木材を保存する倉庫や、森林教育を行うための教室や宿泊施設が増築される。

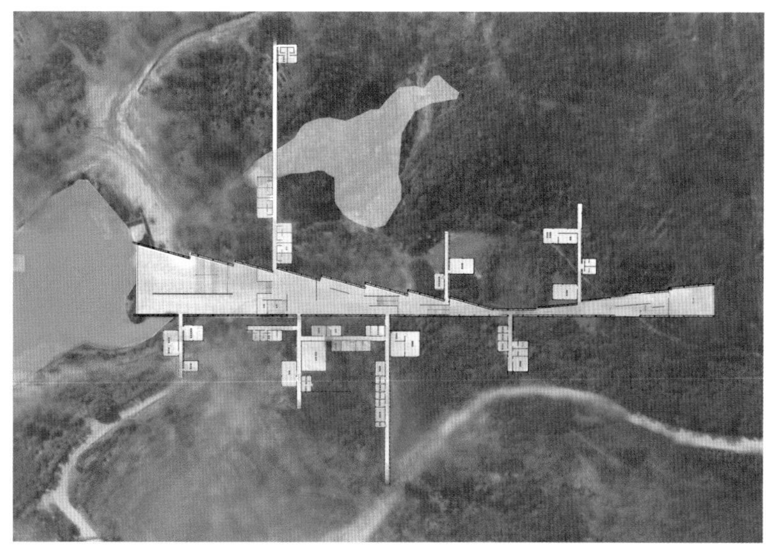

100年後 平面図

100年後 立面図

Phase 4｜再生

プログラムの変化

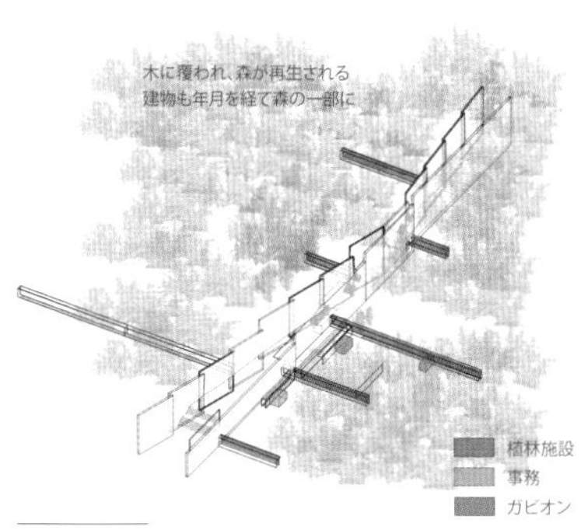

利用者の変化

1000年後｜森林が再生される。建築の平面は基本的には遺跡のようになり、ガビオンが残ったところは土留めとして機能し、土砂崩れを防止する。ガビオンの形が崩れた部分は自然へと還る。

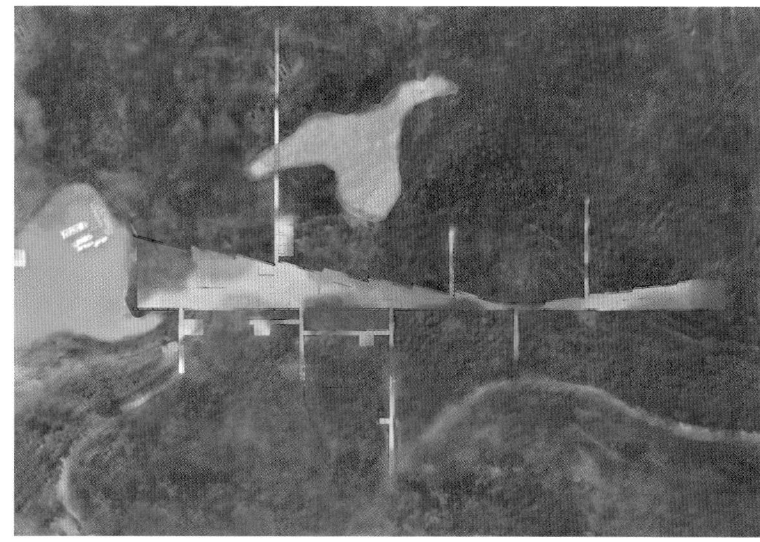

1000年後 平面図

1000年後 立面図

人間というノイズ——集団的生存確率を意識する空間——

Day2:永井賞・ファイナリスト/Day3:「いいね」賞ファイナリスト

ID015 | 千賀拓輔 Takuho SENGA | 大阪工業大学

姿を消した動物が周辺環境が回復することでまた現れることがある。数の少ない種を無菌状態の中ヒトが増やそうとしても絶滅を防げないことがある。ある生命の生存には周りの生命が深く関わっている。ヒトだけではなく生命全体の生存確率を意識する事が必要でありそれこそがヒトの生存確率をあげる。場所は大阪梅田、都市高層建築が立ち並ぶ。そんな中にある立体駐車場。うめきた2期開発など、再開発が進むなか今後高層建築の計画地にされる。生命であったはずの建築は機械的な消費対象に成り下がった。ヒトのためだけの合理性によって生まれた都市空間。そこは生命にとっての辺境の地。そこは人をも追い込み苦しめる。大阪梅田に無駄な空間を提案する。無駄と言われる時間、空間、行為はゆとりを生みヒトをヒトに、建築を生命にする。ゆとりの世界は生命の拠り所になりヒトに生命としての自由を伝える。

止まらない都市の高層化

都市における建築の高層化は止まらない。1973年大阪大林ビル(現、北浜ネクスビルディング)大阪国際ビルディングを始めに大阪の高層化は始まった。88年制定の再開発地区計画制度による容積率の緩和によってより一層増加を見せた。現在も増え続け過去20年で約3.8倍に増えている。梅田は現在、うめきた2期開発プロジェクト、梅田曽根崎計画、梅田3丁目計画など再開発が進む。超高層建築の維持管理が適切になされない場合、地域のランドマークであった超高層建築が時間の経過とともに老朽化し、地域の価値を大きく引き下げる。超高層マンションの老朽化による外壁落下や崩壊などは一般のマンションよりも影響が大きいものとなり負の遺産となりかねない。

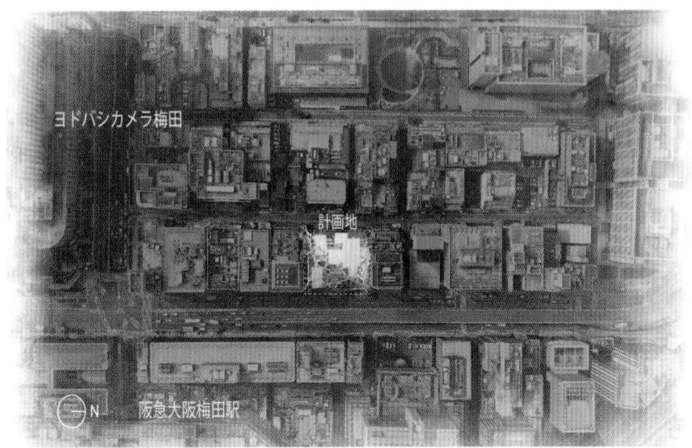

都市での精神疾患の増加

都市生活者の脳は社会的ストレスに対して過剰に強く反応する。高レベルの騒音や大気汚染、社会的不平等や孤独感など、都市に遍在する多くの要因が精神に悪影響を与えている。都市生活者は郊外や田舎生活者と比べてうつ病の発症リスクが20%、多くの精神疾患を含めた発症リスクが77%も高くなる。また、子どもの頃に豊かな環境で育ったり、ペットとして動物を飼っていたりすると将来的なアレルギーやぜんそくのリスクが小さくなることがこれまでの研究で明らかになっていたが、新たな研究により同様の現象として、精神疾患に対して強くなることが分かった。動物や豊かな環境との接触がアレルギーなどに加えメンタルヘルスにとっても重要である。

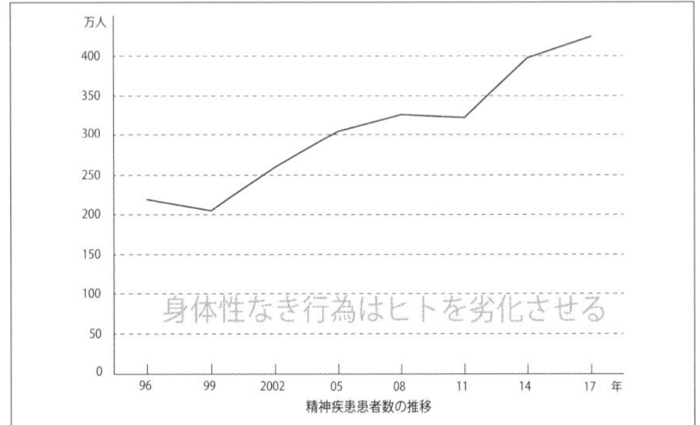

集団的生存確率が上がることで個体的生存確率が上がる

姿を消した動物が自然環境が戻ると大量に現れることがある。
数の少ない種を無菌状態の中、ヒトが増やそうとしても死産や育児放棄で絶滅を防げない。ある生命の生存には周りの生命が深く関わっている。ヒトもまた然り。ヒトも生命として生きていくためには他の生命が必要である。過去、ヒトは利得にならない生命を安易に考えてきた。また他の生命の動きをヒトが完璧に把握することはできない。よってヒトは排除対象としてきた。しかしヒトだけではなく生命全体の生存確率を意識することが必要であり、それこそがヒトの生存確率を上げる。

建築にノイズをかける

都市建築の均質的な箱。そこにノイズを与える。箱は面となり線となる。線は不規則に入り乱れる。もとは箱、そこには空間的な箱の面影が残る。

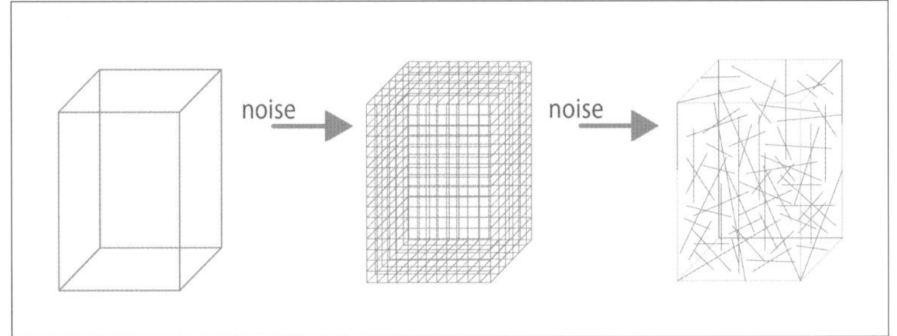

建築によるアフォーダンス

決められた用途に沿って行動するのではない。ここに訪れる生命が空間にアフォードされることで行う行為がその建築の一つの用途となる。種によって生まれる用途もあれば個体によって生まれる用途もある。

人間が生命の一部であることを意識する場。

異素材から生まれる空間構成は感覚的な美しいバランスを創出する。

平面図

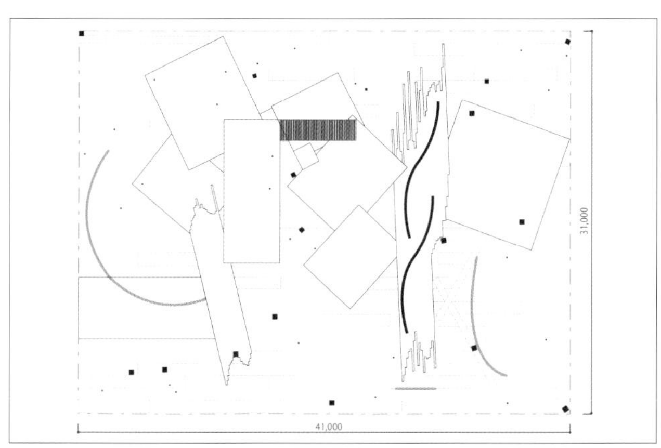

GL+10000

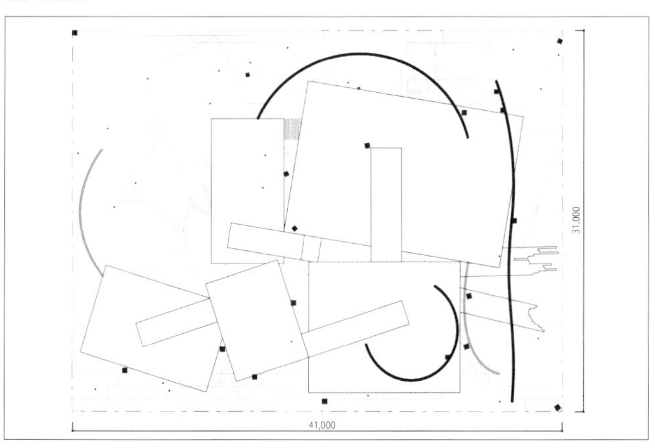

GL+20000

断面/立面図

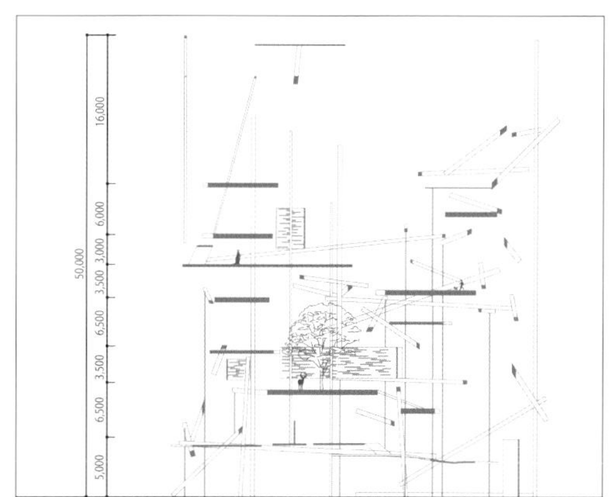

断面図

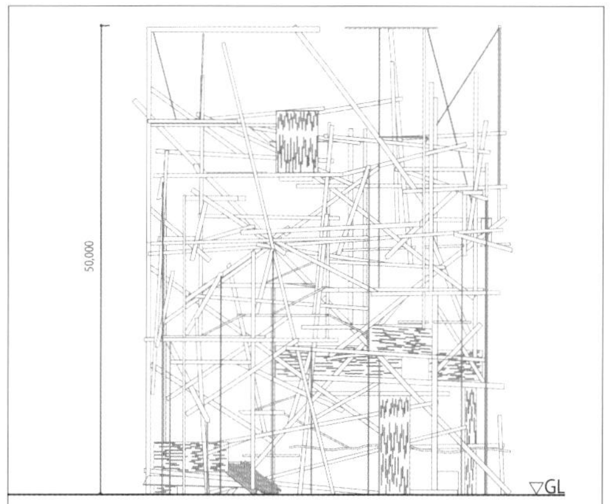

東側立面図

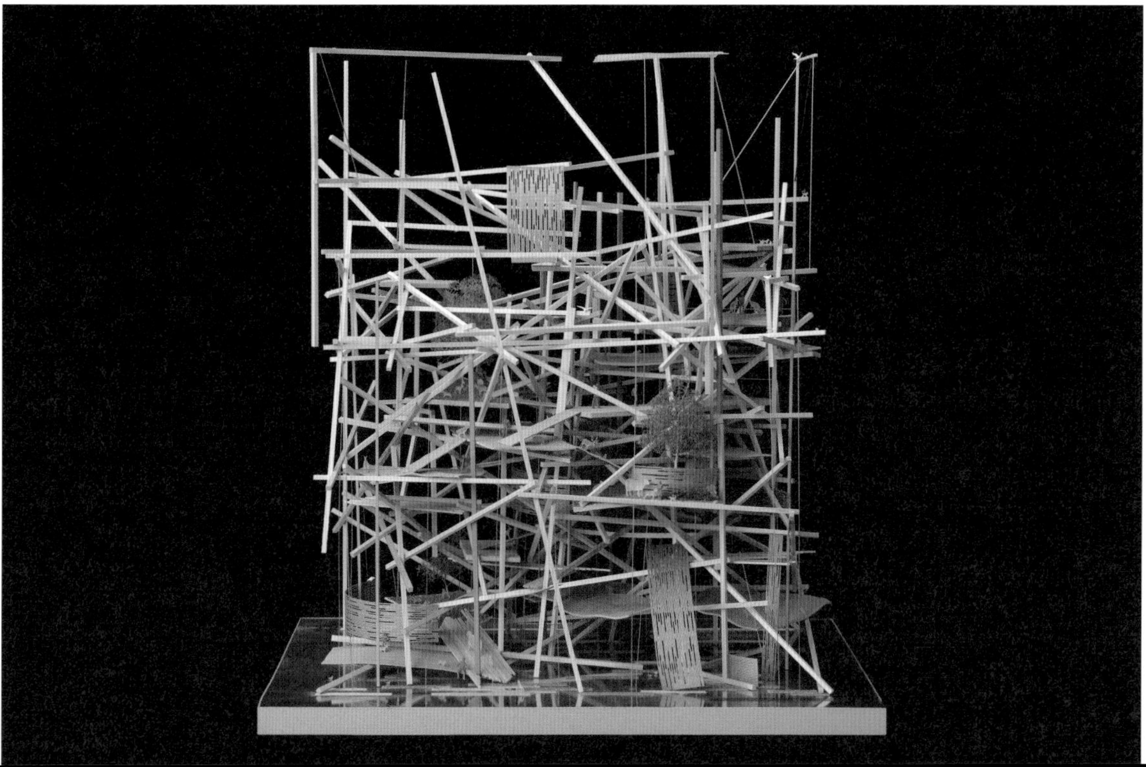

Day2 審査ドキュメント Document of Critique

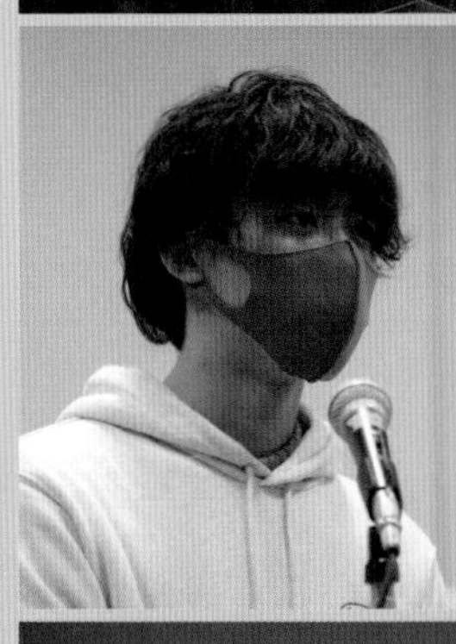

プレゼンテーション

ID006｜真壁智生｜大阪工業大学

『見えない日常
——Riddle Story Museum of Edward Gorey——』

—

真壁 アメリカの絵本作家エドワード・ゴーリーの100冊以上ある作品の中から、さまざまな理由で選んだ6作品の世界を追体験できる施設を提案します。展示する絵にはキャプションなどは入れず、絵に対する感じ方は来館者に委ねられます。敷地はゴーリーが晩年を過ごしたマサチューセッツ州にあるエレファントハウスと言われる大きな家です。その建物に付随するように、絵本ミュージアムを設計します。エレファントハウスにはものが散乱しており、作品を綺麗に展示することが難しい状態です。そこで絵本ミュージアムとしての展示場所を、明確にしようと考えました。絵本ミュージアムはゴーリーの作風から子ども向けではなく、大人向けの絵本ミュージアムを目指しました。サブタイトルにもなっているリドルストーリーというのは物語の形式の一つで、物語中に示された謎に明確な答えを与えないまま終了するストーリーのことですが、平面計画でもミュージアムの順路は明確に決めず、来館者が好きに次の展示室にアクセスできるようにしました。それぞれの絵本の特徴から、空間を提案しようと考え、絵本の1ページを壁に見立て、その奥に作品を置くことで、遠くから鑑賞できるように設計しました。その結果、遠くから見ることと、近くから見ることの二通りの鑑賞方法が生まれました。他の展示空間についても作品のストーリーに沿った空間構成をしています。

—

五十嵐 説明でリドルストーリーの謎というのがありましたが、そこがよくわからないけれどおもしろいと思いました。空間化していたり、建築化しているといいなと思って聞いていましたが、そういうアイデアはありますか。

—

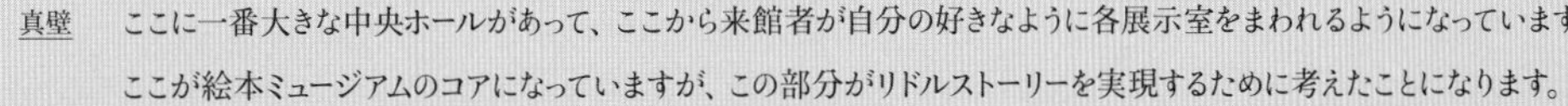

真壁　ここに一番大きな中央ホールがあって、ここから来館者が自分の好きなように各展示室をまわれるようになっています。ここが絵本ミュージアムのコアになっていますが、この部分がリドルストーリーを実現するために考えたことになります。

竹山　他にも建築の文学性をテーマにしている作品が多くありましたが、僕はこれを評価しました。モノクロのプレゼンテーションも内容と一致しているし、牧歌的な建物に禁欲的なボリュームがよくあっている。ただ、今の説明を聞いていると、何にでも使えるような空間をつくっているような感じがしました。真壁さんが考えたゴーリーの世界をその場でしか体験できない空間体験として、さらに深めたり広げたりしてあげられるともっとよかったですね。

ID007｜化生真依｜大阪大学

『みゆきもりくんモノガタリ
――小学校の終焉と懐かしい未来――』

化生　敷地は大阪市生野区、この地域に立つ「御幸森小学校」が舞台です。生野区の大規模な統廃合計画の第1校目として、御幸森小学校は閉校しました。この提案は、私が4年前に生野区に出会い、御幸森小学校の子供たちや3世代の卒業生、まちづくりに関わる人、教員の方々と出会ってきた中で、見て聞いたことをストーリーにしたものです。『序論：生き生きとした校区』ここで登場する女の子には、私が見てきた生野区での4年間を重ねています。私の心象風景を通した女の子の目線でコマが進んでいきます。『第2章：みゆきもりくんと私』ここで登場した“みゆきもりくん”とは、御幸森小学校の閉校に伴い、女の子の目の前に現れた偶像としての小学校であり、生き物です。みゆきもりくんの骨格は、校区の地図をトレースして構造化されています。例えば校区を貫く一條通りは、みゆきもりくんの背骨として機能しています。また、各要素は子どもたちから聞いた“学校のおきにいりの場所”と対応しています。それらは、みんなの言葉やイメージによって生物のようなかたちをもった空間として現れます。『第3章：まちを歩く』では女の子がみゆきもりくんを連れて、まちを歩きます。一條通りには背骨である玄関ホールが、長屋には教室が隠され、みゆきもりくんは少しずつ小さくなっていきます。『第4章：六つの約束』6枚のイメージパースは、この地域に提案するまちづくり構想案です。みゆきもりくんを介して生き生きとしたイメージパースを描くことで、リアルな設計ではできない、「なつかしい未来」の設計ができると考えました。「建築物が役割を終えるとき、失われるものに対して、人はどう立ち振る舞い、まちはどう対応しうるのか」をテーマとし、愛着や帰属意識から立ち上がるアンビルドの建築物として、「みゆきもりくん」と絵コンテという設計図を用いた提案を行います。

竹山　自分の調べたこと、考えたこと、想像したことをフィクショナルな形でありながらも整理できています。断面図にしても、妙なディティールのリアリティがでていますよね。あるレベルのリアリティを追求しながら、現実を突き抜けていく。そうすると実現するかどうかはどうでもいい世界になって「ああ、これが記憶の空間なんだなぁ」ということを感じますね。

永井　建物の足の部分はどのようにデザインしていますか。

化生　商店街のアーケード構造を用いてデザインしています。また、地図をトレースし、現在の平野川と旧平野川の位置関係を足に見立てています。これによって、平野川開拓から人が移り住んできたという歴史が、今の姿を成り立たせ、支えているという意味を込めました。

ID013｜篠山航大｜神戸大学

『長島協奏曲』

篠山　敷地は岡山県の南部に浮かぶ小さい島「長島」です。ここは日本で初めて国立のハンセン病療養所が建てられた場所です。現在も、ここには患者さんが住み続けています。平均年齢85歳で、25年後にはこの島の人口がなくなってしまうことが確実になっています。それとともに、ハンセン病の記憶も失われ負の側面が後世に伝えられなくなります。そこで島内に設ける五つの施設を巡りながら、ハンセン病の記憶を体験をすることを提案します。一つ目のプログラムは、記憶を継承していく試みです。現在でも年間1万人近く小学生が来てハンセン病の歴史を学んでいくのですが、それに加え共同体験として「音楽」を取り入れます。なぜ音楽なのかというと、患者さんはこの島から出ることができない状態で、音楽というものを通じて生きる希望を見出したり、東京の有楽町でコンサートを開くことで島外にでる直接的なきっかけとなったという歴史があるからです。この施設はコースとして一番最初に巡る場所として設定していて、元々監房・独房があったのですがそれと全く同じ立面と平面をトレースして計画しています。各施設には一つずつの楽器を想定していて、ここではチェロを想定しています。チェロの音は人の声と周波数が一番近い楽器と言われていますが、そのチェロがここで響き渡ることでここにいたはずの他者を来館者たちが意識できるような空間になっています。一つひとつは土地の固有のストーリーを拾っているだけですが、五つの建築が合わさって、一つのハーモニーになる提案です。

–

忽那　ハンセン病の方々がまだおられる中、今後この島に来る人たちがここをどのような島として共有するか、テーマとして設定した「音楽」を通じて何か始まるイメージはありますか。

–

篠山　ハンセン病をメモリアルにしようとしたときに、負のベクトルが強調されがちですが、この人たちが生きた意味を音楽を通じて、正のベクトルみたいなのを表出させたいという思いがありました。

–

永井　いくつかの場所や小規模な建築を巡るという提案は他にもたくさんありましたが、篠山さんが計画の量も質も充実していました。一方、本当にここまでの規模が必要なのかという疑問もあります。

–

篠山　放っておけば強烈な自然に埋没してしまうということを考えたときに、強めの造形でもいいのではないかと考えました。

ID015｜千賀拓輔｜大阪工業大学

『人間というノイズ
――集団的生存確率をする意識する空間――』

–

千賀　姿を消した動物が周辺環境の回復と共に再び現れることがあります。数の少ない種を、無菌状態の中で人が増やそうとしても、絶滅を防げないことがあります。ある生命の生存には周りの生命の存在が深く関係しており、人だけでなく生命全体の生存確率を意識することが必要で、それは人の生存確率をあげる方法の一つです。建築は機械的な消費対象へと成り下がりました。人だけの合理性によって生まれた都市空間は、生命にとって辺境の地です。人までをも追い込み苦しめています。そこで、都市高層建築が立ち並ぶ大阪梅田に無駄な空間を提案します。周りの高層建築には、オフィス・商業施設などが入り、緊迫した状況で利益を求めている中、何の利益も産まないこの空間は無駄と言われるでしょう。しかし、無駄といわれる空間・時間・行為は人を人に、建築には生命をあたえます。ゆとりの世界は自然と生命の拠り所となり、人に生命としての自由を伝えます。朝日に叫ぶ鶏は、人にゆとりの時間を伝えます。二人歩く狸は、人にゆとりの空間を伝えます。道を行く猫、道でない道を行く猫は、人にゆとりの行為を伝えます。

–

五十嵐　サブタイトルについてもう少し詳しく聞きたいです。それから大阪の梅田にあるからこういう形状なのか、建築と周辺環境との関係性はありますか。

–

千賀　サブタイトルの集団的生存確率は、今の都市は人のためだけを意識してつくられているけれど、生命全体を意識した都市にすることで人もよりよく、心に余裕を持って生きていけると考えてのものです。今の都市は自分にとって窮屈ですごく緊迫しています。心を病む人も多いそんな場所が、本当に人にとってよい場所なのかと思っています。建築と周辺環境はあまり関係ないです。

–

忽那　これは立体的な空き地みたいなものかなと思ってますが、そういうところにちょっとした自然とか、都市内の生物が息づ

いているのを深く観察するとおもしろいオープンスペースになると思っています。ほったらかしにして無駄だと思っているけれど、自分だけが発見できた居場所をつくる感じで設計している気がしますが、その感覚はあっていますか。

千賀　はい。空き地は昔のように開かれておらず、私有地のように閉じられています。だから、そこに雑草が生えていたり、動物が隠れていたりすることが、今は見えなくなっています。でも、ここは誰も管理していない場所として計画しています。ただ建てたいから建てて、自分で放置しているみたいな感じです。ここには人も動物も自由に出入りできます。かたちも異質で、ゆえに怖いと感じる人もいるし、魅力的と感じる人もいる。五感を通して空間を感じてくれたらうれしいなと思っています。

ID061｜中野紗希｜立命館大学

『まちの内的秩序を描く
——意図せずできた魅力的な空間から導く住まいの提案——』

中野　私をとりまく無機質な都市環境は、住まうことの快楽を満たす空間であるのかどうかを疑問に感じます。計画都市とは対照的にどこか魅力に感じる自然発生的にできた路地などの空間、このような空間に惹かれるのには何か理由があるのでしょうか。意図せずできたまちを観察し、そこから美しく結晶化している人間の知恵を学び、構成するルールを導くことで、新たに意図して心地いいと感じるスケール感を持った居住空間を提案します。芦原義信氏は著書『街並みの美学』において、永年にわたりお互いが暗黙のうちに守っていることで自然発生的にできたまちを内的秩序のまちと呼びました。自らがつくり出したまち並みではなく、与えられた住宅公団のような社会は無機質な都市環境へと進んでいます。それに対し、内的秩序を持ったまちはまち並みの構成の手法の中で、内外の空間秩序を流動させて計画的に近隣意識をうまく醸成させています。一見すると、違う内的秩序を持った都市をさまざまな視点から分析し、共通の要素を取り出すことで人間の心地良いと感じるスケール感を持った住宅を意図してつくることはできないのでしょうか。そこで、チステルニーノ、サントリーニ島、ラグーザ、京都、宿根木、五つの自然発生的にできた魅力的なまち並みをスケッチして観察しました。さらに蓄積したまちの魅力をさまざまな場で適用可能にするため、単純化し要素として表します。このような手法で、内的秩序をつくり出す特徴的な空間を34種類の要素に落とし込みました。これらをさらに近景から遠景までのさまざまなスケールで観察し、6項目に分類し複数のまち並みの共通点を導き13のルールを作成しました。今回取り出した13のルールと様々な地形とを組み合わせることで、人間の心地いいと感じるスケール感を持った住空間を意図してつくることができるのではないでしょうか。

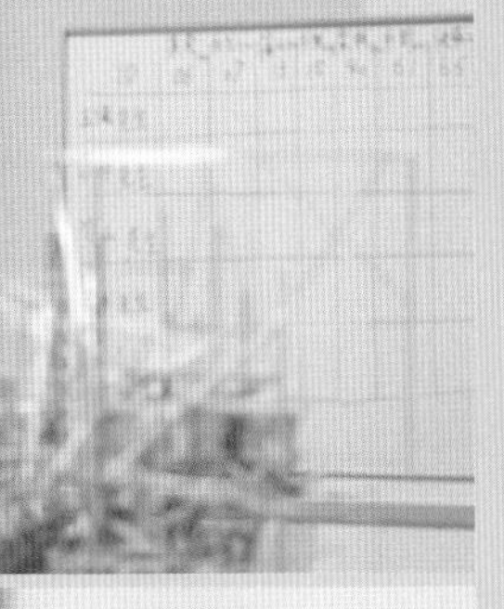

五十嵐　瀬戸内海の入江にも内的秩序ができている集落が存在すると思いますが、そういうのも調べましたか。

中野　急な斜面地にある日本の集落も調査しました。その中からルールをつくる上で、違った特徴をもつ都市を選定していったため、この五つの都市を選びました。

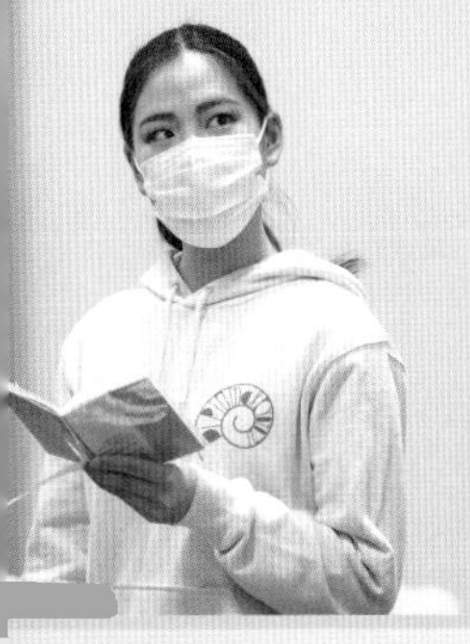

竹山　内部のパブリックな空間のつながりをうまくつくることと、最終成果物の構造体や空間そのものがもっと明快に示されていたら、もっと伝わったと感じました。

忽那　ヨーロッパのまち並みの空間的なルールはわかるのですが、このまち自体の気候風土によって空間は影響されると思います。風土の特徴から見出した13個のルールを掛け合わせると、よりよくなったと思います。

ID066｜依藤一二三｜関西大学

『地形を編む
——人工地盤場にあらわれ積層する暮らし——』

依藤　住まう土地やその環境は、人の背景を形成する一つの要因です。暮らしの背景がなく、人の関わりの分断が進む理立地に、人が持つ「我」が現れる、地形を共有した暮らしを提案します。敷地はHAT神戸灘の浜団地です。この場所は阪神淡路大震災が発生し更地となり、灘の浜団地として災害復興住宅が即座に建設されました。しかし、この災害復興住宅は民間の住宅を借り、臨時的に供給されたものであり、25年を経た現在、返還を求められています。そこには未だ自立困難な社会的弱者が住んでいることが問題視されています。そこで仮説です。山と海に挟まれた地形を共有した暮らしは、神戸の都市部によく見られます。この地形を共有した暮らしは、神戸のまちを思い出す手掛かりになるのではないか、と考えます。そこで神戸における斜面と土地の関係を風景から要素化し、分析を行いました。提案です。土地性のないこの敷地で、分析した地形と土地の関係を住民の生活に落とし込みます。その地形から生まれる空間の使い方や、人のふるまい、仕草にそれぞれの我が浮かび上がるように仕掛けます。地形が土台としてあり、背景である我がよい関係を持ちながら共有されます。構成です。既存の建物はRCのラーメン構造で、そのスケルトンを埋めるように土で造成することで地形をつくります。さらに、既存構造を解体しながら浮かぶ斜面を配置していきます。別の構造体に依存した浮かぶ斜面には、更新を考慮しながら新しく柱梁を付け足し、その上に独立した住戸ボリュームを立ち上げます。貸し出された余剰空間は住宅として不完結なものであり、住民の暮らしの一部が集まってできる集合住宅になります。最後に、つくられていく土地性です。これからの暮らしのあり方に伴って、地形を手がかりに住民の手によって変化する。それが積層し、この場所の土地性として現れていく。この場所に住む人々のために、災害復興住宅としての役割を終わらせ、次へとつなげていくきっかけになると考えました。

永井　以前からこの場所に住まわれていた住民に限定して、新しい建築を舞台にかつてのコミュニティを再生するということでしょうか？

依藤　限定するのではなく、さまざまな人たちが一緒にこの地形を共有する暮らしを想定しています。自治体で強制的にコミュニティをつくり上げるのではなく、人の仕草とかふるまいとかそういう小さな行動、生活、地形を共有した、その使いこなしの部分に人の「我」が現れ、新たなコミュニケーションが生まれるのではないかと考えています。

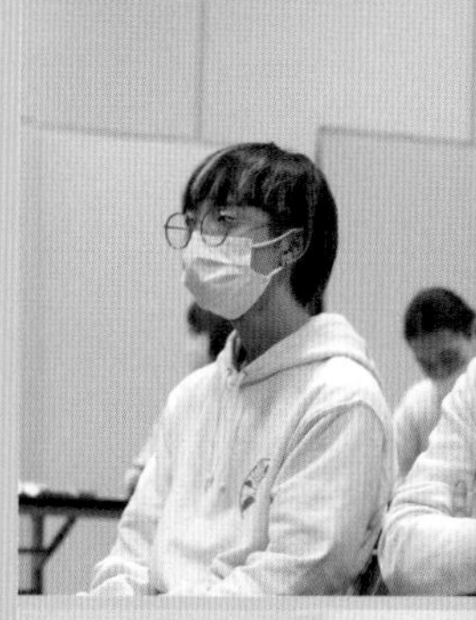

忽那　わたしも震災の時に関わっていて、独居老人の方々が亡くなっていかれる中で、一件ずつピンポンしていくなど、仮設住宅を残すためにいろいろと取り組みました。仮設への入居は抽選で転居先が決まり、そこでの繋がりがばらばらになってしまいました。そのことに対して、こうしておけばよかったのではないかという提案として注目しましたが、そうではなくHAT神戸全体をこのように変えるということですね。土地に根差したコミュニケーションを小さく育んでいく方が、新しいコミュニティによる問題解決ができるのではないかと思いました。

ID104｜松野泰己｜立命館大学

『町ウツシ ――醤油蔵遺構と町並み景観の再編――』

松野　岡山県岩佐町は醤油発祥地として栄えたまち並みが継承されています。しかし、私は継承のルールと現状に疑問を持ち、この地の新たな価値を見出す計画を提案します。現状は醤油業が廃れつつあり、若者の都市部移動と建物の老朽化から高齢者が残され、高齢者も住みにくくなっています。また景観継承のルールから、連続的なハリボテ建築が形成されています。そこで醤油のまちという歴史的背景を生かし、新たな価値を見出す提案が必要だと感じました。現在も残されている歴史的要素生かすため、そのまま継承された伝統的な醤油工場と、かつて醤油をつくるときに使用していた水資源、醤油を中心に生まれた店舗、住宅立面をそれぞれ抽出しました。資源と要素の再編では、機能していない伝統的な醤油工場跡と、かつて使われた水資源を組み合わせることで銭湯スパへと読み変えます。敷地には、現状16の立面が存在し、それを面として継承しながら組み替え、立面に平面が映り、現状の価値を別のかたちとして継承します。変化した立面の読み替えでは、格子、出窓、軒裏、凹凸といった要素が動線操作、寄りかかる場所、手すりなどとして高齢者にとって健康保全となる空間が機能として生まれ変わります。引きこもる高齢者のためのまちの交流の場となります。そして醤油櫓を憩いの場、周辺を活動的な健康保全の場所としてゾーニングします。醤油のまちとして一体となる全体計画により新たな路地のあり方も継承され、この場所がまちの活性化の起点となることを期待します。

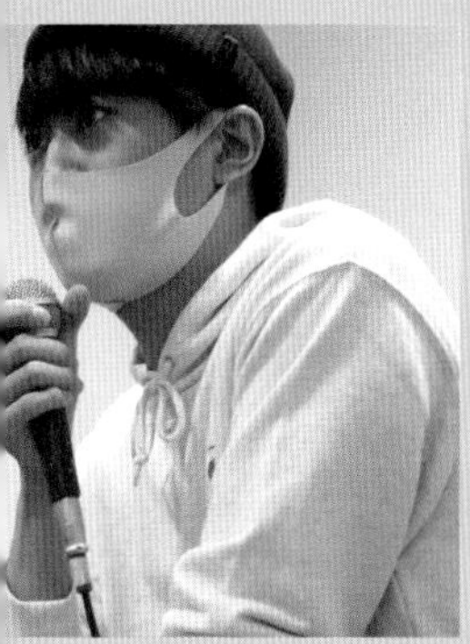

竹山　これすごいおもしろいと思っていましたが、優等生的な説明で拍子抜けしました。立面はハリボテとして、あえて既存と違うところに配置するけれど、ボキャブラリーは同じだから、かつての記憶が継承されるというとってもおもしろいことをやっています。途中で狙った通りではないおもしろさが出てくるのがデザインですが、この場所にこのようなクリエイティビティを入れることになったきっかけを教えてください。

—

松野　何が歴史的な価値を持つかを考えているうちに、この面がつくり出されていることが重要であり、それをどのように活かしていくかというスタディを重ねました。今は見るだけのものですが、それを再活用できる空間にならないかということを意識しながら構成しました。

—

五十嵐　全体として楽しい空間になっていると思います。上から見下ろせる視点があると、とてもおもしろくなる気がしましたが、そういう場所はありますか。

—

松野　町屋のスケール感と合わせているので高さは出していませんが、上に登れるような場所は存在しています。

—

竹山　僕らは動線計画とか人の動きについて、基本的に平面図を見るじゃないですか。それが傾けられたり立体化することによって、動線が上や斜めを向いたりする。そういうところにおもしろさがあるのではないでしょうか。論理を脱構築し、それまで建築を縛っていた壁とか屋根、重力といったものをひっくり返す視点をつくり出しています。

投票

司会　今から上位4作品を決める投票になりますが、審査員お一人につき、2票投票していただきます。この2票は1作品にまとめて投票していただいても構いませんし、2作品に1票ずつ分けて投票していただいても構いません。

—

五十嵐　想像以上のパフォーマンスを見せてくれた化生さん。それから本人の評価ポイントと外れているかもしれないですが、おもしろい建築だった松野さんに1票ずつ入れたいと思います。

—

忽那　一つひとつの小さな行動に関心をもってもらい、いかに行動を変容していくかの総体がまちづくりだとすると、まちづくりを進めていくためには柔らかいというか緩やかなビジョンが必要です。化生さんはその示し方が新しかったと思います。篠山さんは、歴史をそのまま振り返るのではなく、今後どう島が変わっていくかにうまく接続するアタッチメントとして風景をつくっていこうとしたと評価しました。

—

永井　化生さんの作品は、なぜ人のような形なのかと初めは疑問でしたが、人の形に学んだストラクチャーだと考えることもできると思いました。千賀さんは、木材だけでなく床や空間の積み方によって無意識にストラクチャーが成立しているのが面白いと思いました。そのような構造的な視点から二つを評価しました。

—

竹山　実現するかどうかは別として、化生さんは人々が共有する愛着の記憶、もしくは記憶への愛着の象徴としての建築ということが込められていると思います。それと松野さん。彼は建築的に新しい地平を開いていると思います。この二人に票を入れます。

—

投票結果

ID007	化生真依	4票(竹山、五十嵐、忽那、永井)
ID013	篠山航大	1票(忽那)
ID015	千賀拓輔	1票(永井)
ID104	松野泰己	2票(竹山、五十嵐)

—

竹山　ここから1位と2位と3位を決めないといけないのですが、審査員のみなさんから意見をいただきたいです。

忽那　松野さんは屋根でつくられる広場があったり、外のつくり方がすごく上手でした。大きさの振幅の操作も絶妙なので、僕も松野さんを推したいです。篠山さんは音楽を巨大化した、体感する建築をすごく綿密に設計していたと思います。

永井　松野さんの提案には、地域産業を復活させるというテーマがあったと思います。先生方の解説を聞いて、とてもおもしろい提案だと思い始めています。篠山さんに質問ですが、空間として魅力的な一方で、ここまで沢山の建築をつくるべきなのでしょうか。逆に過去の歴史が消え去って、この空間だけが目立つようなことにならないでしょうか。

篠山　計画の中には、当時の建物を利用した資料館もあり、島全体でみたときには既存建築から伝わるものがあると考えています。

五十嵐　化生さんの提案は、「私にはこうみえました」でいきなり世界をつくって、そのあと破綻なくストーリーが築かれています。この試み自体はアートプロジェクトに似たものがあって、普通に考えるとアンビルドになるところが、一方でこれに近いことは実現できそうなパワーも持っていると思います。松野さんは、真面目にまちがよくなる話を一生懸命してくれましたが、この案のすごいところはそこじゃない。建築のデザインにおける構成論に対して示唆的な提案で、ありえない空間体験なのにびっくりハウスにならず、ぎりぎり建築にとどまっていることだと思います。

竹山　では1位に全員の票が入ってるということで、化生さんでよろしいでしょうか。

（審査員うなずく）

竹山　では化生さん、おめでとうございます。続いて2位ですが、忽那先生からも松野さんがいいんじゃないかという話もありましたのでいかがでしょう。

（審査員うなずく）

竹山　では2位は松野泰己さん、おめでとうございます。では3位を決めるにあたって、篠山さん、千賀さんからそれぞれ自分の案について発言してもらいたいと思います。

篠山　建築を志す前からこの島のことを将来どうにかしたいと思っていて、卒業設計に取り組みました。建築が使われていないとき、波が当たるしぶきの反響や、風が通り抜ける音など、楽器を演奏するだけでない音楽的な体験ができると思っています。

千賀　将来動物たちが都市へ移行してきたときに、こうした場所に入ってくれると思います。スラブの位置や角度は偶然のようですが、必然的に決まっています。

竹山　忽那さんと永井さんの評価は変わらないとして、五十嵐さんはどうですか。

五十嵐　僕がいれるとしたら篠山さんです。見えなくても聞こえてくるという音楽的体験ができる話はすごくよいと思いました。

竹山　私も篠山さんに入れます。まず完成度が高い。建築的にはもっともエレガントなんじゃないでしょうか。では、篠山さんを3位に決定したいと思います。おめでとうございます。

総評

竹山　今日はとても楽しませてもらいました。模型や図面のみならず、何かいろいろなものを総動員して、自分の考えていることを伝えようとしてくれていました。我々はそれを一生懸命に読み解くわけですが、中には読めないような字で書いてい

るものも少なからずあって、これはもったいないですね。今後も、相手に伝えるためにどんな方法が効果的か工夫してくれるとよいなと思います。お疲れ様でした。

五十嵐 昨年、仙台の日本一決定戦ではポートフォリオだけで審査することになって感じたことですが、時間軸で展開していく提案が増えたように思いました。つまり模型は一瞬で全体の空間性を把握させるが、ポートフォリオをめくる時間軸によって表現しやすいことが変わるというのがあるのかなと思いました。今日も建築が変化していくとか、遠い将来こうなるなどの時間軸を持った作品が印象的でした。

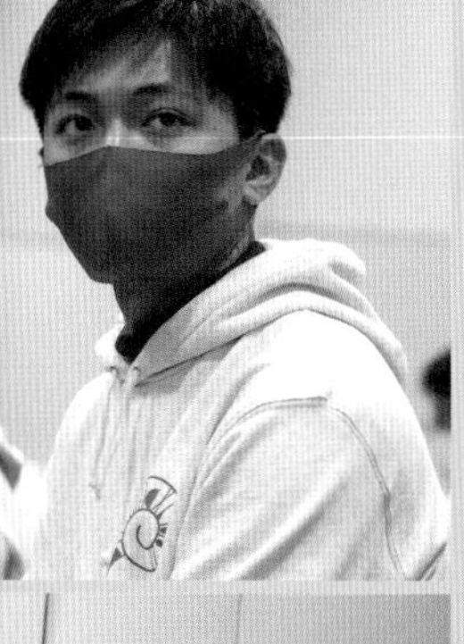

永井 皆さんお疲れ様でした。作品のテーマが大体10くらいのジャンルに分かれている印象でした。五十嵐先生が言われたような時間の変化を設計に取り入れるものや、化生さんのように心象的なものをいかに建築化するかを考えているものなどです。各ジャンルの中で、意図がしっかり建築として表現されているものや、プレゼンテーションの完成度で今日は選びました。一方で、素材やエンジニアリングに拘っている作品が少なかったですね。とは言え、全体的に非常にボリュームのある会だったと思います。

忽那 運営の中で大変な苦労をされてきたと思いますが、そのことは将来、建築や都市に関わる仕事をする上で生かしていけると思います。コロナの中で公園を利用する子供が増えたり、一方で密にならないためにはどうすればいいかを考える中で、今まで見えていなかった関係などが見えてきたと思います。これから状況がよくなっていく中で、自分たちのアイデアや感性を社会に生かしていけるチャンスが広がっているのだと思います。

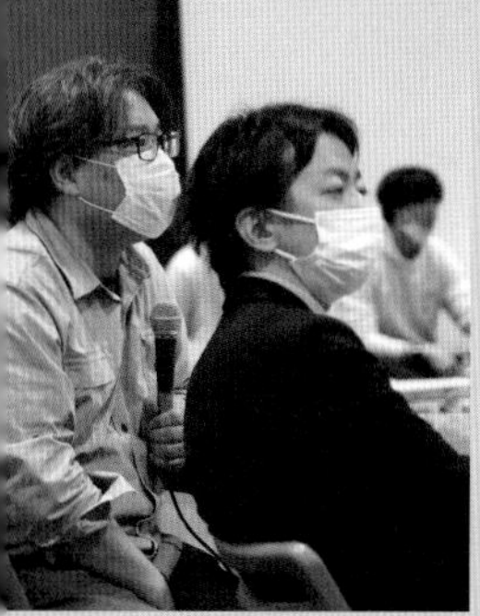

Day2 座談会 Round Table

審査員
・竹山聖
・五十嵐太郎
・忽那裕樹
・永井拓生

参加者
・化生真依(1位)
・松野泰己(2位)
・篠山航大(3位)
・千賀拓輔(永井賞・ファイナリスト)
・真壁智生(ファイナリスト)
・廣瀬憲吾(ファイナリスト)
・中野紗希(ファイナリスト)
・依藤一二三(ファイナリスト)

司会　審査員の方々に8選以外で気になる作品について聞いていきたいと思います。

五十嵐　ID093森田みこさんの『伏線のコンテクスト』が気になりました。吉備津神社とアルバロ・シザを掛け合わせるというものすごくシブい建築ですが、個人的に宗教建築に興味があり、このようなシブいデザインをしている人がいるんだと感心しました。

竹山　ID001興梠卓人さんの『阿倍野をかたどる風景印と郵便局』がおもしろかったですね。もう一つはID038中谷唯和さんの『生乃シ想堂』です。建築的にはすごく保守的ですが、添えてある小冊子に物語が綴られていておもしろかったです。文学者になれるのではないかと思うような作品が多かったですね。

忽那　ID081青山剛士さんの『菌床のマチ——木密地域の糀文化再生による手前暮らしの提案——』は、地熱の利用や工場の排熱利用もやり、更地にして一新するのではなく、既存のものを活かしながら新しい関係を構築していく作品で注目しました。もう一つあげるとすると、ID057傍島靖葉さんの『農知の波紋——人と大地と湖を繋ぐ農地活用の提案——』です。放棄されている田畑にもう一回観光の視点を入れ、新しい農耕と古来の農耕を含めた新しい風景をつくる提案でした。

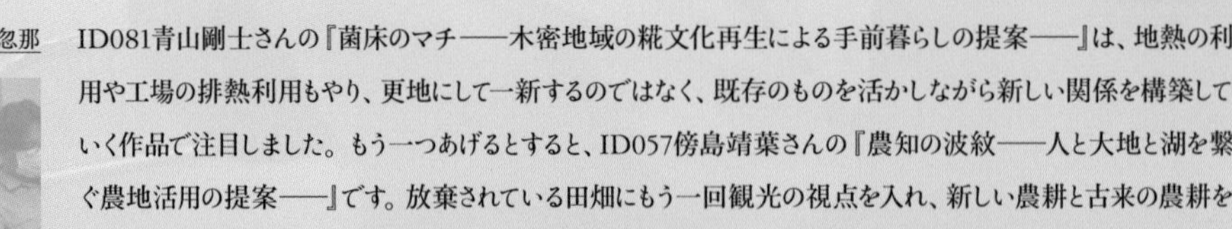

永井　ID027加藤亜海さんの『縁を漉く——美濃和紙の構造化による公園工房の創出——』です。和紙を使って架構をつくろうという提案でした。モックアップがあるといいなと思いましたが、コロナ禍で直に体験できない素材をいかに表現するか、苦労されていたように思います。それとID062佐藤桃佳さんの『あの日、陸奥の驛舎で…——鉄道が繋ぐ、記憶を創る場所——』ですね。ダイナミックな造形で統一感はないけれど、細かい部分に着目するとすごくおもしろい空間がいくつも生まれているなと思いました。

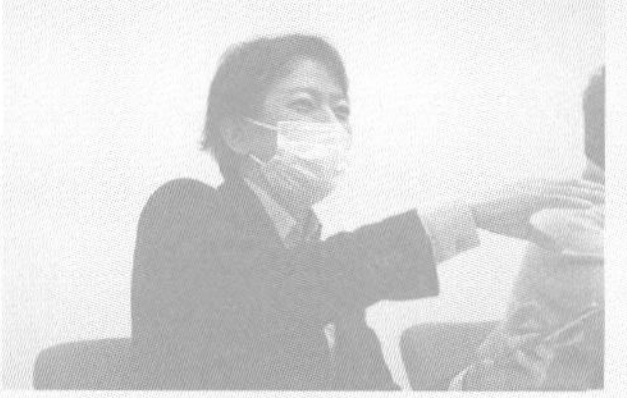

司会　では次に、学生時代に建築とどのように向き合っていたのかをお聞きしたいです。

忽那　私の場合、卒業設計はありませんでしたが、建築やランドスケープがもう少し自分たちや市民と一緒に取り組んでいければいいのにと、感覚的に思っていました。「みんなのもの」をつくるってすごく難しいことなんです。どうやって合意形成するのか、とか。だからデザインとして、その場所にしかないものを見つけるようにしました。そのためには体感しないとわからないから、とにかく見に行きました。そして、自分だったらその場所を空間としてどうするか、常に考えていました。

司会　今もそのような体感を大事にしておられますか。

忽那　そうですね。みんながそこで活躍できる、自分で役割を見つけられるようなまちになったらいいなと思っています。学生時代はそこまで考えていなかったので体感だけでしたが。

竹山　僕が学生の頃、京都大学には卒業設計の評価システムがありませんでした。教員として戻ってからは、少なくとも設計演習は締め切りを守り、講評会を必ずやりましょうということにしました。それから卒業設計は展覧会をして、講評会にはゲストを呼んでいます。逆にいうと今のように教育が至れり尽くせりだったら、かえって甘えてしまうところもあるかもしれません。状況がどうあれ、自分にとってこれは問題だというところを確認して、努力することが大事ですね。

五十嵐　僕は15年間も学生でしたが、まじめに建築に取り組むようになったのは学部の4年生くらいからです。それから旅に出ることと、本を読むことの二つをやっていました。今でもその当時のいろいろなものを見てきたことが財産になっています。卒業設計は、東京湾に人工島で原子力発電所をつくるというプロジェクトでした。問題になっていた放射性廃棄物を、人工島の地下1,000メートルくらいのところに貯蔵する。30年くらい稼働すると原発は使えなくなるので、コンクリートとアスファルトで固める。コンクリートで固めた人工島型の原子力発電所は、どんなに大きな津波が来ても退かすことができないモニュメントになって残る。ピラミッドみたいなものを現代でつくるとしたら、皮肉だけれども原発がそうなりうるのではないかと考えた物語的なプロジェクトでした。卒業設計をやったことで、設計よりもお話をつくる方がうまいと気がついたことで、自分の将来の道が決まるきっかけになりました。

永井　私は大学以前から絵を描くことや力学が好きだったので、大学でもそれなりに真面目に建築に取り組んでいました。今の事務所の仲間も学生の頃からの知り合いで、長期休暇になるとみんなで集まって模型をつくったりしていましたね。卒業計画では、卒業論文を発展させポスターにして提出しました。ちょうど当時可能になってきたコンピュータで構造体を創生する方法について取り組みました。

司会　最後に、これから建築を学ぶ学生に向けて一言お願いします。

五十嵐　コロナもあって模型をつくるのが大変だったと思いますが、すごく頑張っていたという印象を持ちました。プレゼンを聞いてみると、思っていたことと違ったり、逆に思っていた以上のパフォーマンスを発揮する人もいて、やはり聞かないとわからないと思いました。今日私たちが選んだ学生たちが将来、活躍されることを願っています。

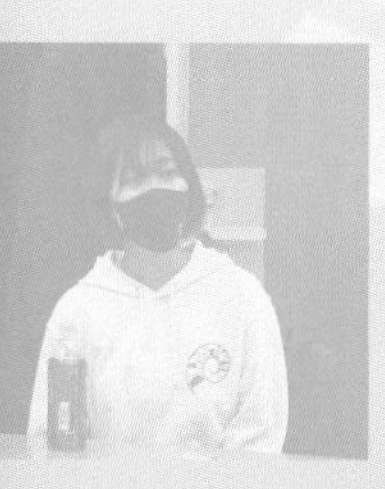

忽那　空間をつくるプロセスの中で、人の意見をまとめ、コーディネートし、思いをかたちにしていくことは、空間づくりを背景にしたコミュニケーションだと思います。そのことが現在ではすごく求められています。また、今までのパブリックとは異なる状況の中で、いろいろな関わり方をする人たちが増えています。設計者と行政とのプロジェクトでは、その人たちが「自分もやります」と手をあげてくれる関係をつくることが新しいパブリックとして重要で、いろいろなところで実践しているつもりです。卒業設計のように、場所に対する愛を持ちながらプレゼンする経験はどんな仕事でも評価されます。いろいろな人の話を聞くのは大変ですが、実は楽しいんですよね。意見を聞いて一つのかたちにしていく、空間的につなげる喜びを感じています。みなさんも未来に対して自信を持って、これから活躍

してもらい、どこかでコラボレーションできる機会があったら嬉しいですね。

永井　よく若い時に何をやっておけばよいかと聞かれることがあります。将来の目標やビジョンがあって、それに繋がることを優先してやっていくことが大事だと私も思っていたので、気持ちは痛いほど分かります。みなさんも焦る気持ちがあるかもしれないですし、目の前のことが小っぽけなことに思われるかもしれません。しかし、将来はそうした目の前のことの積み重ねの先にしかありません。とにかく目の前のことを一生懸命にやることが大事だと思います。

竹山　僕は大学を卒業する時、先生だった建築家の高松伸さんに「デザインを諦めるな」って言われたんです。当時は意味わからなかったですが笑。諦めるってどういうことですかってね。でもね、ある地点までだったらすぐに出来てしまう。自分のポジションをそれよりも上に置くために、自分を追い込んでいくということだったと思っています。どんな道に進んでも、自分自身のポジションを自分自身で追い込んで、よりよいものをつくる姿勢を貫いて欲しいです。建築家なんかいらないと言われて500年くらい。それでも個人として建築家の夢を馳せる人がずっと残っているのかというと、建築は個人と関わるものだからだと思います。建築は共同作業で、一人でつくることはできません。だけど、個人のパーソナルコミットメントがあり、これは自分が考えたところだと言える場所が必ずある。その役割を周りから認めてもらえることが、個人としての建築家です。みなさんが建築家になるのか、それとも違う道に進むのか分かりませんが、ともかくこれからも、建築を愛して進んでほしいですね。

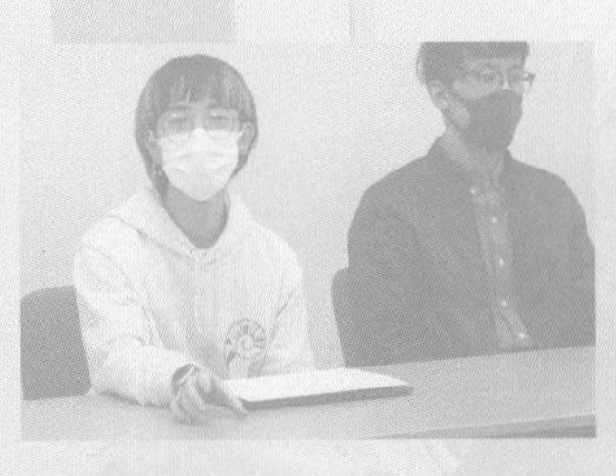

Day3

-ismの“発信”

Day3：-ismの"発信"

卒業設計は社会に自身の考えを発信する最初の場である。
Day3ではさらに分野を超え、ケンチクイラストレーターやアートディレクターなどを加えて、
よりマクロな視点で建築を捉え、社会的に"-ism"を見る。
また、オンライン展示・投票を活用し、現在の状況だからこその発信を行う。

次世代建築家賞・いいね賞審査方法

- 次世代建築家賞

  主に新規性を重要視し、「これからの建築家とはこうあるべきだ」というメッセージを読み取れるもの。

- いいね賞

  「映え」や「エモい」といった現代の人々の直感を重要視し、
  理屈や議論だけではない日本人の感性に訴えかける部分が見られるもの。

1　オンライン投票

Day1−Day2終了までの期間に設定した賞として、オンライン投票を行う。
審査員だけではなく、全ての方々がDiploma × KYOTO'21に参加できる。

2　公開審査

次世代建築家賞・いいね賞で得票数が多かった各賞3名が
パワーポイントと模型を用いたプレゼンテーションと質疑応答を行う。
審査員と議論後、各賞1名を選出。

個人賞審査方法

1　巡回審査

巡回審査により、各審査員が1作品選出し、講評を行う。

受賞者・ファイナリスト

	次世代建築家賞	樹木寄生――生死の連鎖とユートピア――	ID005	大桐佳奈	大阪大学
	いいね賞	大樹に蠢く生――面的都市の解体と環境共生型高層都市の構築――	ID033	岡田大志	滋賀県立大学

個人賞

	倉方賞	菌床のマチ――木密地域の糀文化再生による手前暮らしの提案――	ID081	青山剛士	立命館大学
	津川賞	形象――朽ちゆくものを永久に――	ID048	林駿哉	大阪市立大学
►p.062	南後賞	みゆきもりくんモノガタリ――小学校の終焉と懐かしい未来――	ID007	化生真依	大阪大学
►p.040	野口賞	小さな日常、長い一瞬。私とまちの暮らしの設計図	ID091	小川璃子	大阪大学
►p.020	原田賞	都市への感覚――まちの活動のうつわとなる建築の提案――	ID018	谷本かな穂	近畿大学

次世代建築家賞ファイナリスト

►p.171	あの日、陸奥の驛舎で…――鉄道が繋ぐ、記憶を作る場所――	ID062	佐藤桃佳	大阪工業大学
►p.173	地形を編む――人工地盤場にあらわれ積層する暮らし――	ID066	依藤一二三	関西大学

いいね賞ファイナリスト

►p.084	人間というノイズ――集団的生存確率をする意識する空間――	ID015	千賀拓輔	大阪工業大学
►p.159	今日、キリンと話をした。	ID042	橋本侑起	大阪工業大学

審査員紹介

倉方俊輔

建築史家/大阪市立大学教授/審査員長

–

1971年東京都生まれ。早稲田大学理工学部建築学科卒業、同大学院修了。
伊東忠太の研究で博士号を取得後、
大阪市立大学准教授などを経て、2021年10月より現職。
生きた建築ミュージアムフェスティバル大阪(イケフェス大阪)実行委員会委員、
JIA近畿支部副支部長、東京建築アクセスポイント、Ginza Sony Park Projectメンバーなど。
日本建築学会教育賞(教育貢献)ほか受賞。

津川恵理

建築家/東京藝術大学教育研究助手

–

2013年京都工芸繊維大学卒業(エルウィン・ビライ研究室)。
2015年早稲田大学創造理工学術院修了(古谷誠章研究室)。
2015–2018年組織設計事務所に勤務。
2018–2019年文化庁新進芸術家海外研修員としてDiller Scofidio＋Renfro (NY)に勤務。
2019年神戸市主催三宮駅前さんきたアモーレ広場コンペ最優秀賞受賞、2021年竣工。
2019年ALTEMYとして独立。
2020年より東京藝術大学教育研究助手に着任。

南後由和

社会学者/明治大学情報コミュニケーション学部准教授

–

1979年大阪府生まれ。東京大学大学院学際情報学府博士課程単位取得退学。
東京大学大学院情報学環助教などを経て、現職。
2017–2019年デルフト工科大学、コロンビア大学、UCL客員研究員。

野口理沙子

ケンチクイラストレーター・建築家/イスナデザイン主宰

–

1987年京都府生まれ。神戸大学工学部建築学科卒業、同大学大学院修了。
石本建築事務所、永山祐子建築設計を経て、2018年からイスナデザインを主宰。
建築的な思考をベースに2次元と3次元を行き来しながら"2.5次元のケンチク"に取り組んでいる。
建築設計・イラスト制作・立体造形の他、概念やシステムの構造化、
新しい見方の提示などのプロジェクトを行っている。

原田祐馬

アートディレクター・デザイナー/UMA / design farm代表

–

1979年大阪生まれ。UMA / design farm代表。
大阪を拠点に文化や福祉、地域に関わるプロジェクトを中心に、
グラフィック、空間、展覧会や企画開発などを通して、
理念を可視化し新しい体験をつくりだすことを目指している。
「ともに考え、ともにつくる」を大切に、対話と実験を繰り返すデザインを実践。
京都芸術大学空間演出デザイン学科客員教授。
愛犬の名前はワカメ。

樹木寄生——生死の連鎖とユートピア——

Day3：次世代建築家賞／Day2：竹山賞

ID005｜大桐佳奈 Kana Ogiri｜大阪大学

卒業研究のために限界集落のとある猟師とともに山を歩いていると、猟師が狩猟をやめれば人が全くやって来なくなるであろう、集落から最も離れた場所の罠の仕掛け位置、いわば「自然界での人の最後の砦」を見つけた。そこには、樹齢300年近くの生命力あふれるブナが立っていた。人以外の数多の生物がそこにはいた。それを見ると、他の生物と唯一断絶した近現代の人間中心主義の異様さに気づかされる。そこで、数多の生物とともに樹木に寄生するように生きるとしたらどのような暮らしが提案できるか考えた。また、物語に人間中心主義への批判を暗示するため、「300年も数多の生物の人生を支えてきたブナ」を主人公にし、必要最低限の恩恵を生き物たちから受け取る仕掛けを、四季の森の出来事に擬えながら逐次的に構築した。

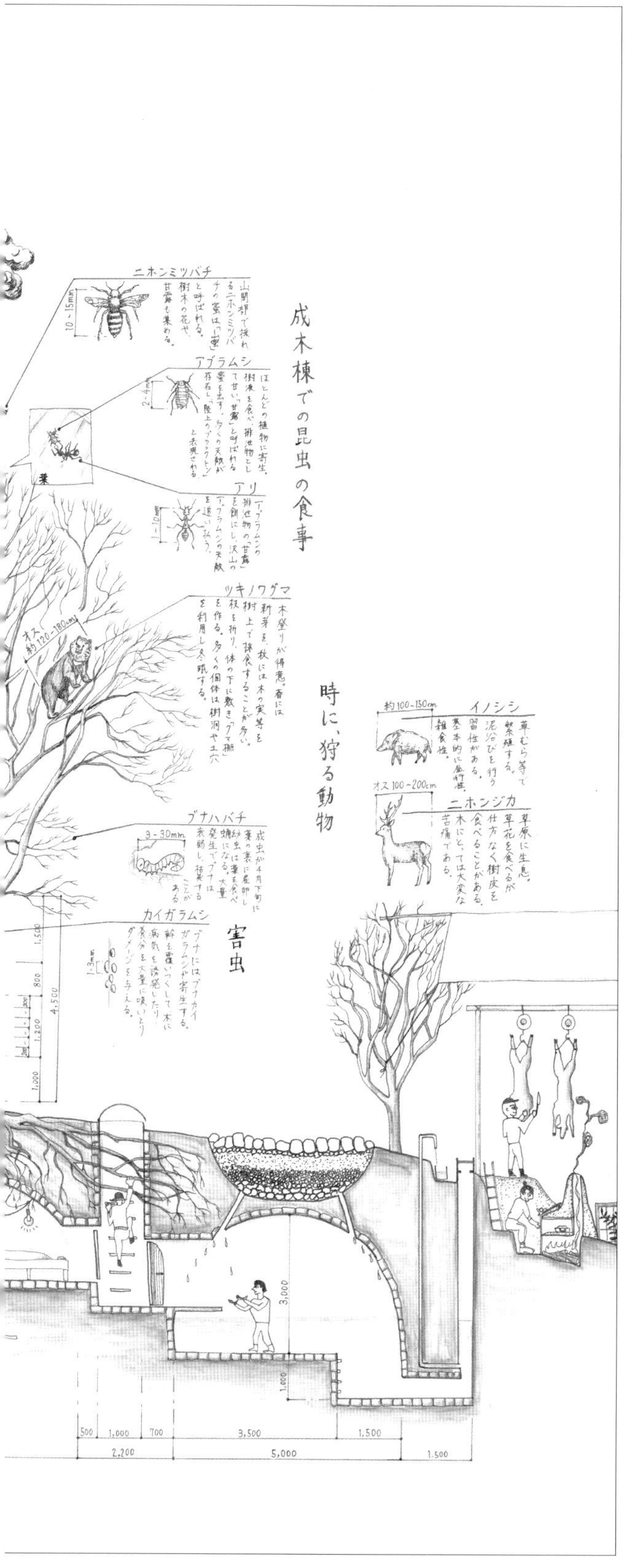

対象敷地

この作品は、擬人化したブナの樹が、人間と生き物たちの生態系としてのあり方を暗示する物語としての建築である。四季の変化に呼応させながら、必要最低限の恩恵を生き物たちから受けるための仕掛けを連鎖的に提案した。

ブナの花期に合わせ、枝にニホンミツバチの巣箱を据え、アブラムシや樹木の甘露を集めさせ、甘露キャッチャーを設える。キャッチャーに集まる虫達を日本酒に漬け込みながら甘露蜜を作る。濾過装置を作り、地下に豊かな土壌の水を貯める空間を設けるなど、ブナの樹に提案される連鎖的な仕掛けや仕組みは、その場の環境に寄り添った暮らしの生態系を構築する。生き物たちの自生的な関係性を尊重し人間もまた樹木に寄生していく。

一年間の樹木寄生ストーリー

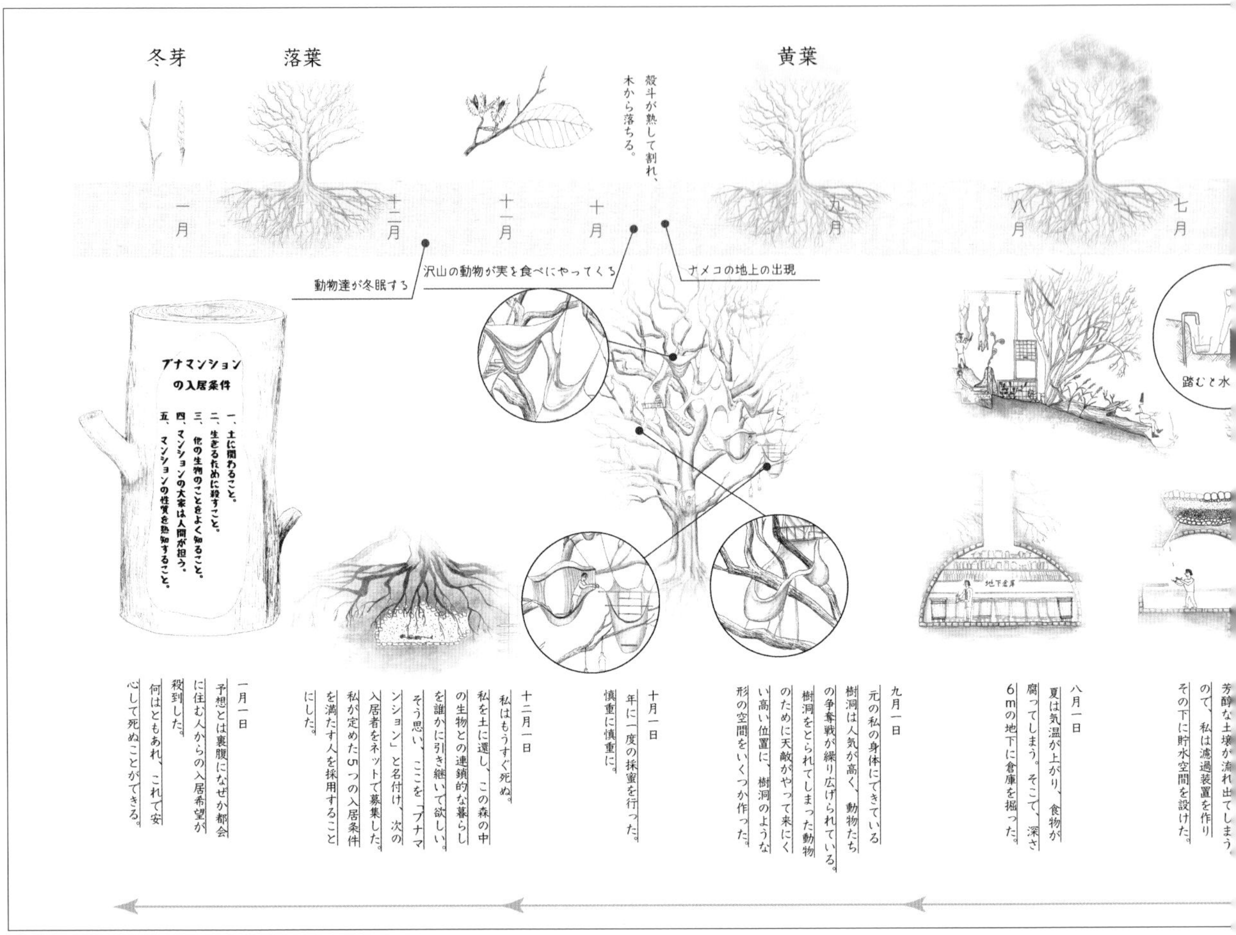

冬芽
落葉
黄葉
殻斗が熟して割れ、木から落ちる。
一月
十二月
十一月
十月
九月
八月
七月
動物達が冬眠する
沢山の動物が実を食べにやってくる
ナメコの地上の出現
ブナマンション
の入居条件
一、土に関わること。
二、生きるために殺すこと。
三、他の生物のことをよく知ること。
四、マンションの大家は人間が担う。
五、マンションの性質を熟知すること。
踏むと水
地下倉庫
芳醇な土壌が流れ出てしまうので、私は濾過装置を作りその下に貯水空間を設けた。
八月一日
夏は気温が上がり、食物が腐ってしまう。そこで、深さ6mの地下に倉庫を掘った。
九月一日
元の私の身体にできている樹洞は人気が高く、動物たちの争奪戦が繰り広げられている。樹洞をとられてしまった動物のために天敵がやって来にくい高い位置に、樹洞のような形の空間をいくつか作った。
十月一日
年に一度の採蜜を行った。慎重に慎重に。
十二月一日
私はもうすぐ死ぬ。私を土に還し、この森の中の生物との連鎖的な暮らしを誰かに引き継いで欲しい。そう思い、ここを「ブナマンション」と名付け、次の入居者をネットで募集した。私が定めた5つの入居条件を満たす人を採用することにした。
一月一日
予想とは裏腹になぜか都会に住む人からの入居希望が殺到した。
何はともあれ、これで安心して死ぬことができる。

平面図(老木棟上部・地下を除く)

キンリョウヘン鉢植え
枝からテントの布をかける
甘露タンク
保温タンク
吹き抜け
ゴンドラ吹き抜け
直径5mmの木と箱罠に糸をつなぎ苔類・地衣類をはわせ、ムササビ・テンハクビシンなどの動線にする。
両開き式箱罠
老木
扉なし箱罠
箱罠のフタを取る
換気管
成木
老木棟
腐敗が進み、柔らかくなった幹に
穴を開ける等し、多くの生物が住み着く
成木棟
多くの動物が果実・花・葉を
食べにくる大衆食堂のよう

断面パース

光が 30~50%
当たる場所
両開き式の箱罠を閉じたり開けたりして箱罠を組むことで人と獣の動線を分ける。
甘露キャッチャー
蜜蜂甘露食堂
キンリョウヘン
人の動線
甘露収集器
動物の動線
老木棟
保温・発酵タンク
成木棟
樹洞

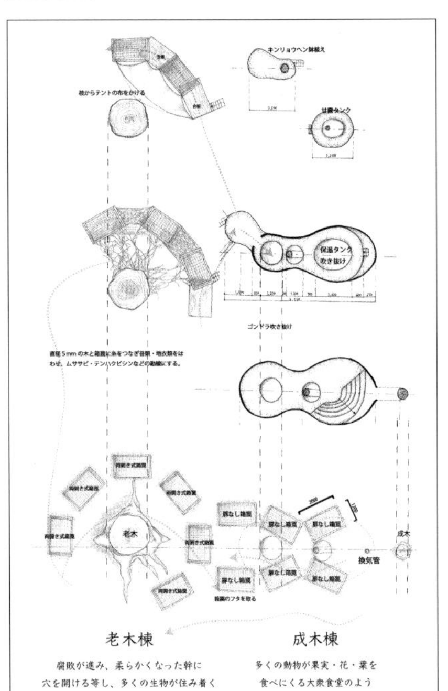

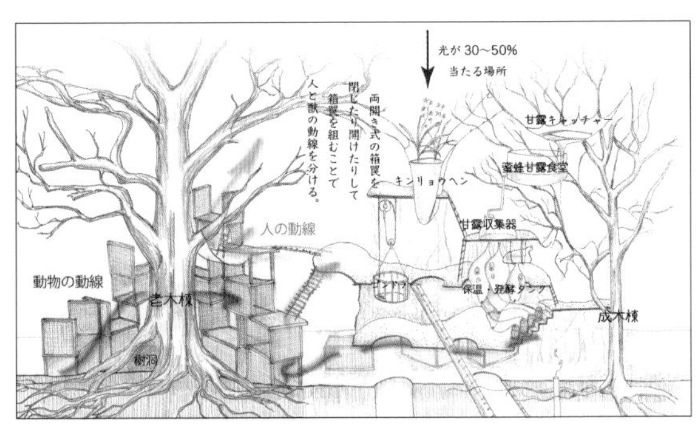

地上部模型写真

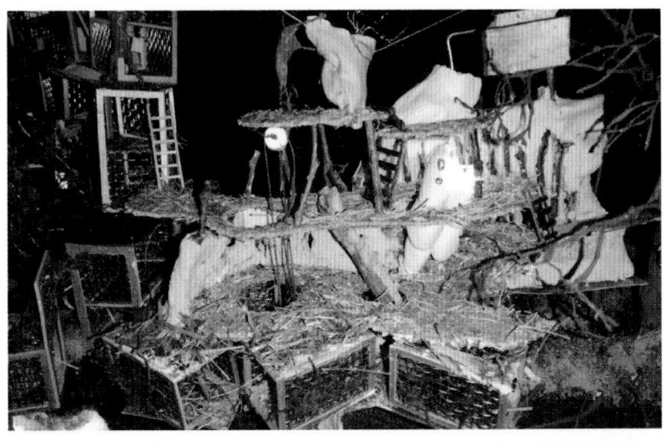

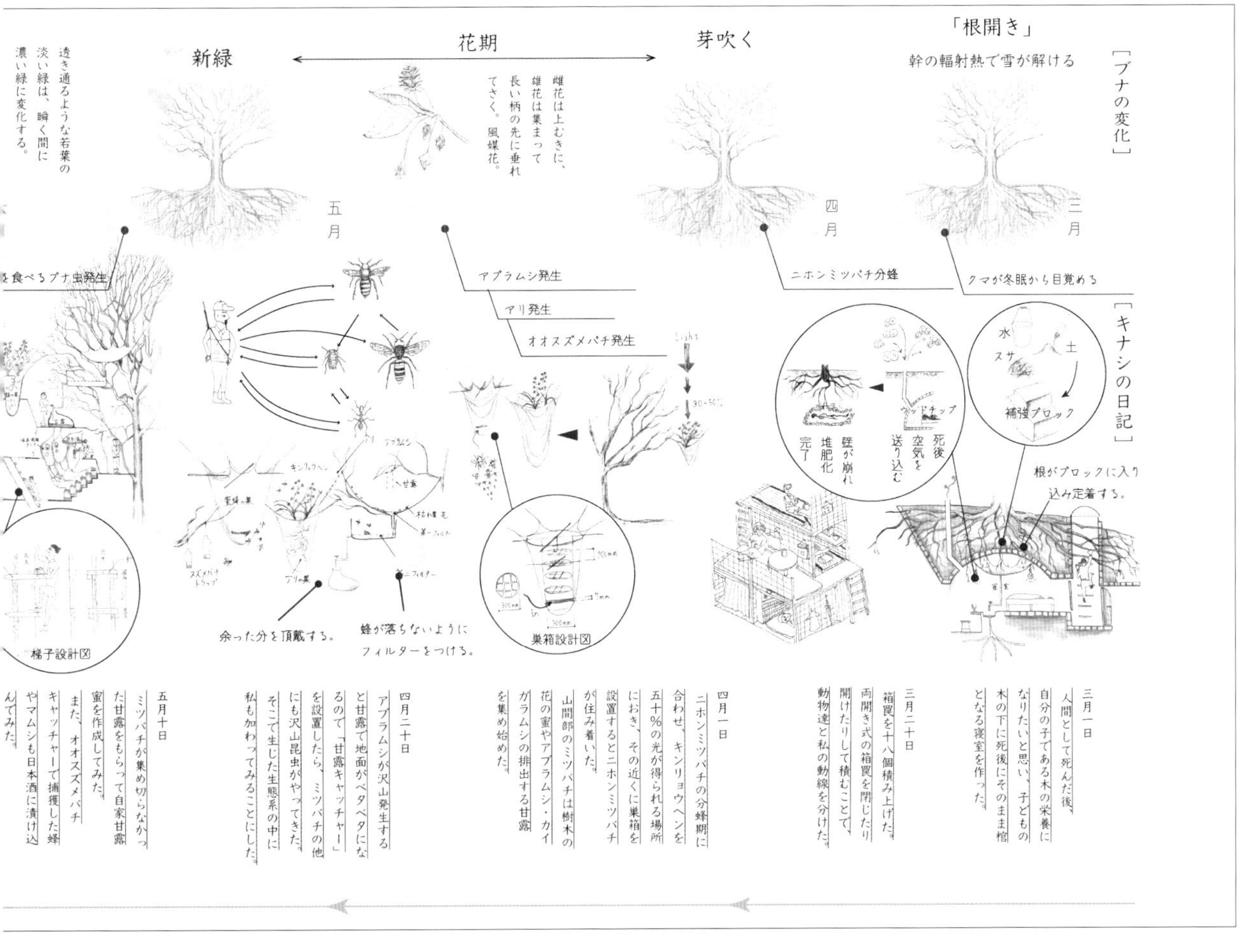

[ブナの変化]

「根開き」
幹の輻射熱で雪が解ける
三月

芽吹く
四月

花期
雌花は上むきに、雄花は集まって長い柄の先に垂れてさく。風媒花。
五月

新緑
透き通るような若葉の淡い緑は、瞬く間に濃い緑に変化する。

クマが冬眠から目覚める
ニホンミツバチ分蜂
アブラムシ発生
アリ発生
オオスズメバチ発生
を食べるブナ虫発生

[キナシの日記]

水
スサ
土
補強ブロック
根がブロックに入り込み定着する。

死後空気を送り込む
壁が崩れ堆肥化完了

巣箱設計図
梯子設計図
余った分を頂戴する。
蜂が落ちないようにフィルターをつける。

三月一日
人間として死んだ後、自分の子である木の栄養になりたいと思い、子どものの木の下に死後にそのまま棺となる寝室を作った。

三月二十日
箱罠を十八個積み上げた。両開き式の箱罠を閉じたり開けたりして積むことで、動物達と私の動線を分けた。

四月一日
ニホンミツバチの分蜂期に合わせ、キンリョウヘンを五十%の光が得られる場所におき、その近くに巣箱を設置するとニホンミツバチが住み着いた。
山間部のミツバチは樹木の花の蜜やアブラムシ・カイガラムシの排出する甘露を集め始めた。

四月二十日
アブラムシが沢山発生すると甘露で地面がベタベタになるので「甘露キャッチャー」を設置したら、ミツバチの他にも沢山昆虫がやってきた。
そこで生じた生態系の中に私も加わってみることにした。

五月十日
ミツバチが集め切らなかった甘露をもらって自家甘露蜜を作成してみた。
また、オオスズメバチキャッチャーで捕獲した蜂やマムシも日本酒に漬け込んでみた。

対象敷地の断面図

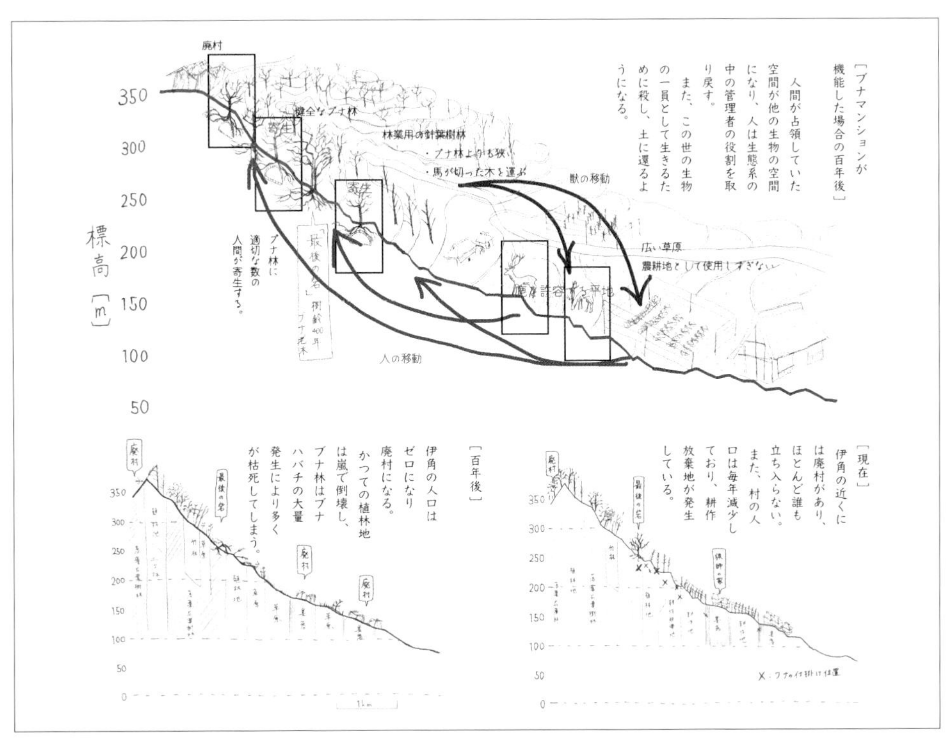

大樹に蠢く生――面的都市の解体と環境共生型高層都市の構築――

Day3:いいね賞

ID033｜岡田大志 Hiroshi Okada｜滋賀県立大学

コンセプト

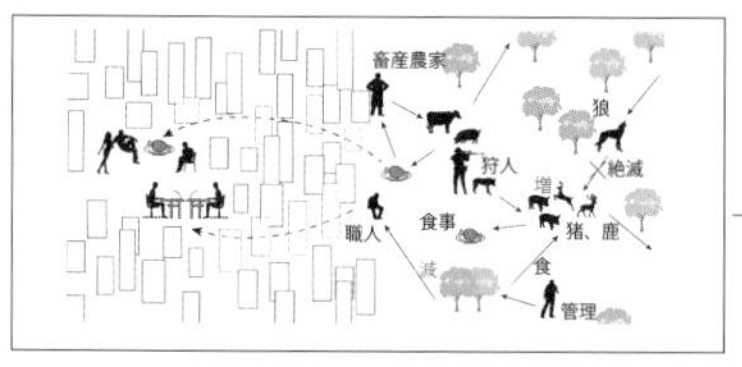

現状:未知のものから享受される状況

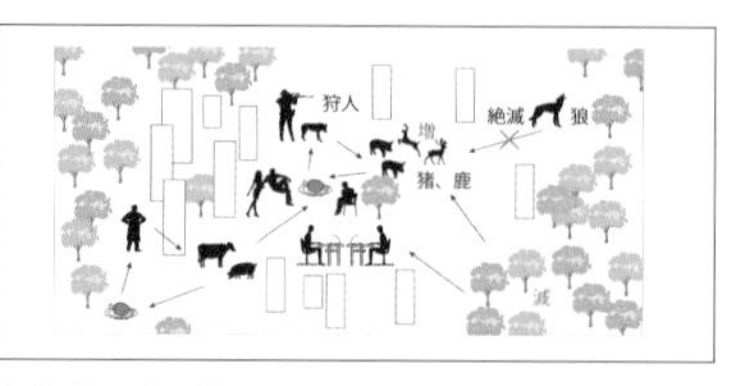

提案:物理的距離を縮め、享受の対象を知る

敷地

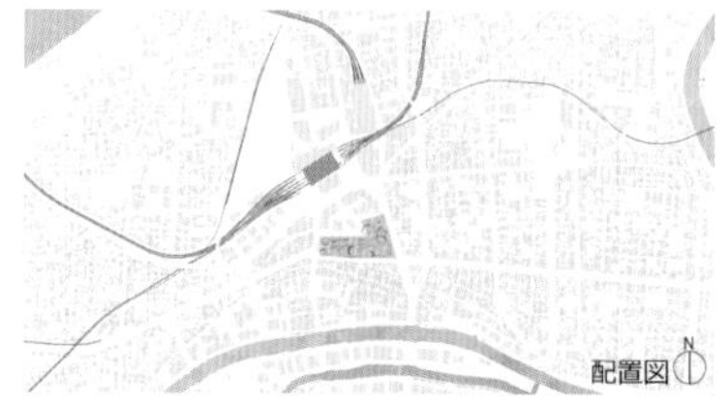

対象敷地は大阪市北区の大阪駅前の一角である。この敷地には現在大阪駅前第一ビル、第二ビル、第三ビル、第四ビルが建っており、飲食店舗やオフィス等のテナントが入っている。周辺には関西では一番の利用者数を誇る大阪駅や、他様々な高層ビルが多い。少し離れた場所でも古い雑居ビルや空き家、廃業した銭湯など、さまざまな物が解体され、高層マンションやテナントビルに建て替えられている。

プログラム配置計画

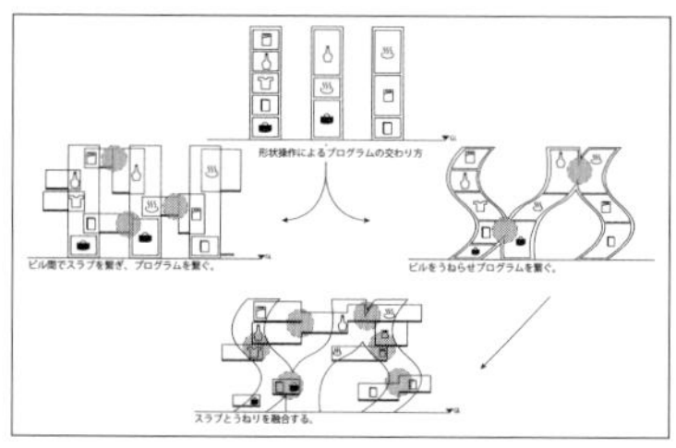

従来の高層ビルの積層したプログラム配置を、コアとなり、うねり、のびるチューブ空間とそこから生えるスラブ空間により再構築する。

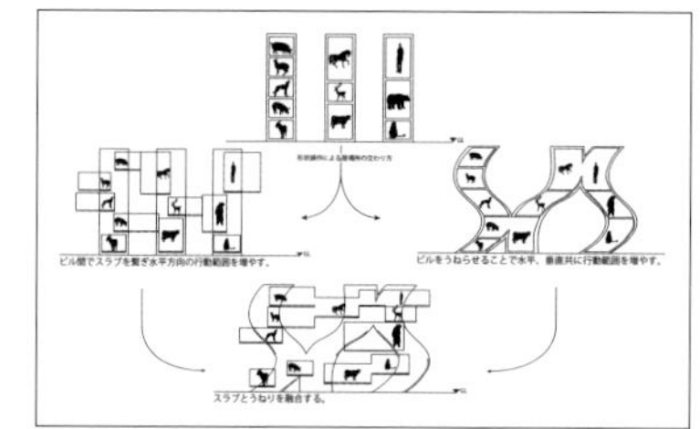

建築形態の操作でうまれる高層建築内での生物の動きと居場所。

動線計画

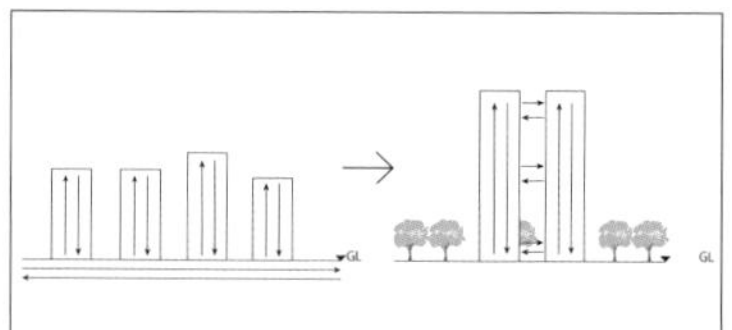

平面的に広がった都市の建築を高層化することで都市機能を集中させ、道路での移動を減らす。

ゾーニング

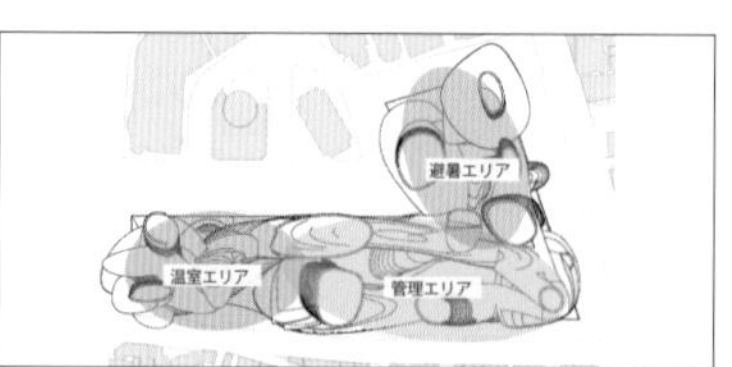

建築全体を見た際に大きく三つのエリアに分かれる。これらの三つのエリアを建築に住む生物は時間帯や季節によって移動する。

構造

主構造はS造として鉄のチューブでメッシュを作る。一グリッドごとにより細かいメッシュを作り、土で埋めていく。そこで植物が育つことで生物の居場所が生まれる。

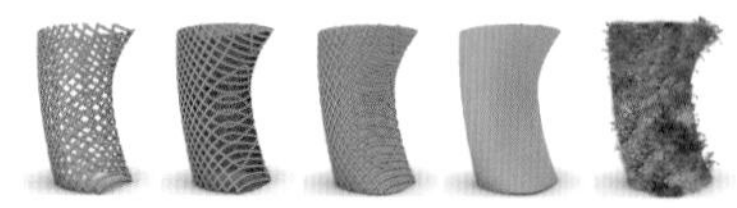

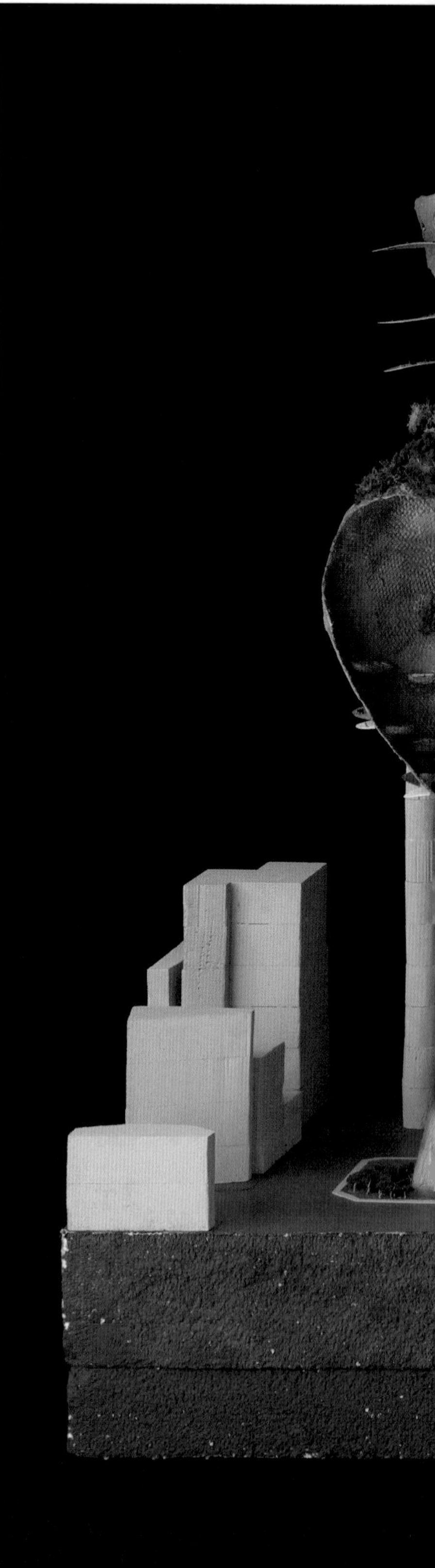

文明が進むにつれて私たち人類は都市を拡大し繁栄してきた。その繁栄の陰で私たちは自然から様々な享受を受けている。しかし、同時に人類は人口爆発や過剰消費、乱獲、公害、伐採などによる様々な問題によって 自然環境を悪化させてきた。山は崩されアスファルトで固められ、生物の居場所を奪い多様な生態系を破壊した。現在、都市に住む私たちもまた、生活の多くで自然から享受された物を使用しているが、私たちにとって享受の対象は「自然」という非常にあいまいな認識でしかなく、また、在ることが当たり前になってしまった日常において享受の対象を認識することもほとんどない。本提案では「都市での生活」と「森での生活」を物理的に近づけ、からませて、人々が日常生活にあふれている自然からの恵みに対して深く認識し、自らが破壊してしまった生態系に再度介入し、都市でどのように自然と共生していくかを模索する。

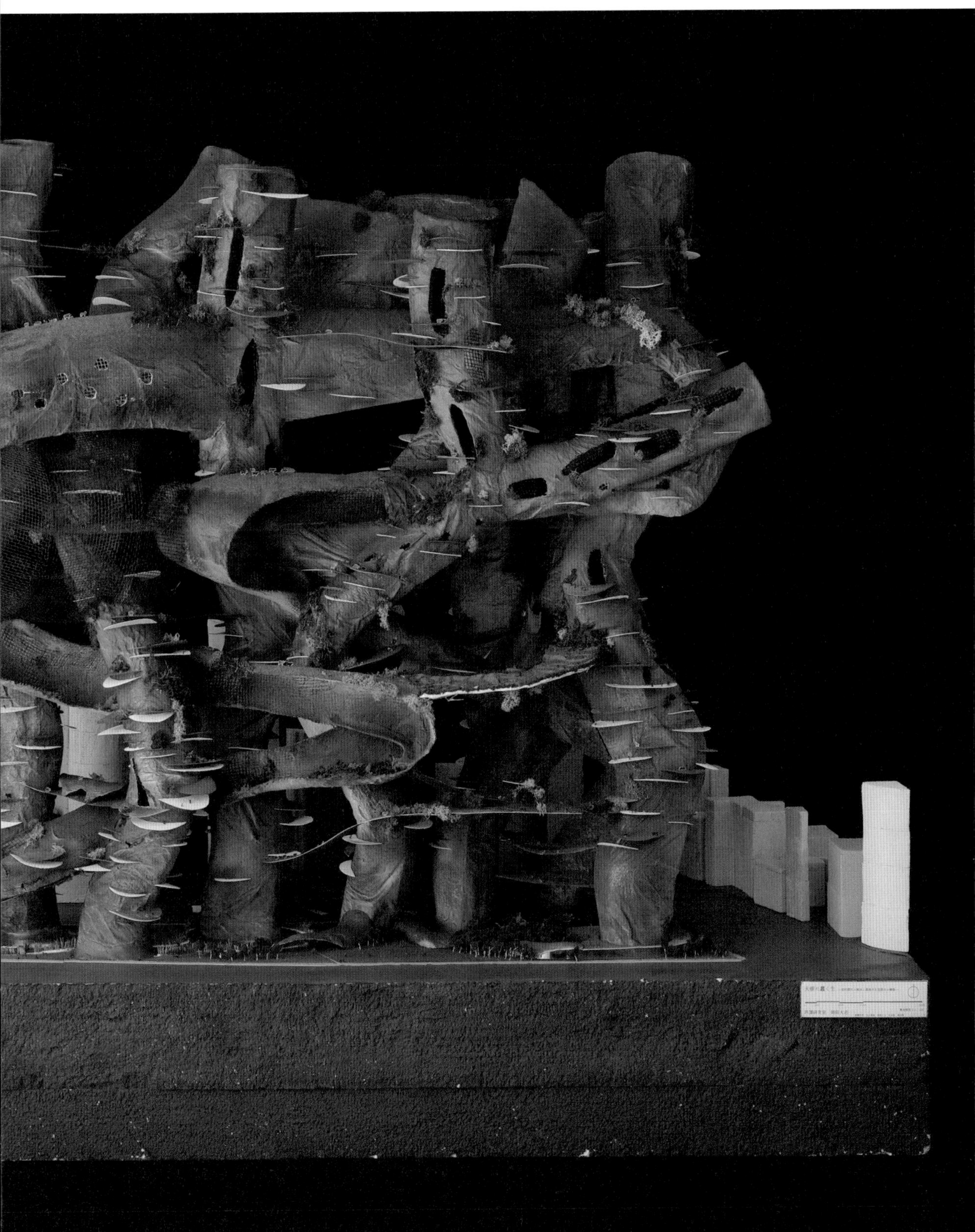

環境共生型高層都市構築のロードマップ

2021

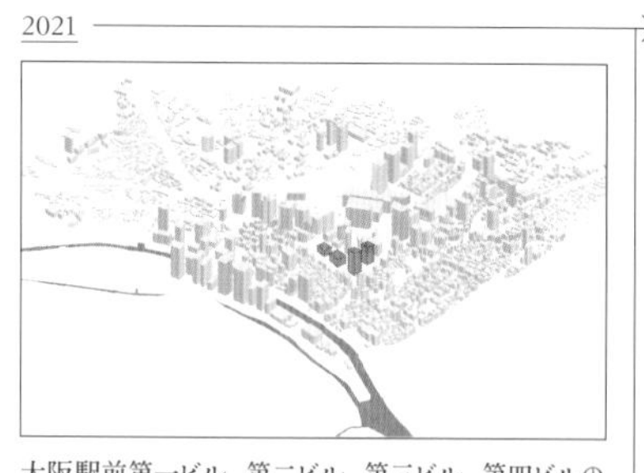

大阪駅前第一ビル、第二ビル、第三ビル、第四ビルの解体

2024

自然公園、森林管理施設の設置

2030

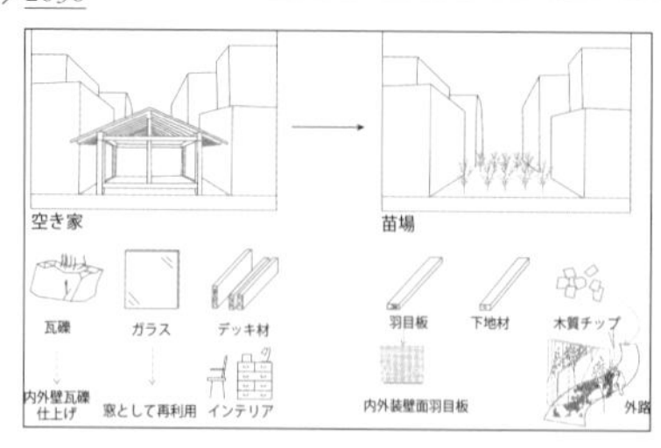

周辺の空き家、空きビル等を徐々に解体し、土地を苗場として利用

2035

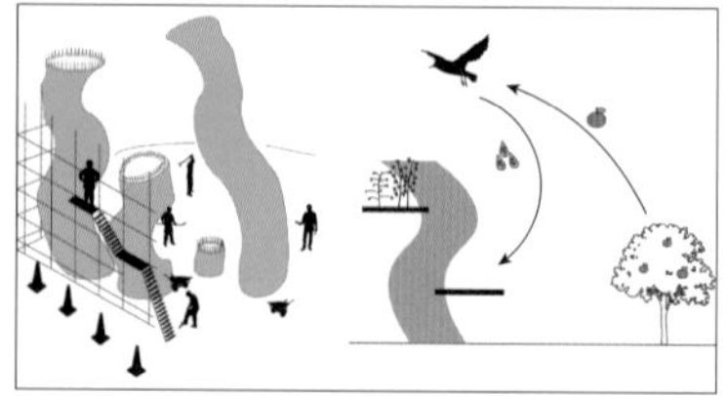

ビオトープに野鳥などの小動物が集まることで自然公園や周辺緑地に種子が散布される。森林管理施設を中心に徐々に敷地内にチューブを建設し、スラブを積層させる。苗場で育った木の植樹や鳥の種子散布により森を積層させていく。

断面図

2060　2120

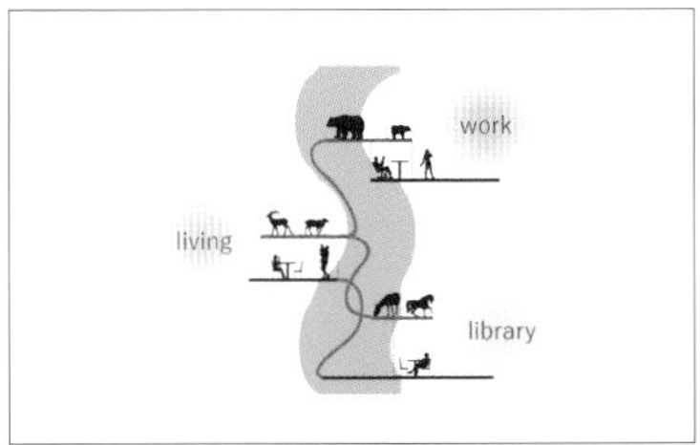

都市におけるオフィスなどの働く空間や図書館などの公共空間、買い物ができる商業空間などさまざまなプログラムが縦や横に伸びるチューブやそこから生えるスラブに混在する。

森が積層され、木が育つとともに、鹿や猪、ツキノワグマなどの日本の森に古来より生息している動物を建築に住まわせる。ツキノワグマは現在日本の森に生息する木の実を主食とする動物で、平面だけでなく、標高約300mまでの種子散布が可能なため、森のサイクルを作るうえで重要な役目をする。

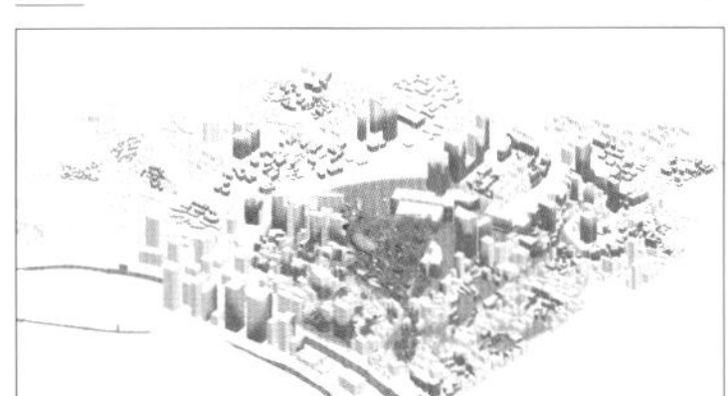

建築は周辺地域を森に返しながら地上300mまで到達する。そこでは森のサイクルの中に都市での生活が普遍的に介入し、人は太古の昔より森と共に生きてきたこと、自然からの様々な享受があって生活していることを無意識のうちにもつことになる。

棚田

登山道

生命の大浴場

菌床のマチ──木密地域の糀文化再生による手前暮らしの提案──

Day3:倉方賞

ID081 | 青山剛士 Goshi Aoyama | 立命館大学

計画敷地

東京都文京区根津2丁目の一区画にある木造密集地域を敷地とする。空襲や震災の被災を逃れ現在でも昔の下町感が残り、狭小道路が多く残る。この地はかつて糀を区画の内側でつくり、江戸味噌を作っていた場所とされている。

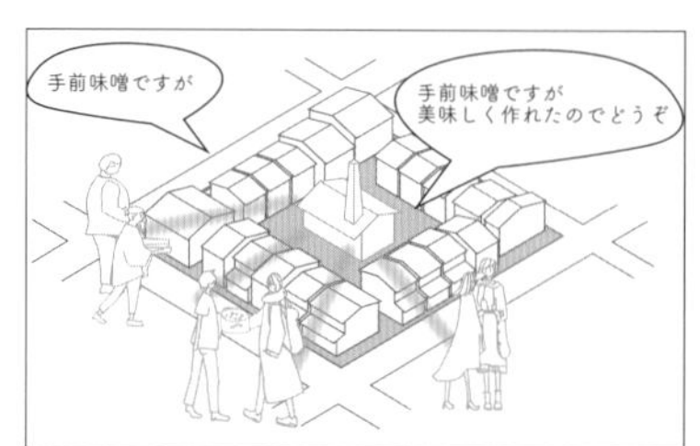

かつてそこには、糀をつくることで住民が手作りの味噌を自慢し合う「手前味噌」と呼ばれる文化があり、江戸という各地方から人が集まるような都市でありながら、その独自のシェアが地域コミュニティを形成していた。現代に近づくにつれ生産効率を高めるために糀製造所が工場へと集約され、生活から手前味噌の文化が失われている。

提案:糀製造所のあるマチ──菌床のマチ──

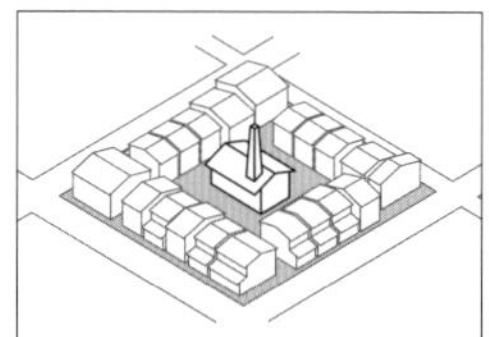

TEMAE-MISO = Livelihood

かつては区画の内側で作られて、区画内の住民で手前味噌を作っていた。

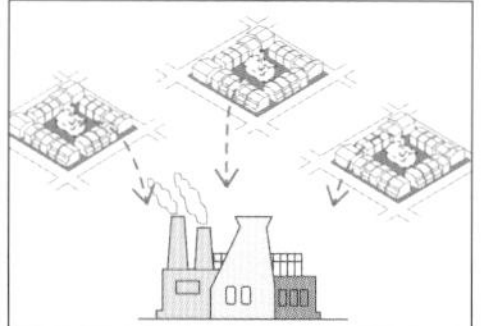

Factory Consolidation

生活空間から離れた糀室は一つの小さな製造所に閉じこもり、マチは糀文化を失い、人々は受動的な暮らしになっていった。

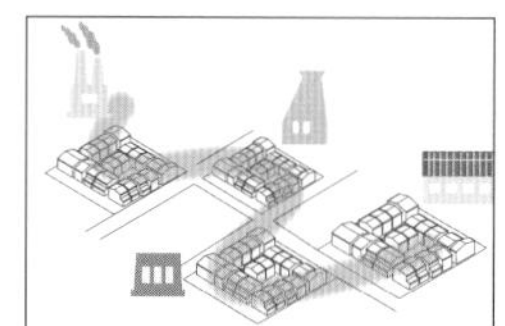

Concept: TEMAE-MISO Ribbon

生活から離れた糀製造所はもう一度生活風景に新しい形として工程を紐解いた形で密集市街地の隙間を縫って行く。

屋根伏せ図

「手前味噌」……自分のことを誇ること。自慢。東京都文京区、かつてそこには糀を街区内でつくることで住民が手作りの味噌を自慢し合う「手前味噌」と呼ばれる糀文化があった。しかし糀製造所の工場化によりそのような生活文化は形骸化し、手前味噌な振る舞いを通して得られていた地域社会の経済利益やコミュニティのつながりは失われてしまった。それに対し、本提案では「手前味噌な振る舞いのある生活」を些細なことでも自慢し合える生活＝「手前暮らし」と読み替え、そんな暮らしのあるマチを提案する。糀製造所の各工程を住宅の区画内に建築化させることで、手前暮らしの空間がマチのあちこちに現れ、関わりのある地域コミュニティが形成される。また、木密地域に縫うように設計することで、提案が地域の避難場所にもなりながら木密の新たな保存の形を構築する。

菌のようにマチに根付いてゆく糀製造所

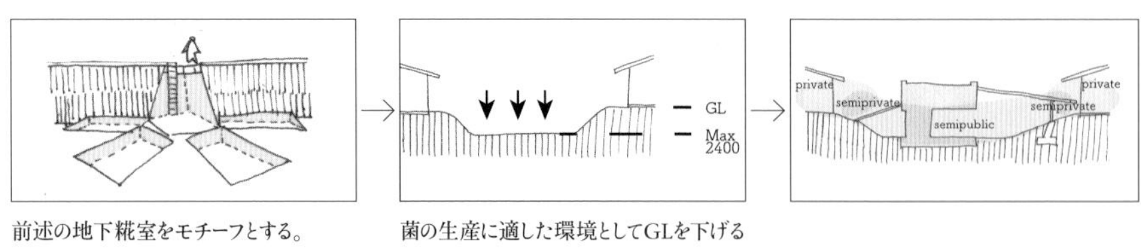

前述の地下糀室をモチーフとする。

菌の生産に適した環境としてGLを下げる

菌の生産に適した環境としてGLを下げた地点に糀製造のボリュームを配置し、地上を繋ぐように屋根をかけることで地下に空間を構成する。この操作により、糀製造所と住宅の緩やかなパブリックとプライベートの境界が生まれる。

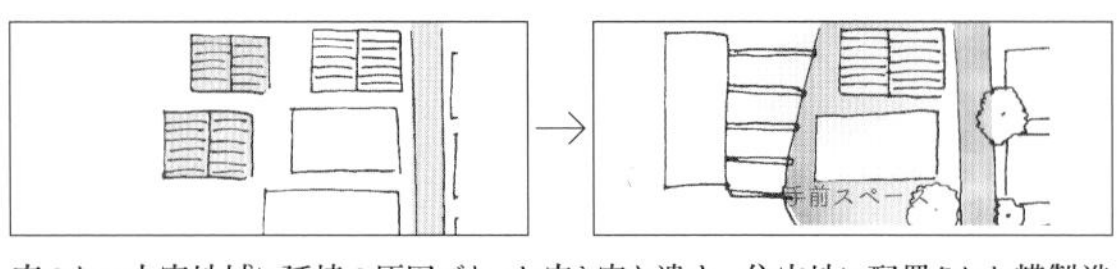

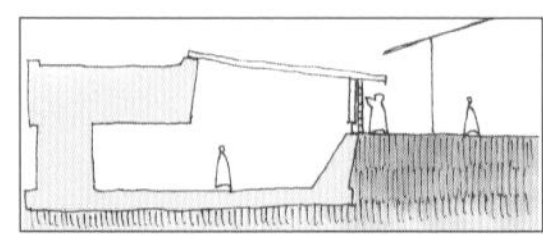

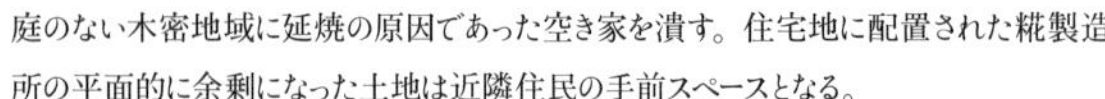

庭のない木密地域に延焼の原因であった空き家を潰す。住宅地に配置された糀製造所の平面的に余剰になった土地は近隣住民の手前スペースとなる。

高さの違う見るみられるの手前関係が誘発される。

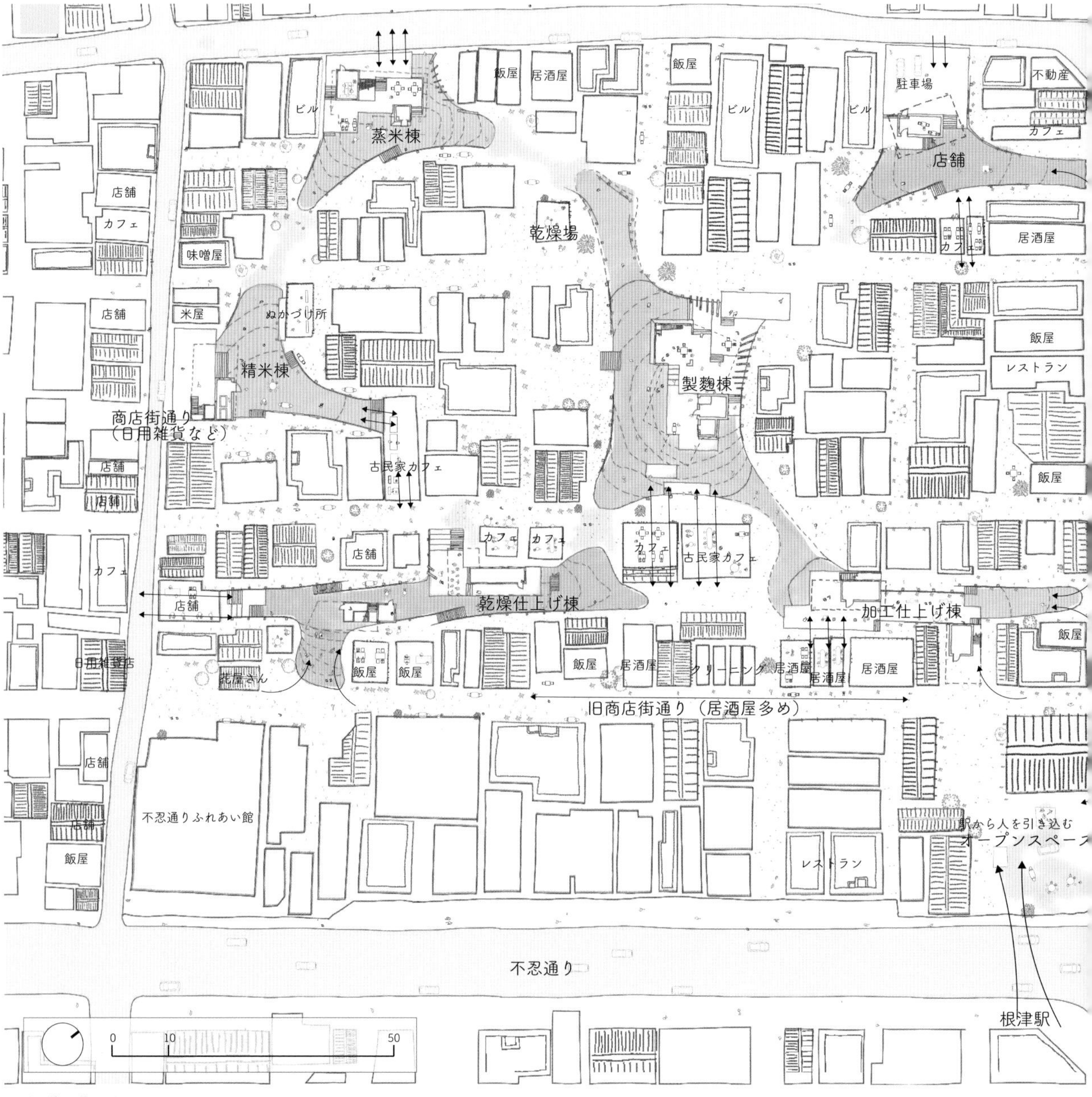

配置図兼一階平面図

木密地域の新たな保存法

●木密地域の既存の道を潰して木密地域の道を広げる。●防火用の大きなボリュームのマンションを建てて延焼防止する。

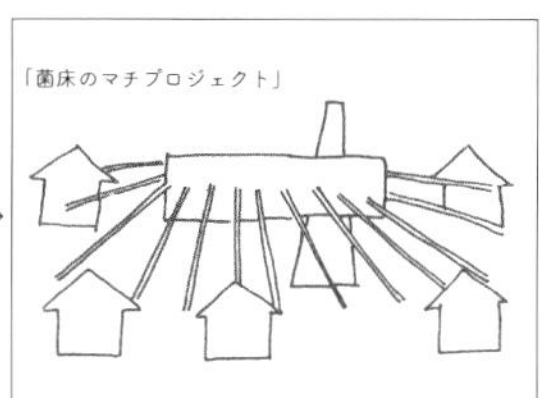

●木密地域の道を守り、新たな道を生み出す。●下町住宅を守り、延焼防止の建築となる。●町の避難施設としても使われる。

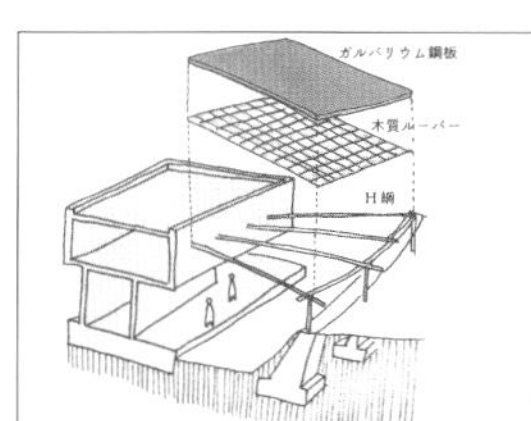

RC造のボリュームを基礎としながら屋根がかかる。基本的に屋根は構造的には活躍しないが、一部、GLに突き刺さり、RC造のキャンチしたボリュームを支える。そうすることによって一階平面が広くつかえると共に柱を落とさない空間になる。

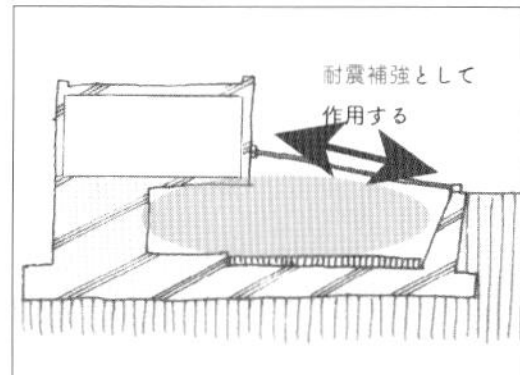

ボリュームを1階が小さく、柱のないものにすることで広いパーゴラ空間が生まれる。菌の育成に必要な条件であるほか、オープンスペースとしてマチに開かれた空間になる。

糀製造所と住宅の空間が繋がり、町のキッチンとなる。手前料理が振る舞われ、住人同士が料理を自慢し合う。

冷暗所となっている保存所では手前酒を保存し、発酵させる。商業施設とはパンチングメタルを通してつながる。

日曜道路

出来立ての糀を用いて、住民や市民の手前料理が振る舞われる。市街地の中心でひらけた町のキッチンとなり、自慢関係が誘発される。

形象──朽ちゆくものを永久に──

Day3:津川賞

ID048 | 林駿哉 Shunya Hayashi | 大阪市立大学

敷地は築80年の老朽化が問題とされる住宅地で、そこに住み続ける住民たちのために集合住宅として建て替えることとする。そこで改築という対策をとると、見た目が多少なりとも変化し、今までの思い出が詰まった家の記憶が新しいものに上書きされて今までの家の記憶が薄れていくことになる。本計画ではあえて朽ちゆく住宅に手を加えず、そのまま朽ちさせる。その時に新築を構成するスラブ、壁、線材の三つのタイプで既存住宅を型取り、既存住宅が朽ちた後、新築による型取りに既存住宅の残像が浮かび上がるようにする。そうすることで思い出のある姿のまま永久に変わることなく空間に刻まれることになる。その経過を三つの段階に分け、それぞれのフェーズでの建築的変化、その時の住民の思想的変化を考えながら設計していく。

Site

敷地は大阪市住吉区山之内5丁目の祖母の家を含めた築80年以上の住宅地である。 この地域は老朽化がかなり進み、過半数が空き家となっているため、活気のない地域となっている。現在、住み続けている住民のために集合住宅として建て替え、老朽化と地域の活気を取り戻すことを目的とする。

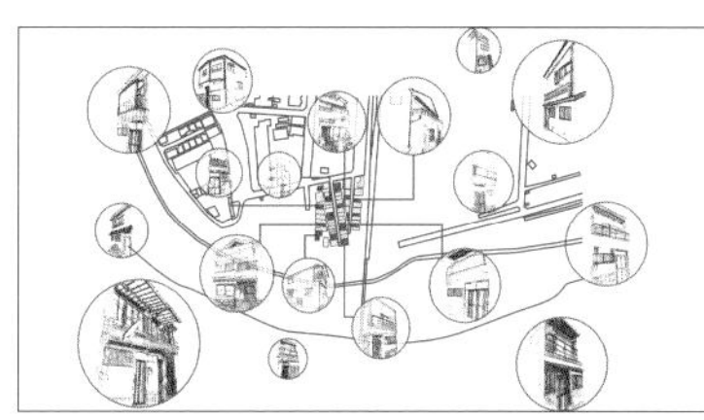

Concept

改築をすると見た目が変化し、今まで一緒に過ごしてきた家の記憶が新しい姿として上書きされ、今までの家の記憶が薄れていくことになる。 本計画ではあえて壊れゆく住宅に手を加えず、そのまま朽ちさせる。想い出のある姿のまま永久に変わることなく、記憶に刻まれることになる。改築して建物を残すのではなく、朽ちゆく建物の記憶を残す。

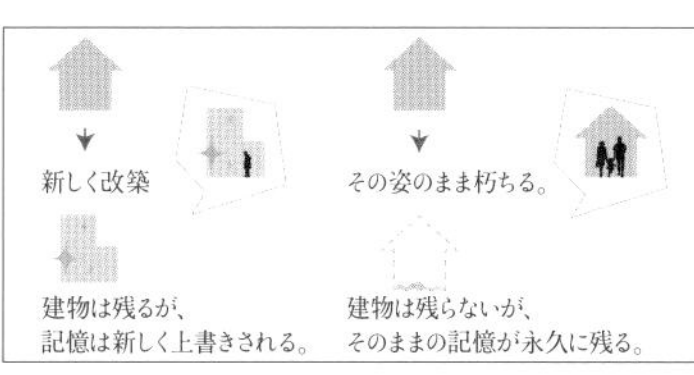

Process

より記憶に残すために、ただ朽ちさせるだけでなく家が実在した証を空間に残し、なくなったものを想像させる。本計画を既存住宅と新築を併用する段階と、使用不可になった既存住宅と寄り添い共に住む段階、そして既存住宅が朽ち果てその記憶と共に住む段階の3段階に分ける。

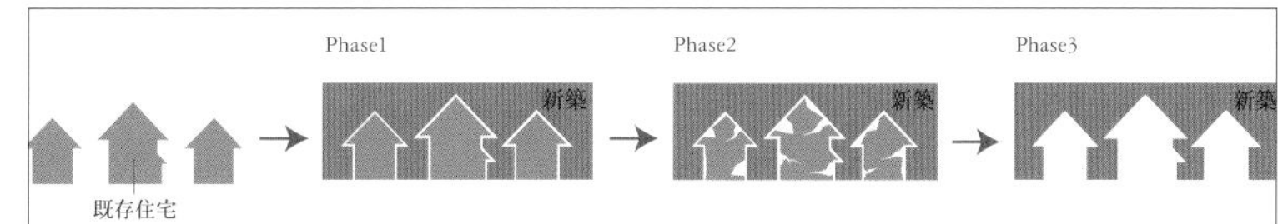

既存住宅を型取るようにして新築を建てていく。既存住宅と新築を居住スペースとして併用しながら生活する段階。

既存住宅の腐朽から住宅として使用できなくなり、新築へと居住が移行していく段階。完全に新築のみの生活となる。

既存住宅が朽ち果て、象った新築だけが残る段階。 今まで共にしてきた家の記憶を残像として、その空間に永久に残す。

Method

既存住宅を型取る方法として三つのタイプを使う。全て囲わなくても重要な部分を囲えば輪郭が浮き上がってくるという錯覚を利用する。また、これらの材はそのまま新築を構成するものとなるので、これらを使い集合住宅のデザインを考える。

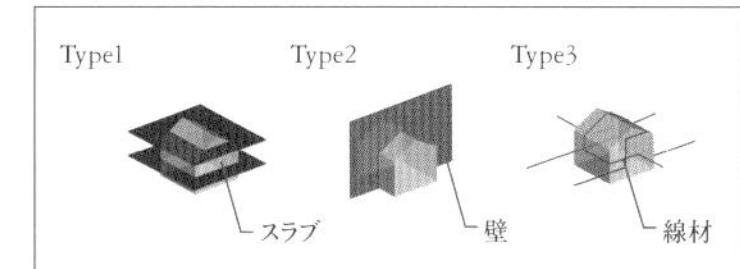

Diagram

6 | 線材　Type3の線材を使って既存住宅を守る。線材が椅子、手すり、ライトスタンド、物干し竿などの役割を担えるようにそれぞれに適応した寸法で設計されている。

5 | 壁　Type2の壁を使って既存住宅を象る。それに加え、新築住戸の壁としても機能する。

4 | スラブ　Type1のスラブを使って既存住宅を象る。それに加え、新築住戸のスラブとしても機能する。

3 | 共用廊下　全ての住戸に到達できるように共用廊下を配置。

2 | 新築住戸　既存住宅が朽ちたときの廃材を運ぶルート確保し、かつ既存住宅を囲むように配置。

1 | 既存住宅　現在、住民が住んでいる住宅を対象とする。

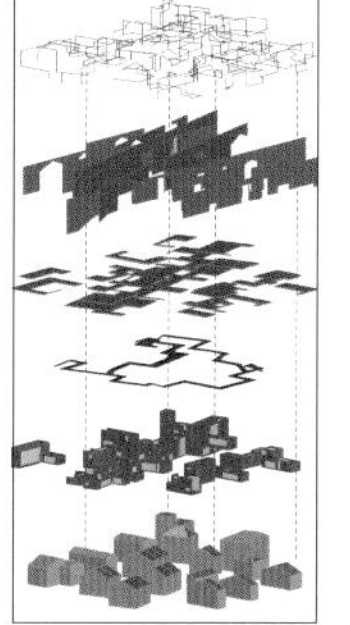

Phase1｜長屋(二世帯)+新築

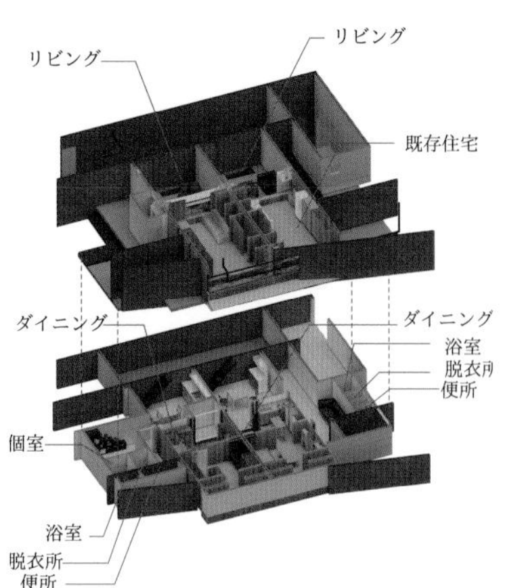

既存住宅と繋がり、
広がりのある空間ができる。

既存住宅の玄関と新築との繋がり。

建築的機能

既存住宅と新築を併用での生活が主流となる。以前の生活から徐々に変化させることで精神的安定を図り、既存住宅と新築の建築的機能が同じリビング同士を繋ぐことで自然と2件が繋がり、多様性のある空間になる。

思想的変化

今まで既存住宅だけで生活してきたということから、新築と併用して生活することによって、新築との建築的機能の違いを明確に理解することができ、今まで当たり前のように住んできたからこそ、分からなかった良い部分悪い部分を含め、既存住宅の特徴、または、既存住宅の存在そのもの再認識する。

Phase2

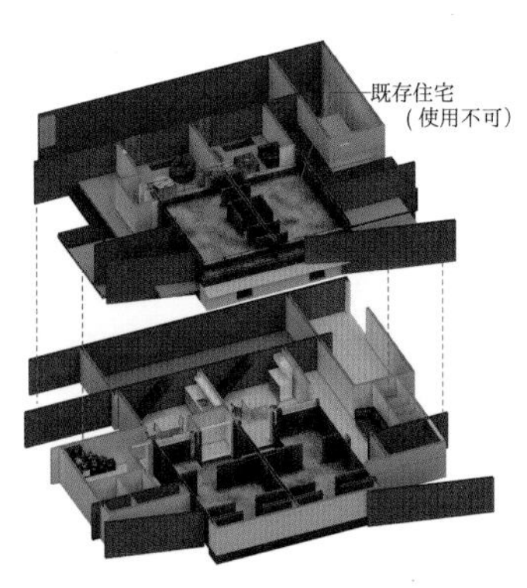

既存住宅をガラス越しに眺め、
展示作品のように鑑賞する。

既存住宅の壁に
直接触れることができる空間。

建築的機能

既存住宅の腐朽が進み、既存住宅に入ることのできない新築だけの生活となる。既存住宅は建築的機能は果たせなくなるが、それを囲むように新築住戸の室内で既存住宅と直接、触れあえるところを多数設けた。また、住戸のガラス一面に既存住宅が密着することでまるで展示物のように新築住戸から眺めることができる。これらより、既存住宅が朽ちるまでの間、今まで以上に近く感じ、新築住戸の中で共に生活しているような感覚を味わうことができる。

思想的変化

既存住宅での生活が終わり、ずっと住み続けるということが当たり前ではないことに気付く。初めて終わりが見え、できるだけ同じ空間にいたいと思うようになり、以前より愛おしさと尊さが増す。

Phase3

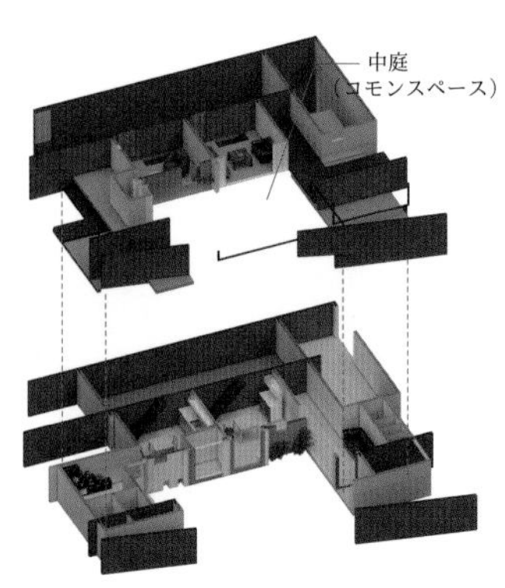

長屋だった場所が朽ち果て、
住民のコモンスペースとなる。

既存住宅に密接していたところが
縁側となる。

建築的機能

既存住宅が朽ち果てたあと、スラブ、壁、線材によって存在した証をしっかり残す。それらで象られた空間を眺め、過去の想いに浸ることができる。既存住宅で遮られていた光が差し込み、吹き抜けのある開放的な空間となっている。また、Phase1でガラス越しに既存住宅を眺めていた場所は既存住宅が朽ちたことにより庭を眺めれる大窓となり、直接、既存住宅と触れ合えた場所は直接庭に出ることができる縁側となった。長屋が朽ちた場合はそこを囲んでいた2、3世帯の住戸に一つの空間が空くことになる。つまり、そこに住んでいた人たちのコモンスペースとなって、家族以外の住民と想いを分かち合う場となる。

思想的変化

特に記憶も体験もない状態で象られたものを見ても、何も感じないし、何も見えないが、寄り添い、色々な想いが募ったからこそ、その象りに残像(想い)を移すことができる。既存住宅があった場所に座り、同じ記憶持った者同士で語り合う。実体があるものに物理的な永遠はないが、誰かの記憶にいつまでも残ること、語り継がれる存在になることが「永遠」と呼べるのではないだろうか。

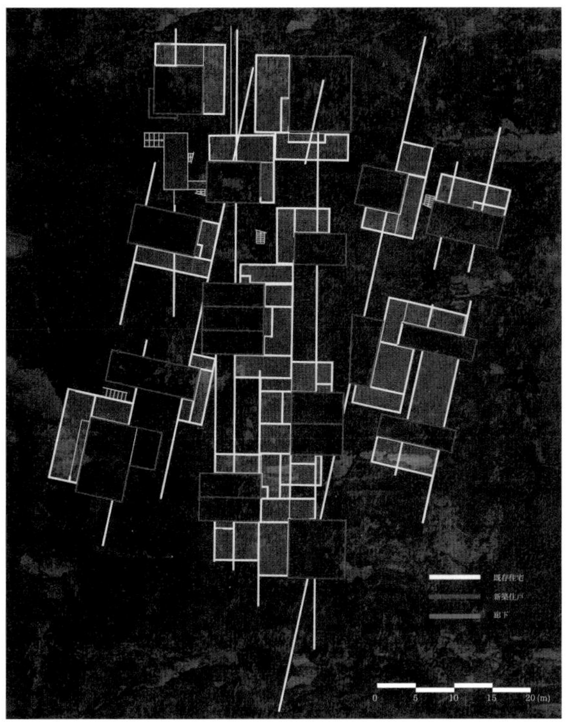

1F Plan

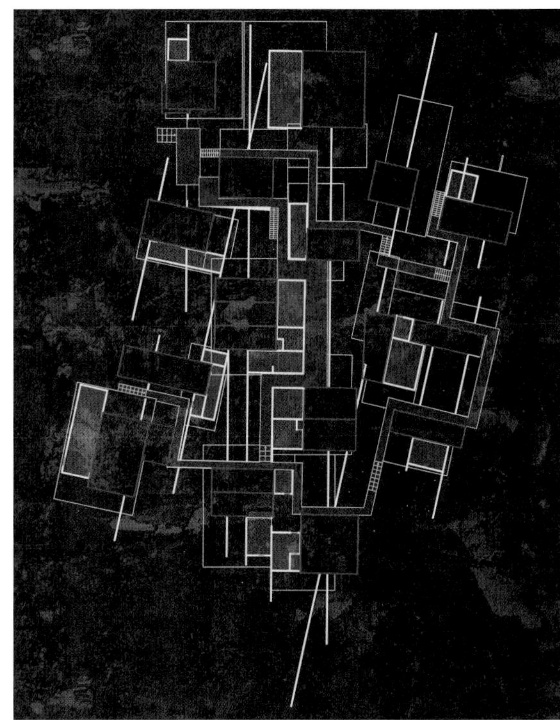

2F Plan

Section

North Elevation

South Elevation

Phase 1-2|既存住宅と新築住戸の併用

Phase 3|既存住宅が朽ち果て新築住戸のみ

Day3

審査ドキュメント

次世代建築家賞

Document of Critique

プレゼンテーション

ID005|大桐佳奈|大阪大学

『樹木寄生
——生死の連鎖とユートピア——』

大桐　私は猟師さんと一緒に山を歩き、鹿を捕獲して埋葬し、廃村で獣のすみかを調査しました。その中で猟師が狩猟を止めれば全く人が来なくなる、人にとっての自然界の最後の砦となる樹齢300年近くの生命力あふれるブナの木を見つけました。そこには人以外の生物が力強く生きていました。人間のためにしか機能しない、人間にとって便利な空間をつくり、人間以外の生命がいる世界からどんどん離れていくことに私は違和感を持ちました。そこで、あくまで生物の一員として、生物的に基本的な暮らしをするとしたらどのような可能性があるかを考えました。ブナは生物には大人気な物件で、2,000種もの生物が住み着いていると言われます。もしこの300年間生きてきたブナが人間になって、自分の仲間や子どものブナのことを思って建築するとしたらどのような建築が建っていくのでしょうか。樹齢300年のブナが主人公でありまた舞台として、森の出来事になぞらえながら逐次的に建築していきました。

野口　ブナの木とそこに住む人の関係が分かりにくかったので教えてください。

大桐　樹齢300年の老木がちょうど寿命を迎え、人間に生まれ変わり、森を思って建築していくというストーリーになっています。

野口　そうすると枯れた木を管理していくことになりますか。

大桐　はい。枯れた木ほど腐敗が進み、樹洞ができやすくなり、バクテリアが生じて動物たちの餌場、生活の場になります。その重要性を示すためにも、ここで提案させていただきました。

野口　枯れてしまった老木を管理しながら生態系をつくり、ゆっくりと朽ちていく。すごく長い視点で見ていておもしろいなと思っています。

南後　建築とメディアに関する質問です。紙芝居形式でどんどん変化していくプレゼンテーションでしたが、この紙芝居形式にした狙いと、紙に空いた穴について説明していただけますか。

大桐　穴が空いた紙芝居でプレゼンテーションすることで、寝室から建築が伸びていくストーリーをより皆さんに分かってもらえると思ったからです。

ID062｜佐藤桃佳｜大阪工業大学

『あの日、陸奥の驛舎で…　——鉄道が繋ぐ、記憶を創る場所——』

佐藤　地方から都会へと上京した人々と共に繁栄した日本の近代。「津軽海峡冬景色」の歌で知られる青森駅はその記憶を代表する場所です。そこで歴史的軌跡が残る青森駅を日本の産業遺産として捉え、日本の原風景である記憶を共有するために、産業遺産の保存と共に新たなランドマークとなる記憶のミュージアムを提案します。詩情あふれるミュージアムが、日本の近代を代表する記憶を伝えます。役目を終えたホームと連絡橋を保存・再生し、使われていない部分に増築することで整備しました。景色と展示室が線路跡や地形の軸を元に連動し、船舶と波しぶきをモチーフとした動感ある曲線で外観が構成されることで、「未来への躍動感」を表現しました。継承すべきところは残し、これからの時代を切り開くような、古いモノと新しいモノが調和する新しい青森駅になるよう試みました。博物館には、展示室を中心にショップ、カフェ、イベントホール、ワークショップエリアを配置します。他にも演歌や文学など言語を媒介とした芸術の展示、廃線を用いたかつての車両の展示、日本の近代化、技術発展をたどる展示、青函連絡船の栄光と苦難を詠む展示などがあります。また、周辺の商業施設やねぶた博物館と連動して周辺地域とつなげることで、地域経済の起爆剤となることを想定しています。

倉方　ここでの経験と内部機能は、建物の造形はどのように関係しているのでしょうか。

佐藤　まずこの建築に入ってみたいと思ってもらうためにダイナミックな造形にしました。内部空間は、ホームから上がっていく様子を陸(おか)のように、徐々に土地が盛り上がるかたちに落としていています。その膨らみにそれぞれの機能が絡みあうことで施設同士のつながりが生まれています。

南後　集合的記憶の継承がコンセプトの一つだと思います。プレゼンテーションでは「繋ぐ」を強調されていましたが、橋には繋ぐと同時に切断するという両面があります。気になったのは橋の端、接断面の部分の処理をどうしているのか、そこから見える眺望が美術館とどう関係しているかについて補足してもらえますか。

佐藤　切断面はなるべく閉じず、屋根から先に続いていくイメージを残しながらも空間がそこで終わっています。来訪者はそこから見る景色に思いを馳せ、さらに展示内容とも連動するようにしています。

原田　記憶を共有させるということですが、なにを記憶の共有と捉えているのか、もう少し具体的に教えてください。

佐藤　記憶の共有の方法として、それぞれの来訪者が居場所となるように設計しています。ここを訪れた人同士が会話することによって、記憶が共有されています。

ID066 | 依藤一二三 | 関西大学

『地形を編む
——人工地盤場にあらわれ積層する暮らし——』

–

(プレゼンテーション ► p.091)

–

津川　この提案のおもしろいところは、個々が自立した状態で共生しているところだと思います。この地形がSNSでいうところのフォーマットですね。個人が個人でいられる状態をつくるには、そのフォーマットがとても重要だと思いますが、設計上のポイントを教えてください。

–

依藤　地形のかたちを台形にし、地形の恣意性を消すように配置しています。浮かぶ斜面自体もなるべく単純なかたちにしました。

–

津川　恣意性を消すということにヒントがありますね。設計したものの恣意性を消すことで設計者が想定していなかった使われ方をするというニュアンスがあると思いますが、その部分についてもっとお話を聞きたかったです。

–

原田　住民が自立できないことや、孤立している状況は、この建築で乗り越えられる問題ではなく、システムの問題だと思います。しかしこの混沌とした状態をつくり出すことで生まれる新しい共存するための関係性がある気がします。その上で、自分がこの設計で一番魅力に感じているところを聞かせてもらえますか。

–

依藤　構造が積層されていくことで生まれる住民の多様な暮らしが、一番の魅力だと考えています。

| 投票 |

司会　これから、お一人ずつ投票していただいて次世代建築家賞を決めたいと思います。

–

津川　私は依藤一二三さんです。次世代の建築家像ということで大桐さんと迷いました。二人とも人間中心主義のあり方から距離をとるという大きなテーマだと理解しましたが、思想と造形とシステムを統合的に見て、何を提示するか。そのことを依藤案はバランスよくできていたと思います。

–

野口　大桐さんでお願いします。ストーリーとドローイングのかき込み量から、すごく情緒が強い提案だと思いました。建物の規模が大きくなると次第に自分事として考えられないような感覚になると思いますが、物語として伝えることができるのはとても魅力的で、そこに可能性を感じました。

–

原田　テーマに照らして考えると大桐さんだと思いました。ご本人がいろいろとリサーチしてきた生物学的なアプローチがプレゼンテーションの端々に出ていて、何のこと言ってるのかと不思議に思いながらも、魅力的な話だったと思います。そういったことを踏まえ、次世代だと言えるのではと思い選ばせていただきました。

–

南後　僕も大桐さんに一票を入れたいと思います。一見プレゼンテーションに飛躍があるように見えますが、人間のコントロールできる範囲とできない範囲の見定めや、獣のすみかである廃村のリサーチなど、設計の裏付けもきちんとなされています。設計展ということを考えると、模型や図面を使う王道の建築的なプレゼンテーションもありつつ、紙芝居という古くて新しいメディアの表現形式を使っていた点も評価できます。

–

倉方　大桐さんを推します。選ばれた中では一番「次世代」ではないのかもしれません。建築が持つ根源的な場の意味を掘り起こして考えるということを進めています。それを本人が言語化して、確かな着眼点と切り口で取り組んでいることは

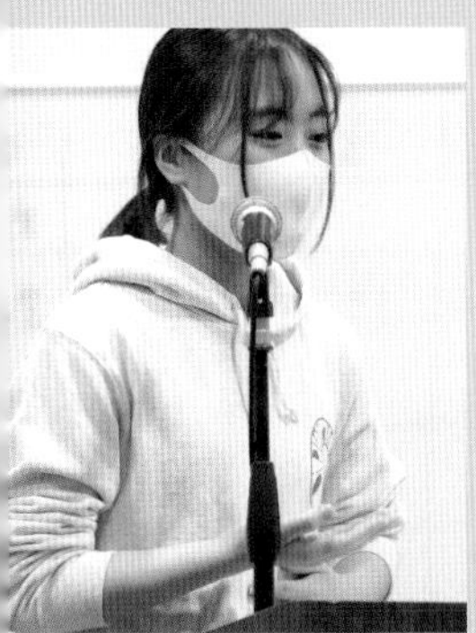

自信をもってよいでしょう。これはいつにおいても建築のもつ力です。次世代建築家賞として、プレゼンや応答、思想とかパフォーマンスを聞かせていただいた上で、人間としてこれからどうなっていくのかが楽しみな大桐さんに賞を授与したいと思います。

Day3

審査ドキュメント

Document of Critique

いいね賞

｜プレゼンテーション｜

ID015｜千賀拓輔｜大阪工業大学

『人間という名のノイズ
——集団的生存確率を意識する空間——』

–

(プレゼンテーション ►p.090)

–

野口　最初に模型を見たとき、感覚的に中に入ってみたくなりました。生命である建築というふうに言われていましたが、それはどのようなものでしょうか。

–

千賀　周りの環境や自然の生命に寄り添い、一緒に成長し、朽ちて衰えていくような建築のイメージでした。

–

南後　生命的であることに関連して、無駄やゆとりの話がありましたが、それはどういうことでしょうか。それから、異素材がモチーフと書かれていましたが、どのような素材でしょうか。

–

千賀　生命的なことが無駄というのではなく、現在の社会では利益率や収支性が求められるので、この建築は無駄と言われるようなものになっているということを、皮肉をこめて主張しました。異素材というのは、異なる素材を用いることで同じような場所でも違った空間性や体験ができるということを考えています。

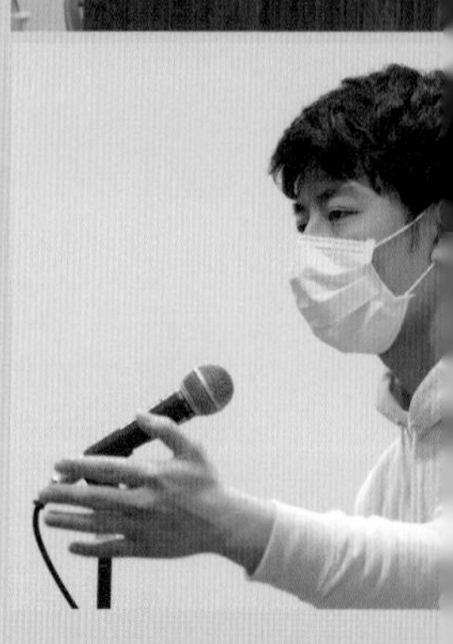

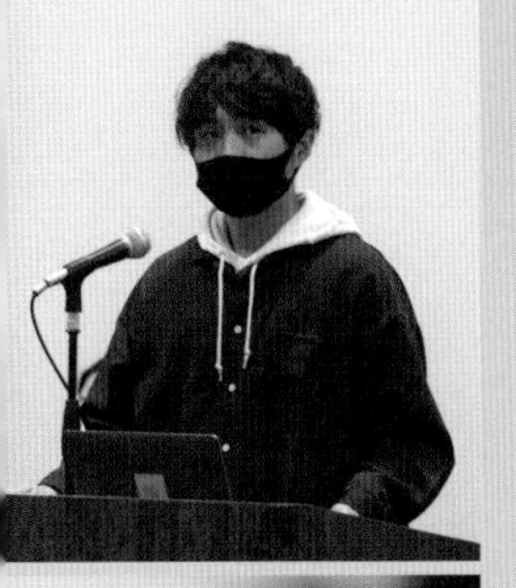

ID033｜岡田大志｜滋賀県立大学

『大樹に蠢く生
——面的都市の解体と環境共生型高層都市の構築——』

岡田　私は大樹の死体を拾い、道路脇のマツの木の根元に置いた。文明が進むにつれて、私たち人類は都市を平面的に拡大して繁栄してきました。その繁栄の陰で、私たちは自然から多くの享受を受けています。しかし、同時に人類は人口爆発や過剰消費、乱獲、公害、伐採など様々な問題によって自然環境を破壊してきました。山は切り崩されてアスファルトで固められ、生物の居場所を奪い多様な生態系を破壊しました。本提案では「都市での生活」と「森での生活」を物理的に近づけ、絡ませて、人々が日常生活に溢れている自然からの恵みに対して深く認識し、自らが破壊してしまった生態系に再度介入し、都市でどのように自然と共生していくかを模索します。対象敷地は大阪市北区の大阪駅前の一角です。ここで平面的に広がった都市の建築を高層化することで都市機能を集中させ、都市面積を縮小し道路での移動を減らします。空き家や空きビルなどは徐々に解体して木を植え、土地に返していきます。そして、従来の積層したプログラムを、コアとなり、うねり、のびるチューブ空間とそこから生えるスラブ空間により再構築します。

野口　スケールをどのように決定しましたか。人以外の生きる場所にはそれぞれ縄張りがあって、生き物によって生活空間の大きさみたいなものがあると思いますが、そういうものは反映されていますか。

岡田　300メートルという高さはツキノワグマの種子散布がそれくらいだと言われているので、クマと共生して森を一緒につくっていくと考え設定しました。

南後　環境共生型の都市を提案する上で、高層都市として提案しようと思った狙いはなんですか。

岡田　高層にすることで必要最小限の建築面積におさえ、周辺の空き家を解体し、森に還していくことができるからです。生態系の頂点にあり、技術を持っている人間が空へと居場所をつくり、他の生物の居場所を組み込んでいければいいかなと考えました。

南後　エネルギーの循環についてはどうですか。

岡田　棚田で食料をつくったり、太陽光で発電するという部分的なことを考えています。

ID042｜橋本侑起｜大阪工業大学

『今日、キリンと話をした。』

橋本　大阪天王寺阿倍野にある天王寺動物園に、動物園を突き抜ける道をつくり、一つの社会のようにしようと思いました。まちをつなぐ生き物道。日常動線の中に生き物たちがいる。道を歩くと生き物たちとどこかで出会っている。必ずしも出会えるとは限らない日常の中で、偶然が重なり合い、生き物たちとの奇跡のような出会いがある動物園の計画として提案します。まず、現在の大阪市が直営で運営している天王寺動物園から運営方式を変え、独立行政法人とします。収益を本来の生息地に返すことで、距離を超えて生き物たちと繋がることができます。生き物道の構成です。途中で切れた路地と園道を日常動線で繋ぎ、そこに共有ポーチを挿入し、まちと人と生き物全てが繋がります。サバンナエリア近くの何もなく殺風景だった広場の敷地には、おはようとおやすみを共有することができるサバンナホテルをつくりました。現在閉鎖的なデッキがある所は、いただきますとごちそうさまを共にすることができる生き物商店街をつくりました。今は誰のための場所でも芝生がただ並んでいる敷地には遊ぶを共用できる場所を設計しました。生き物道を通る日常は今まで他人事だったことを自分ごとに置き換えます。等身大で当たり前のように日常を考えることができるような生き物道を開き、まちの新しい繋がりが生まれるための仕組みを提案します。

津川　生き物道という考え方は理解しましたが、実際にデザイン言語は全て統一されているように思います。その意図はなんでしょうか。

橋本　そのデザイン言語が統一して見えるというのは、人間から見た視点だと考えています。生き物にとってはそれぞれの場所は水を飲んだり、寝たりするために近寄ってくるのですが、その行為によって見え方が変わると思います。なので、人にとっては道に見えるようにしていますが、動物から見たらその別の行為をするための空間が存在しているように考えました。

南後　周囲にはあべのハルカスなどの高層建築があり、それらはやはり富や権力の象徴だと思います。一方、この提案ではキリンを生き物の中でクローズアップしています。その理由と、キリンは背が高い生き物だと思いますが、高さについてはどう考えていますか。

橋本　日本ではない場所に生息している、動物園でしか会えない特別な動物としてキリンを選びました。その特別な生き物であるキリンと話したというくらい近い関係になってほしいという思いを込めています。それから、できるだけ人は地面を歩くように設計しています。例えば、あべのハルカスのように高い領域まで行くのは、僕にとって鳥の領域を侵していることだと考えていますが、同じように人にとっての領域というのは地面だと考えました。

原田　この道ができることで、周辺地域がどういった印象に変わるとイメージされているのかを具体的に聞きたいです。

橋本　いまは動物園があることで地域が分断されていて、それを繋ぐことによって人の行き来が増えると思っています。行き交う人たちがまず生き物に触れていく、自然に触れていくことで、意識が変わっていって、行きにくい場所のイメージも改善されることで、都市が再開発されていくのではないかと思います。

ディスカッション

倉方　聞いていて、共通性を感じた人も多かったのではないでしょうか。人間と動物の共生をテーマにして、ランダムな形態的特徴があります。みんな人間主義で、かつ形態を信じているのではという気がしました。

南後　私も全体的に環境共生とか、動物との共生が共通するテーマだなと思っていました。気になるのは、都市は人工的で殺伐としていて、 それに対して森や自然を持って行きましょう、それで共生しましょうというのはちょっと素朴すぎるのではないでしょうか。自然や動物保護に対する切実さが、どこからきているのか、考えるとよいのかもしれません。

千賀　人だけでは生きていけないので、周りの環境や自然と関わりを持って生きているということを疎かにしたくないと思いました。

岡田　大学に行く途中の道で、ほぼ日常的にタヌキやカラスが車に引かれて死んでいる光景を目にしています。そのときはかわいそうだなと思っても、次の瞬間には考えていない。山にキャンプに行ったり、自然を楽しもうとしている人が、その行く道中で起こっている動物たちの事故などに目を向けずにいることに疑問を感じました。

橋本　僕自身、動物がすごく好きで、だからこそ環境問題にも興味がありますが、今の時代は好きなものを誰もが選べるので、それに興味を示さない人もいます。だからこそ、環境問題に興味を持ってほしいと思って設計しました。

南後　それから、この審査がいいね賞ということで、SNSにありがちな瞬間最大風速的な注目度によって評価されること自体を、どのように考えているのかお聞きしたいです。ある意味、自己批判的にやっているのだと思いますけれど。

千賀　インスタ映えするようなプレゼンはそんなに重要じゃないと考えています。それよりも、感じ方やそこに行きたくなる方が

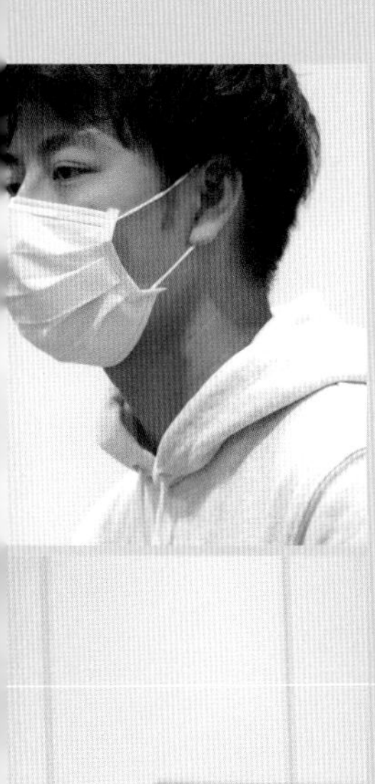

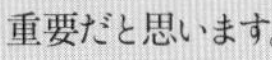

重要だと思います。

岡田　私もビジュアルだけでいいねボタンを押してしまうことがありますが、結局、そのときしか覚えていません。インスタなどで流行ることは重要だとは考えていません。

橋本　ビジュアルは深く見てもらうきっかけだと思っています。直感的によいものだと判断してもらって、その後に奥深さを感じてもらえたらいいなと思っています。

原田　みなさんの作品は、強くて、どこか怖いものだと感じました。しかも、それを観客が求めているということだとすると、かなり恐ろしいことだと思いす。みなさんはこの「いいね賞」の受賞を不本意に思って、辞退することもありえると思って聞いていましたが……。とはいえ、三人ともすごく考えられているので、評価できると思いました。

野口　そうですね。三つともかなり個性的な形態を持っていますので、そういう意味でいいね賞に選ばれているのかなと思います。

津川　SNSなどが普及して、建築に求められるものも徐々に変わってきています。そこで大事なのは、共感を呼ぶ力と社会に訴えかける力なのではないかと思っています。そういう意味で、プレゼンテーションされた作品は、この二つを持ちうるものだと思います。建築ってこうあった方がいいよねっていう共感力や、生態系や社会に対して訴えかけているかという建築の発信力を評価したいです。

投票

倉方　ありがとうございます。ではここから一人1票で投票していきたいと思います。私は先ほど、「共生」というのが共通すると言いましたが、むしろ「強制」するという性格を感じました。建築は何かを強制する、人や動物の行動を制限する、それも建築の力なんだということから逃げられないんですよね。そこを疎かにしていないというか、今まで見たことない状況に投げ込む力としての建築を、みなさん切実につくっていると思いました。その中でも強制力が一番強いかなと思ったのが33番の岡田さんでした。

南後　僕は42番の橋本さんに票を入れたいです。動物や環境との共生を直接的に考えるよりも、動物園に着目して、そのあり方を更新していくという発想がよいなと思っています。もともと動物園は、教育のための施設ですし、これまでさまざまな建築家が動物園のデザインを試みてきましたが、それとは違うアプローチでデザインしようとしています。動物園の既存のあり方をうまく活用しながら、環境と共生するということを建築的に提案しているとも考えられ、動物と人が見る/見られるの関係とは異なるものとしてあるような、新しい発想だと思います。

原田　僕も選んだのは42番の橋本さんです。プレゼンテーションの中で唯一収益について言及していたり、都市を開発したり住みやすくする視点で、何が可能かを親身に考えていたんだと思いました。

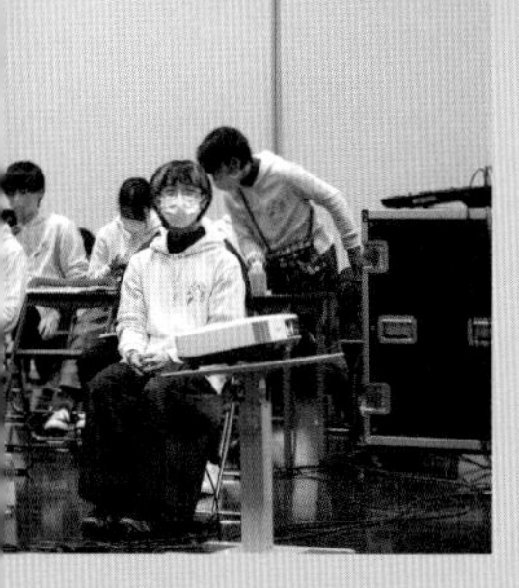

野口　私は、33番の岡田さんに票を入れます。理論や理屈抜きに一番惹かれた作品です。一番絵にしてみたいと思ったのも岡田さんの模型でした。形として強いものがあり、そこに人や動物、気候などのストーリーが重層的に織り込まれている点を評価します。

津川　共感力と訴える力をくれた作品ということで、33番の岡田さんを選びたいと思います。

倉方　では、僅差ですがいいね賞は33番の岡田さんです。おめでとうございます。

Day3

座談会

Round Table

審査員

・倉方俊輔
・津川恵理
・南後由和
・野口理沙子
・原田祐馬

参加者

・青山剛士(倉方賞)
・林駿哉(津川賞)
・化生真依(南後賞)
・小川璃子(野口賞)
・谷本かな穂(原田賞)

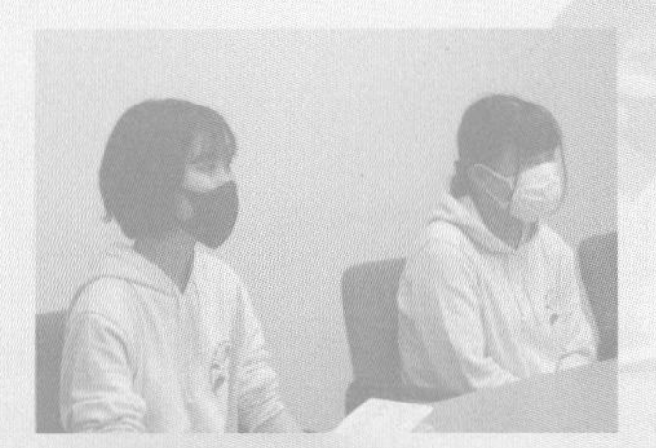

建築が向き合うもの

倉方　今日の結果を見ると、大阪大学の木多研究室がすごく活躍していますね。大桐さん、小川さん、化生さんがそうですね。かつて京大フォルマリズムというのがありましたが、これは阪大バイタリティズム(生命主義)というべきでしょうか。生命主義は100年前に存在していた人間と動物、社会を横断するような思想でした。最後のアウトプットが生命体になるという特徴があります。木多研究室は都市計画系の研究室だと思いますが、そのこととアウトプットとはどのように結びついているのでしょうか?

化生　先生は民俗学などの話も好きで、アナロジー建築にも興味があるので、一般的な建築をやれっていう指導ではないですね。

倉方　自由な雰囲気が伝わってきます。

津川　私が卒業設計に取り組んだときの問題意識は、動かない建築がどのようにして動的な都市を捉えられるかというものでした。それが修士設計、さらには現在にもつながっています。みなさんは、一人の建築学生として、いま建築に何を思っていますか。

青山　ランドスケープの研究室に所属していますが、アスファルトに覆われた交通インフラとかがすごく嫌いで、みんなで育て培っていった産業などを風景の一部としてインフラにするのが正しいのではと考えていました。

南後　今日の提案にも既存のビルディングタイプではなく、新しい建築の単位やまとまりを扱っているものがありました。谷本さんの銭湯の提案も、煙突に新しい役割を持たせて、周りの建物も巻き込んで地域に組み込んでいます。

消費ではなくて、生産のあり方を盛り込んだ提案がおもしろいなと思いました。

倉方　そうですね。新しい編成を試みています。インフラというと強すぎますが、新しい組織みたいなものをやろうとしているところが建築らしい。アーキテクチャーという言葉には、編成という意味もありますから。

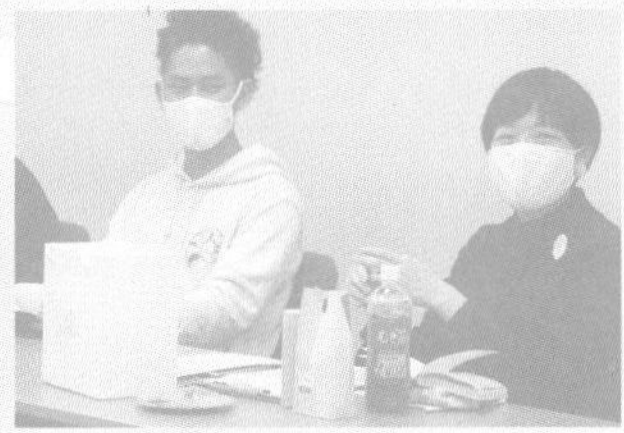

原田　プレゼンを聞いていると、みんな強いですね。全部断定で話していて。わからないことはわからない、不安なことは不安だと言わない。僕はそれが怖いなと感じました。その強さはときに暴力性を孕むだろうし、コミュニティに入っていくときには通用しません。そのことにみんなも気が付いているんだけど、こうしたプレゼンの場だと強く言わないといけないというのが、もったいないと思いました。

林　形をつくるのは好きですが、それがただかっこいいからというのではなく、何かしら意味のあるかっこよさがいいなと思っています。そういう形を設計できるようになりたいです。

津川　ソフト面から地域に介入していく手段もあるけれど、建築家はコミュニティデザイナーではないから、結局はもので勝負しないといけないと思います。だからどこかで「これはかっこいいからです」と言い切る部分があっていい。全てに理由をつけて形をつくっていくのはあるところまで行くと限界があるから、そうなったらかっこいいで言い切る必要もあるなと最近は思っています。

コロナの影響と建築への想い

倉方　今日見ていて一つだけ不安なことがあって、それは去年も今年もコロナで海外旅行に行けなくなるなど、インプットがない状況です。建築の感動は経験しないとわからない部分がある。感動したことない人は、感動する建築をつくりづらいかもしれません。その部分があまり感じられなかった気もします。

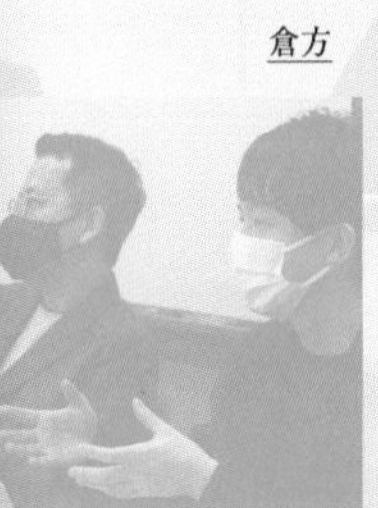

南後　コロナ禍で制作が大変だったという話がありましたが、それだけでなく深層心理や無意識の部分に反映されているものがあると思いました。それは移動と記憶の結びつきや、近隣やローカルの見直しなどです。直接的でも間接的でもいいですが、コロナの影響はありましたか。

谷本　人とこんなふうに会えたらいいなということは考えながらつくっていました。今あるものと折り合いをつけながらも、周辺のコンテクストを織り交ぜるような柔らかいカタみたいなものを考えていけたらと思っています。

小川　コロナの影響はそんなになかったです。建築をつくりたいと思って建築学科に入りましたが、卒業設計をするにあたって、極論としてその場所で建築を建てたくないというところまでいってしまいました。建築を建てると何かしら風景の変化をもたらしてしまうのがすごく怖くて……。それだと何も変わらないし、保存していくためにどうずればいいか、ずっと風景について考えていました。風景の変化は美しいとか悲しいとかいう単純な言葉で表せられない、ぎゅっと抱きしめたいと感じるものでした。後から見返した時にこんなふうに感じていたんだなとわかるといいなと思っています。

化生　わたしもコロナの影響をどう受け止めたのか、まだわかっていませんが、人に会いたいなというのはすごく思いました。私は4年間生野区の方々と関わってきましたが、まちの人から寄り合い所がなくなったと聞きました。そういうみんなが集まる場所で生まれる空間は、形があるわけではないけれど無形でもない。それは私にとっていい空間だといえるものでした。そのことを感じたのはコロナの影響かなと思います。

司会　これから建築やデザインをしていく学生に、何か期待することなどあればお願いします。

野口　私は卒業設計で設計よりもドローイングならいけるかもしれないということを思って、それ以降続けてきました。卒業設計は一生に一度あるかの根を詰めて考える作業だと思うので、何かしら次に繋がるように続けていってほしいなと思います。

原田　社会に出た最初のころは普通に設計の仕事をしつつ、徐々にグラフィックデザインや会場構成を手掛けるようになっていったので、仕事を始めてからでも別のことをするのを諦めなくていいと思います。その時がきたら乗り移れる、フットワークの軽さが大切です。建築家との協働が増えているのも、建築を学んできたからこそだと思いますし、建築で学んだことは今でもすごく役に立っています。

All Entries

出展作品紹介

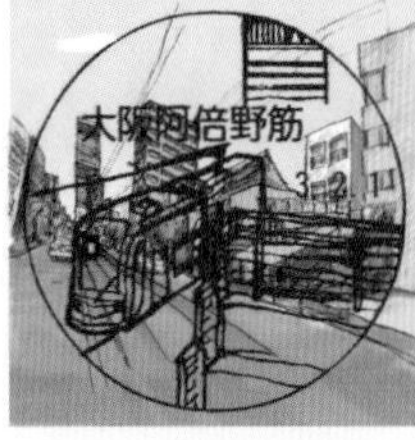

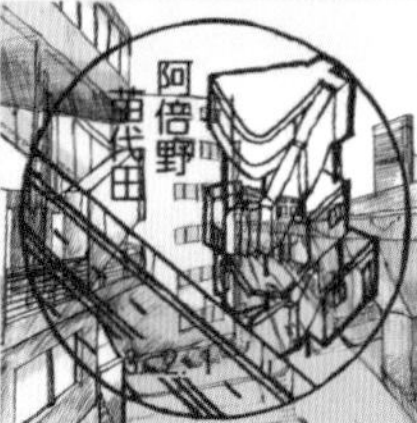

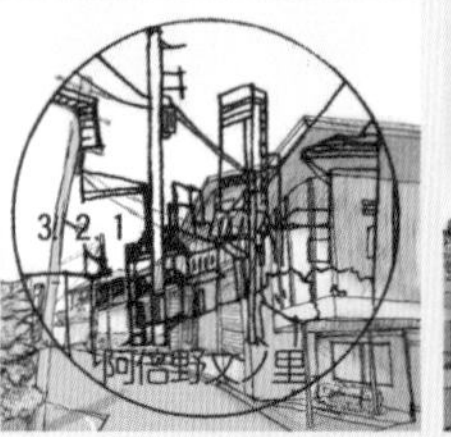

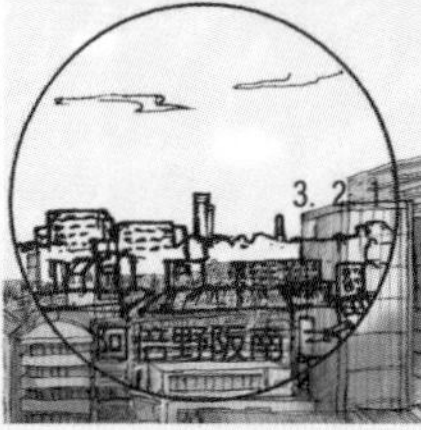

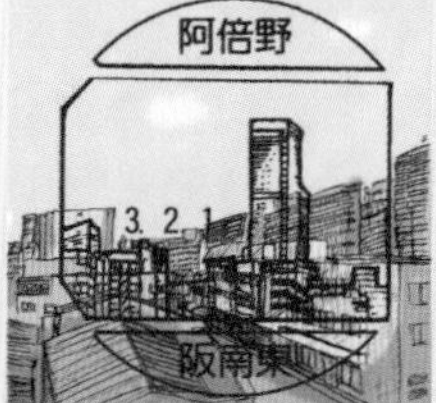

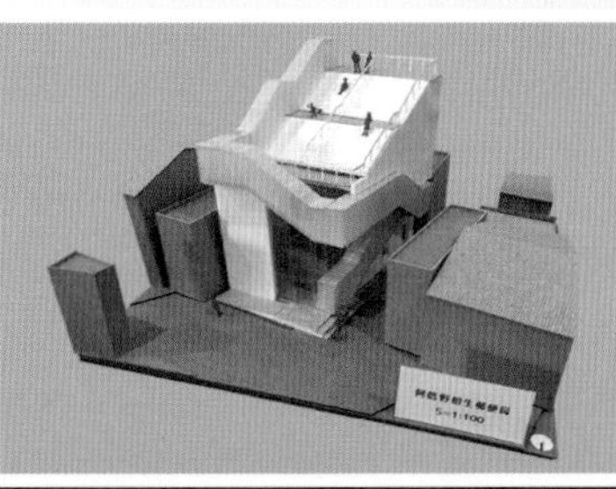

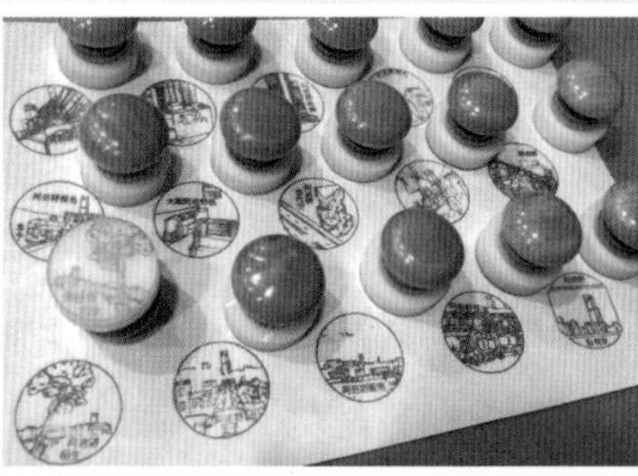

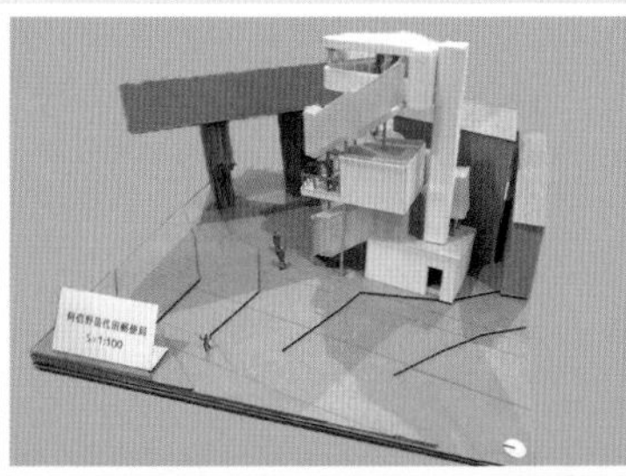

ID001

阿倍野をかたどる風景印と郵便局

興梠卓人

大学名・学科・所属研究室	京都大学 建築学科 神吉研究室
使用ソフト・プレゼン手法	AutoCAD、風景印模型、郵便局模型、パース、図面
構想期間	5か月
製作期間	1か月半
憧れの人	–

郵便局で押してもらえる、名所などの絵入りの消印「風景印」。大阪市阿倍野区においては15局全てがあべのハルカスを同じように描いている。阿倍野区の特色を生かした風景印をデザインし、また、都市に点在する郵便局を、ハルカスを遠景として捉える場所として設計する。少し道に踏み出せばちょうど視界が開けるというような、日常にランドマークを景観として取り入れるまちづくりを提案する。
ハルカスとの距離に応じて、その見え方は変わる。その様子は、風景印には描き方の抽象度として、郵便局には素材として現れる。例えば、ハルカスから抽出したブレースや青色のガラスを距離感に応じて取り入れた。

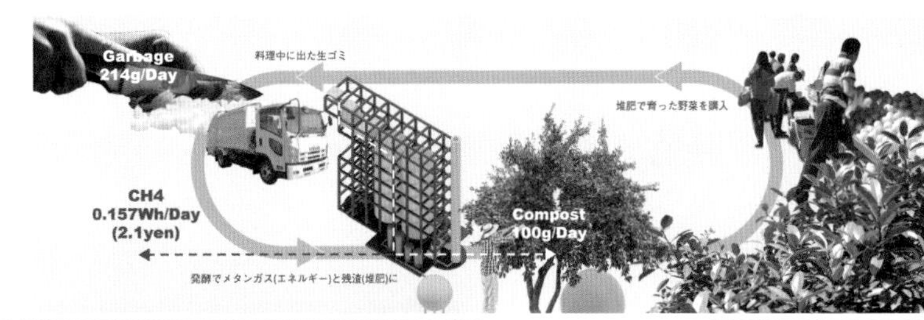

ID002

Apartment—Energy Plant ——ゴミュニティをつくるゴミ処理場——

山本康揮

大学名・学科・所属研究室　大阪工業大学 空間デザイン学科 朽木研究室

使用ソフト・プレゼン手法　Rhinoceros、Grasshopper、Cinema4D、Photoshop、Illustrator、Pages、模型

構想期間　6か月

製作期間　40日

憧れの人　矢部達也

人が暮らせばゴミが出る。何かを買い、食べてあるいは使用して、捨てて生きていく。買う行為が経済をまわすなら捨てる行為にどんな利点を与えることができるのだろう。本卒業制作では人口の減少にともない施設規模と実稼働率に軋轢が生じている焼却式清掃工場が地域のお荷物的建築になる未来を危惧し、人口に依存せず廃棄物が直接エネルギーに変換される「生ゴミメタンガス化施設」を計画した。現在地方自治体が民間業者に委託している一般廃棄物回収処分業務が終業し自ら清掃工場へゴミを運ぶ未来を想定し、清掃工場が全住民の交わる拠点として機能し地方地域の消滅まで持続可能な建築となることを目指した。

ID003

水蕗 mizufubuki

川岡知樹

大学名・学科・所属研究室	大阪大学 地球総合工学科 阿部研究室
使用ソフト・プレゼン手法	ArchiCAD、Twinmotion、Adobe Photoshop、Adobe Illustrator → ポスター、模型
構想期間	2か月
製作期間	1か月
憧れの人	大学の先輩

「本と出会い、読書すること」を演出する図書館。それは人工的で均質な配架・整然とした空間ではなく、自然的で不均質な配架・錯雑な空間を持つものではないか。近代以降、建築は技術によって自然から切り離され、均質な空間が生み出されてきた。図書館においてもそうして合理性が求められる一方で、偶発性や散策性は軽視されてきた。そこで、それらを図書館の重要な機能として捉え、配架と空間に「自然性」を求める。

しかし、そもそも人工とは、自然とは何か。本案は、それを私の原風景「ため池」から解き、水蕗という植物を手掛かりに池中空間を建築化することによって提案する、新しい配架・読書空間をもつ図書館である。

D004

自然に応答する——アフターコロナにおける分散型オフィスのあり方——

藤谷優太

大学名・学科・所属研究室	神戸大学 建築学科 遠藤秀平研究室
使用ソフト・プレゼン手法	Rhinoceros、Twinmotion、Cinema4D、Adobe Illustrator / Photoshop / InDesign / Premiere Pro
構想期間	6か月
製作期間	6か月
憧れの人	フランク・ゲーリー、ザハ・ハディド

「機能」を重視した均質空間を求めてきた現代のオフィス群。しかし昨今では、情報社会の発展、コロナウイルスの流行に伴い不均質な知的生産の場を求める流れがある。この状況において働く場・住う場は従来のままで良いのか？ その疑問から社会状況に合わせた日々の変化を楽しんで働けるオフィスを目指す。

人工池としてかつて自然と人間とが共存していた敷地にて自然という「ムラ」を取り入れ創造性に富んだ郊外型オフィスでは自然と人々の生活とが重なり合い、そこで働く大人とそこで育つ子供に快適さと自然の素晴らしさを体感させる

ID006

見えない日常──Riddle Story Museum of Edward Gorey──

真壁智生

Day2:ファイナリスト

大学名・学科・所属研究室	大阪工業大学 建築学科 寺地研究室
使用ソフト・プレゼン手法	Illustrator、Photoshop、Lumion、PowerPoint
構想期間	4か月
製作期間	2週間
憧れの人	安藤忠雄、Peter Zumthor

独特な韻を踏んだ文章と、独自のモノクローム線画でユニークな作品を数多く発表している絵本作家エドワード・ゴーリー。彼が晩年過ごしたマサチューセッツ州ヤーマウスポートという町のアトリエ兼自宅に付随させるように、絵本ミュージアムを計画。絵本のレイアウトを建築へと変換し、窓のようなフレームを絵の手前に設けることで、遠くからでも近くからでも、絵の見方を来館者が選択できる展示空間にした。そして彼が生み出す絵本の中でも特に代表的な作品を6つ取り上げ、絵本の世界観を表した6つの空間を中心とした大人向けの絵本ミュージアムを計画。来館者は彼が晩年過ごしたアトリエ及び作品と対話しながら想像力を増幅させて欲しい。

「フーセンは空を舞う」
コリアタウンの中ほどで、後方から呼ばれた気がした。
振り向いた先に自販機横の路地。
その向こうには荒れ果てた空き地。
目線を上に向けると学校らしきタテモノ。
正面にまわってみて朝鮮学校であるコトに気付いた
ツルハシ…朝鮮学校…なぜかココロが重い…。
汗が地面に垂れる中、風船は空を舞う。
吐息を内包しながら空き地に漂う。
そのうち割れるフーセンは空き地の空気と混ざり合う。

「人影の迷路」

「風を通すための部分解体」

「ふと、空を見上げる浮遊基地」

ID008

ツルハシ…紀行空間が生まれる場所——マチに育てられながら、まちを味わう——

山根滉平

大学名・学科・所属研究室	大阪工業大学 空間デザイン学科 朽木研究室
使用ソフト・プレゼン手法	Illustrator、Photoshop、PowerPoint
構想期間	9か月
製作期間	3か月
憧れの人	吉田禎

紀行空間とは、マチを歩く。目に映る風景から妄想が始まり、言葉が生まれる。
直感が動かすエンピツは空間を作り出す。例えるなら、小説の映画化≒紀行空間
マチのエネルギーを内容した紀行空間は、トキの流れのなかで徐々にソトへ滲み出す。
ソトは感覚的な包容へと繋がりながら新たな空間に進化する。
ツルハシから始まる紀行空間。
世界中の人々のコトバは、新しいマチの表現は進化する。

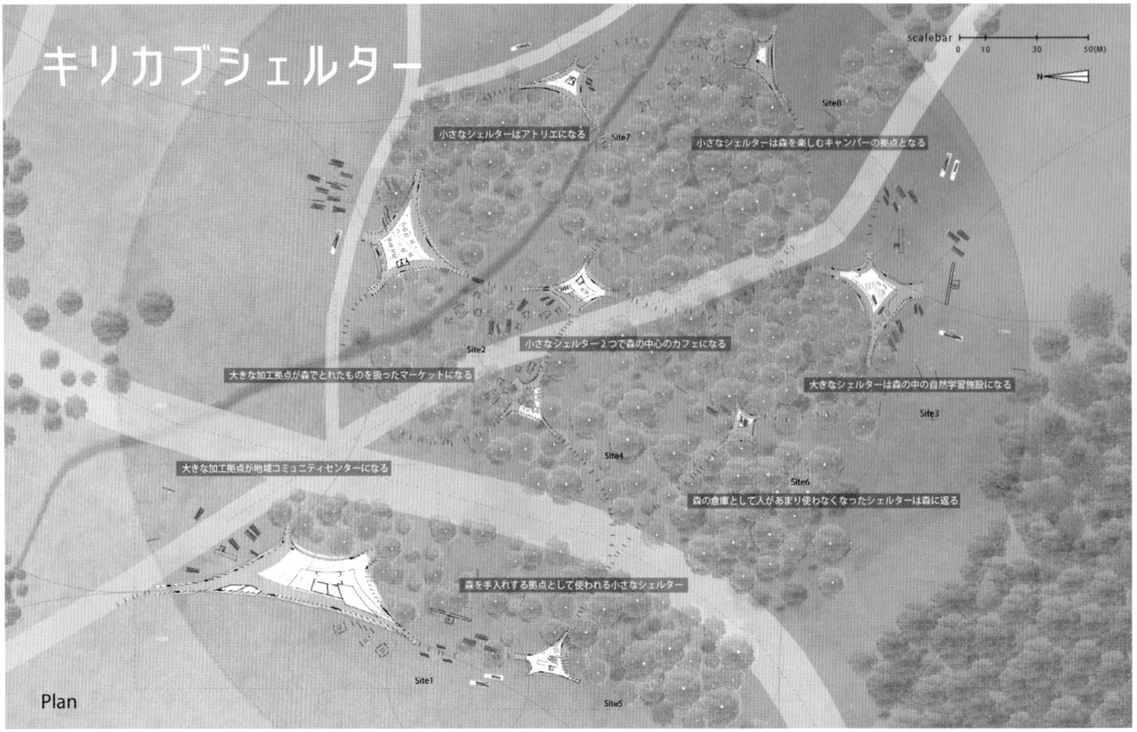

キリカブシェルター

scalebar 0 10 30 50(M)

N

小さなシェルターはアトリエになる

Site7

Site8

小さなシェルターは森を楽しむキャンパーの拠点となる

小さなシェルター２つで森の中心のカフェになる

Site2

大きな加工拠点が森でとれたものを扱ったマーケットになる

大きなシェルターは森の中の自然学習施設になる

Site3

Site4

大きな加工拠点が地域コミュニティセンターになる

Site6

森の倉庫として人があまり使わなくなったシェルターは森に返る

森を手入れする拠点として使われる小さなシェルター

Site1

Site5

Plan

ID009

キリカブシェルター

長田遥哉

大学名・学科・所属研究室	神戸大学 建築学科 所研究室
使用ソフト・プレゼン手法	Rhinoceros, Illustrator, Photoshop
構想期間	6か月
製作期間	6か月
憧れの人	星野源

林業の衰退によって日本の森は荒れ果てた。自然を支配しようとする20世紀の建築に対して、未来の建築はどうあるべきか。自然の物でも人間の物でもないキリカブをメタファーに、森を甦らせるための建築を考える。躯体は、身体的なスケールを持った間伐材を集合させた構成によって、建築が森の中に枝を張り巡らし森全体と一体化していくような空間とした。躯体に囲まれた中間領域は人間と自然が共存するシェルターとなっており、その内部には機能が入れ子状に配置される。内部は時間変化し、初期は木材の加工などの森の手入れの拠点から、約100年の年月を経て森が自然の力を取り戻すころには、森の豊かさを楽しむための施設へと変化していく。

ID011

花渦——イキバのない花たちの再資源化場——

櫻田留奈

大学名・学科・所属研究室	立命館大学 建築都市デザイン学科 建築計画研究室
使用ソフト・プレゼン手法	Rhino7
構想期間	1か月
製作期間	3か月
憧れの人	国枝啓司

現代の日本においてフラワーロスは年間1000万t以上あるとされており、花の総生産量の64%以上である。本計画では深刻な問題でありながらも認知度が低く具体的な解決方法のないフラワーロスを家畜の飼料不足問題とかけ合わせ解決する施設を提案する。また、日本人は花に対し特別な日だけのものという意識が強く花に対しての感心が低いためフラワーロスへの認知度も低いと考える。そこで花に気軽に触れる施設を作ることで花への関心を上げフラワーロスへの解決を目指し環境問題解決を目指す。

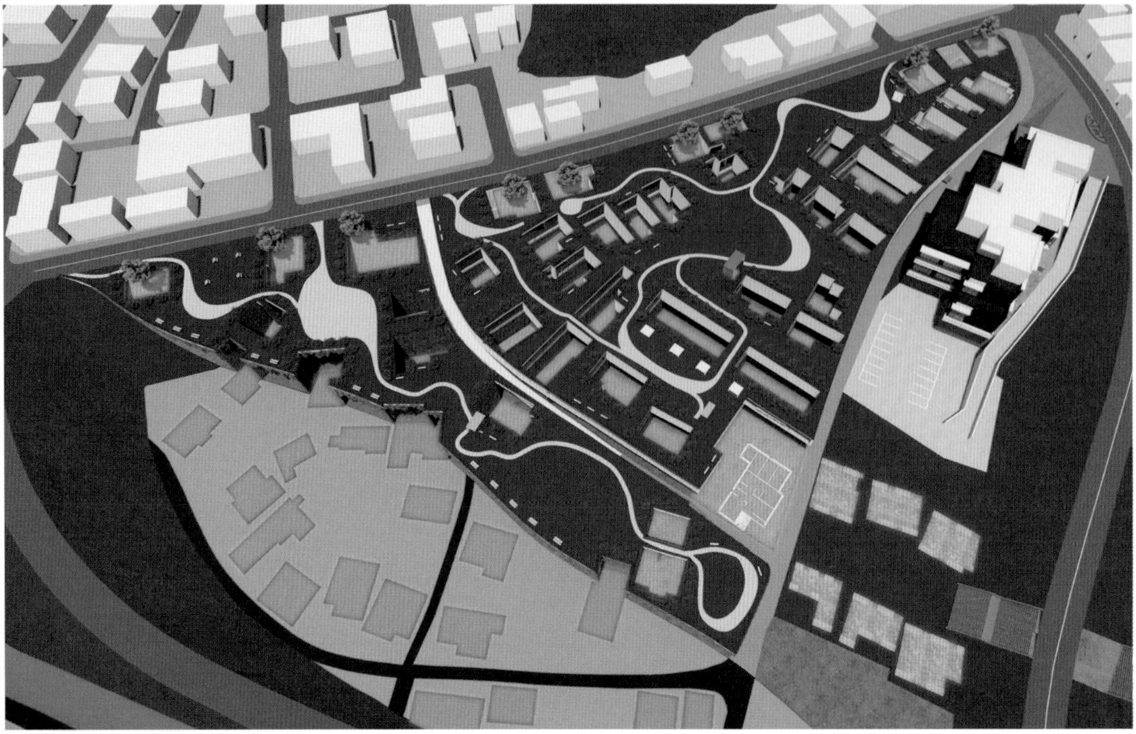

ID012

赤浜伝承広場——忘れたい記憶と忘れられない場所——

太田大貴

大学名・学科・所属研究室	立命館大学 建築都市デザイン学科 建築計画研究室
使用ソフト・プレゼン手法	Rhinoceros、Enscape、Ai、Psd
構想期間	2か月
製作期間	1か月
憧れの人	要領がいい人

東日本大震災から10年。未曾有の恐怖は忘れたい記憶であるが、自然災害が再度襲来することは必然である。忘れたころに再び襲ってくる大災害に備えて、被災地では「震災をいかに語り継ぐか」が課題となっている。本計画は震災遺構をきっかけとしたものである。従来の伝承施設は排他的かつ閉鎖的であった。また、センシティブな空間という結論で終わることが多かった。しかし、提案する建築・ランドスケープは、センシティブな空間でありつつも、土地の記憶を想起させるという点で精神的であり、また周囲に開かれたパブリックな場でもある。これにより伝承空間が町の一部として本質的に組み込まれ、単なる専門施設になりがちな現状を解決する

ID014

SWAGGER——響き渡るヒップホップの鼓動——

近藤侑愛

大学名・学科・所属研究室	大阪工業大学 建築学科 寺地研究室
使用ソフト・プレゼン手法	Archicad, Illustrator, Photoshop, Twinmotion
構想期間	3か月
製作期間	1か月
憧れの人	努力をし続ける人

HIPHOPと聞いて何を思い浮かべるだろうか。ほとんどの人は音楽、ファッションの事だと言う。
しかし、HIPHOPの根源は黒人の生活の中から生まれた文化の事である。
ヒップホップ文化はアンダーグラウンドな世界に押し込まれたままで、ヒップホップの本質は隠され、理不尽に立ち向かい自分らしくいようとすれば、柔軟性のない法や規制により制限される。
そこで、アングラな世界に本質が押し込まれたHIPHOP文化を表層的に周知させる事にとどまらず根源的な問いかけができる場をHIPHOPPER達によるセルフビルドで提案する。

ID016

錦舞う──大和郡山における金魚の生産と観賞のためのウォータースケープ──

幸田梓

大学名・学科・所属研究室	神戸大学 建築学科 末包研究室
使用ソフト・プレゼン手法	Rhinoceros, Cinema4D, Photoshop, Illustrator
構想期間	5か月
製作期間	2か月
憧れの人	プレゼン上手い人

放置され荒地化した金魚池の上で、衰退し続ける金魚産業と人々をつなぎとめる建築を提案する。
現代において忘れ去られつつある金魚の観賞の価値を可視化するアクアリウムと、閉じられた金魚生産の場を開く研修・研究施設、またこれらを内包するウォータースケープを計画した。既存の金魚池の形態やスケールに馴染みつつ、人々が自由に行き交う場所となる。
人々は、ここで水の揺らめきとともに、金魚のそばで時間を過ごし、金魚は再び人々にとって身近な存在となっていく。そして、金魚産業がこれからも続いていくきっかけとなる。

ID017

こどもの郷──都市を繋ぐ建築の提案──

植田拓馬

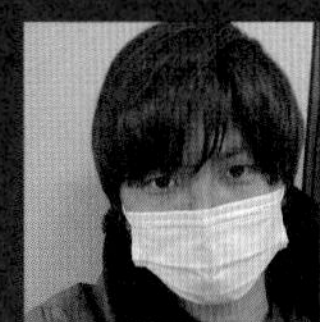

大学名・学科・所属研究室	大阪工業大学 建築学科 本田研究室
使用ソフト・プレゼン手法	Rhinoceros+Grasshopper, Illustrator, Photoshop, PowerPoint
構想期間	2か月
製作期間	3か月
憧れの人	安藤忠雄

人口減少により都市がコンパクトに縮小するなかで様々な施設が統廃合してゆけば、人の生活圏は広くなり、施設は広域なエリアをカバーしなければならない。ある都市を拠点としつつも足りない機能を移動によって補う生活をする人が増えていくことになる。特に次の時代を担う若者や子育て世代にとっては、都市に必要とされる機能や目的が求められることだろう。
敷地の地区では住民のみならず、地域の人々や関係人口に至るまでが心地よく過ごせるサードプレイスの魅力創出が課題となる。既存の道の駅に新たな機能を付加させるように遊戯棟・宿泊棟を増築することで、人々の求めるこの地域ならではの機能と目的をアシストする建築を提案する。

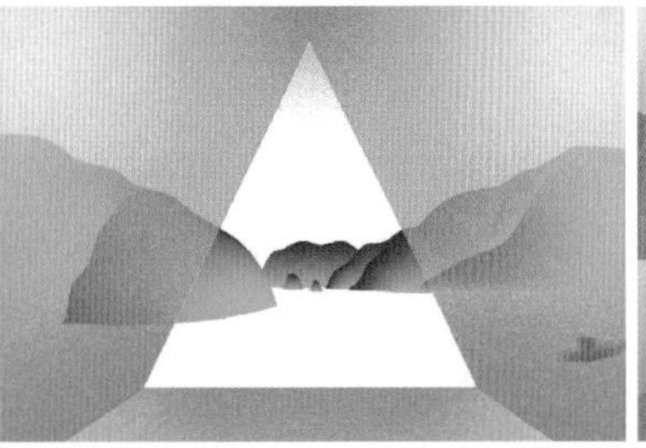
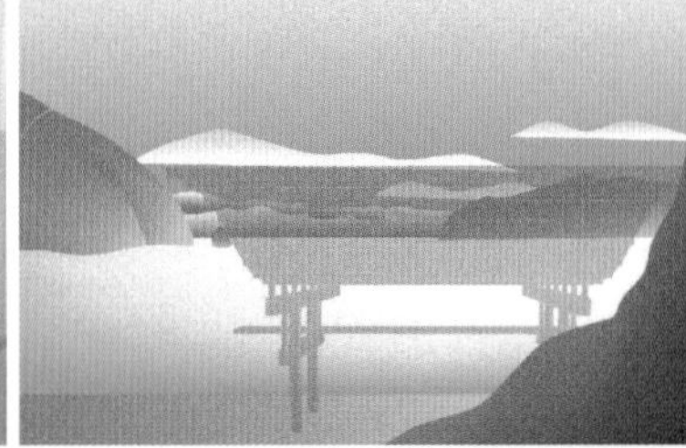

ID021

常神巡拝道

澤田和樹

大学名・学科・所属研究室	滋賀県立大学 環境建築デザイン学科 白井研究室
使用ソフト・プレゼン手法	Rhinoceros, Adobe illustrator, PowerPoint
構想期間	1.5か月
製作期間	3か月
憧れの人	Herzog & de Meuron

福井県三方上中郡若狭町常神。神々が住むと云われる御神島とその神々を祀る常神社。かつて御神島に鎮座していた神社は常神半島へ遷座され、神社の「鳥居、拝むという行為をする場所、神体山」という配置序列の崩壊により、周辺地域の神官を交えた祭事が行われなくなり、住民の信仰が徐々に弱まってしまった。そこで神社で用いられる寸法、材料、それらが持つ意味や常神の各場所にある要素を抽出し、フォリーという些細なオブジェクトによって神社の神聖な領域を半島の8か所に拡張する。御神島のみならず常神半島全体を神体山と捉え、神社の配置序列を修復するとともに、住民や訪問者の御神島への信仰や遥拝行為を促す。

D022

織り港——よそものが綿と水のまちの住民になるための玄関口——

西岡里美

大学名・学科・所属研究室	立命館大学 建築都市デザイン学科 建築意匠研究室
使用ソフト・プレゼン手法	Sketch Up、Illustrator、Photoshop、模型
構想期間	1年間
製作期間	2か月
憧れの人	内藤廣

近年、都市から地方への人の流れが注目されている。しかし、現状として移住のハードルは高く、移住を望む人と実現できた人の間にギャップがある。また、移住のことについては団体に任せきりとなっており、移住者は地域の人や文化を十分に知らないまま町に移住していることも現状である。住民の入れ替わりが急速で自由な時代において、地方の魅力的な独自の文化が失われてしまうのではないか。町の文化や地域の人と結びつけ、移住希望者が町の「住民」になるための玄関口=研修施設を提案する。地方が積極的に移住者を取り込みつつも独自の文化を保持し続けるための未来に向けた計画である。

ID024

都市の調律——音楽と建築は相見える芸術なのか——

山口真奈美

大学名・学科・所属研究室	大阪工業大学 建築学科 本田研究室
使用ソフト・プレゼン手法	Illustrator, Photoshop, ArchiCAD
構想期間	8か月
製作期間	1か月
憧れの人	メンタルが安定している人

音楽を聞いている時、見えないはずの景色が頭の中で繰り広げられたことはないだろうか。音楽は目には見えないが建築と同じ空間性を持っているのではないかと考え、時間と空間に着目し、音楽の調律の手法を用いて建築を考えた。近年の再開発は不要になったものを潰し、新しいものに交換することで都市を形成している。それにより、隣り合う建築同士の関係性や地域ならではの空間が失われつつある。そこで、都市全体の建築一つ一つを音として捉え、地域の特徴を紡ぎだし音として拾い、その場所で鳴り響いている和音やリズムを抽出し分析をする。抽出した音、和音、リズムをもとに都市空間を調律していくことで新たの建築の可能性を模索する。

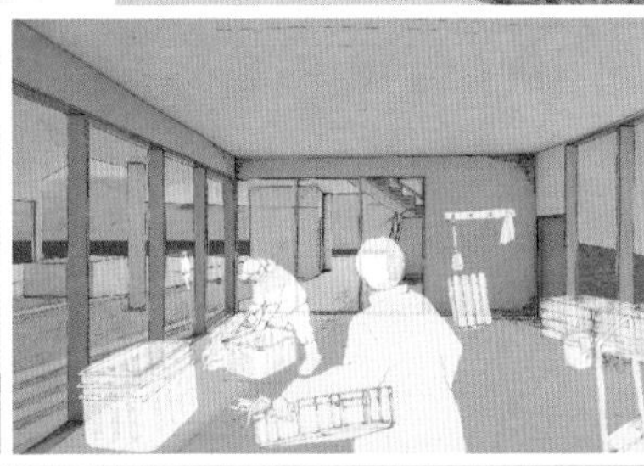

ID025

いままでこれからの間で。——隠岐郡海士町における再出発のための段階的すまい——

高雄爽汰

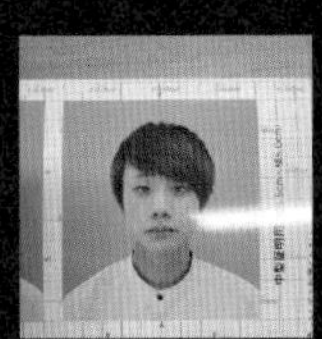

大学名・学科・所属研究室	神戸大学 建築学科 生活環境計画研究室
使用ソフト・プレゼン手法	ARCHICAD, Illustrator, Photoshop
構想期間	4か月
製作期間	2か月
憧れの人	Vivian Maier

逃げることは本当に悪いことであるのだろうか。どんなに辛いことがあっても、頑張って立ち向かうことが美徳とされてきているこの日本。しかし、立ち向かうことも一つの手段であり、それと同等に逃げるという手段があってもいいのではないか。特に他人からの悪意というものに立ち向かう必要はないのではないか。そこで、過去から現在に至るまで、島外からやってきたよそ者が新たな生活を送り続けてきたこの隠岐郡中ノ島（海士町）で苦しいことから逃げてきた人々が新たなスタートを切れるようになるすまいを提案する。

ID026

転――「跡」の再構築――

井戸航太郎

大学名・学科・所属研究室	大阪大学 地球総合工学科 木多研究室
使用ソフト・プレゼン手法	ArchiCad、Lumion、Photoshop体験版、Illustrator、1/100全体模型、「跡」モデル×4
構想期間	3週間
製作期間	3か月
憧れの人	松岡修造

「自由とは、過去の人間が達成した自由に敬意を払いながら、それを乗り越えようとする意志のことである」

これはルイス・カーンの言葉だが、コンバージョンに通じる話でもあると僕は考える。既存の文脈を読み解き、オリジナルの論理性を継承したデザインを施すことこそが、過去の自由に対する敬意であり、設計者の果たすべき責任ではないだろうか。今回僕は敷地に残された様々な「跡」に対してそれらが持つ空間の質を翻訳し、その質を担保するように1枚の板――スラブ――を挿入させながら、元小学校を美術館へとコンバージョンした。この地道な作業の集積により、この場所をまちのコミュニティ活動の拠点として再生することを目指したのである。

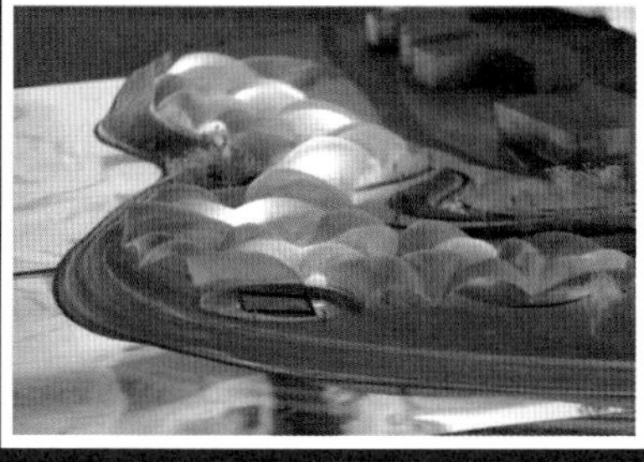

ID027

縁を漉く——美濃和紙の構造化による公園工房の創出——

加藤亜海

大学名・学科・所属研究室	神戸大学 建築学科 末包研究室
使用ソフト・プレゼン手法	Rhinoceros、Cinema 4D、Photoshop、Illustrator
構想期間	2か月
製作期間	5か月
憧れの人	田根剛

美濃和紙は長い歴史を持ち、日本が世界に誇る伝統工芸であるが、現在では時代に合わせた変化を求められている。そこで、美濃和紙のみでできた建築を作ることで、和紙の概念を拡張すると同時に建築の概念をも拡張し、美濃和紙工房の新しい形を提案する。
和紙で柔らかく包み込まれたこの工房は、公園のような公共空間の中に作業場が散りばめられており、職人や地域住民、観光客など本来出会うことのない人々の間に「縁」が紡がれる可能性に満ちている。その「縁」が地域に根を張りながら、複雑に絡み合っていくという営みの中で美濃和紙を守っていく。

ID028

転換の保存――方向性の反転による空間再編――

池美優

大学名・学科・所属研究室	大阪市立大学 建築学科 建築デザイン研究室
使用ソフト・プレゼン手法	Illustrator, Photoshop, Archicad
構想期間	3か月
製作期間	3週間
憧れの人	西加奈子

全国で文化財や歴史ある公共建築の改編期が訪れている。こういった残された建築をどのように保存し更新していくのか。今回は今年で85年となる大阪市立美術館を対象とした。既存建築や周辺環境の分析から問題点や対象のポテンシャルを読み解くことで空間をできるだけ保存しながらも、転換させていくことを目指した。この敷地は内国勧業博覧会の跡地であったことから東西一直線に開けた見晴らしの良い縦軸が特徴であり、水平線に沈んでいく夕陽を広間に取り込むことから設計を進めていった。設計手法としては、建築の方向性やアプローチ方向を反転させることで、85年続く建築の空間性を残したまま新しい表情や周囲との関係性を計画した。

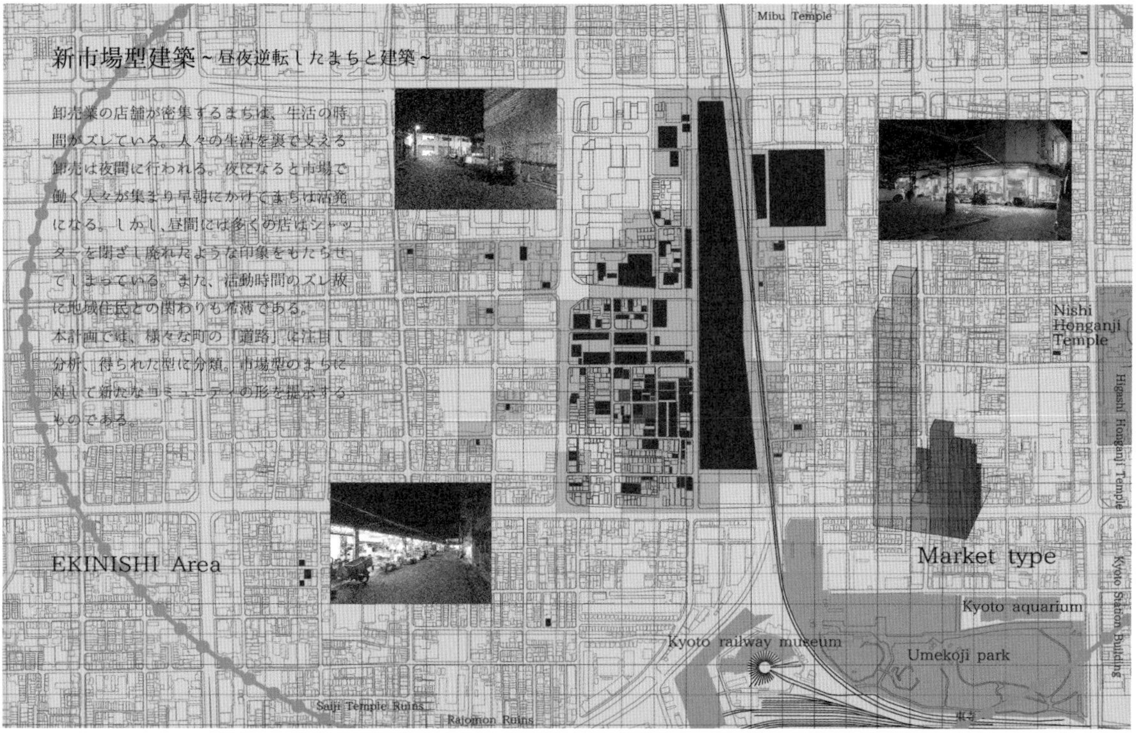

新市場型建築～昼夜逆転したまちと建築～

卸売業の店舗が密集するまちは、生活の時間がズレている。人々の生活を裏で支える卸売は夜間に行われる。夜になると市場で働く人々が集まり早朝にかけてまちは活発になる。しかし、昼間には多くの店はシャッターを閉ざし廃れたような印象をもたらせてしまっている。また、活動時間のズレ故に地域住民との関わりも希薄である。
本計画では、様々な町の「道路」に注目し分析、得られた型に分類。市場型のまちに対して新たなコミュニティの形を提示するものである。

Mibu Temple
Nishi Honganji Temple
Higashi Honganji Temple
EKINISHI Area
Market type
Kyoto Station Building
Kyoto aquarium
Kyoto railway museum
Umekoji park
Saiji Temple Ruins
Rajomon Ruins

ID029

新市場型建築――昼夜逆転したまちと建築――

甲斐遥也

大学名・学科・所属研究室	近畿大学 建築学科 松岡研究室
使用ソフト・プレゼン手法	Illustrator
構想期間	4か月
製作期間	2か月
憧れの人	妹島和世

卸売業の店舗が密集するまちは、生活の時間がズレている。人々の生活を裏で支える卸売は夜間に行われる。
夜になると市場で働く人々が集まり早朝にかけてまちは活発になる。
しかし、昼間には多くの店はシャッターを閉ざし廃れたような印象をもたらせてしまっている。また、活動時間のズレ故に地域住民との関わりも希薄である。
本計画では、様々な町の「道路」に注目し分析、得られた型に分類。市場型のまちに対して新たなコミュニティの形を提示するものである。

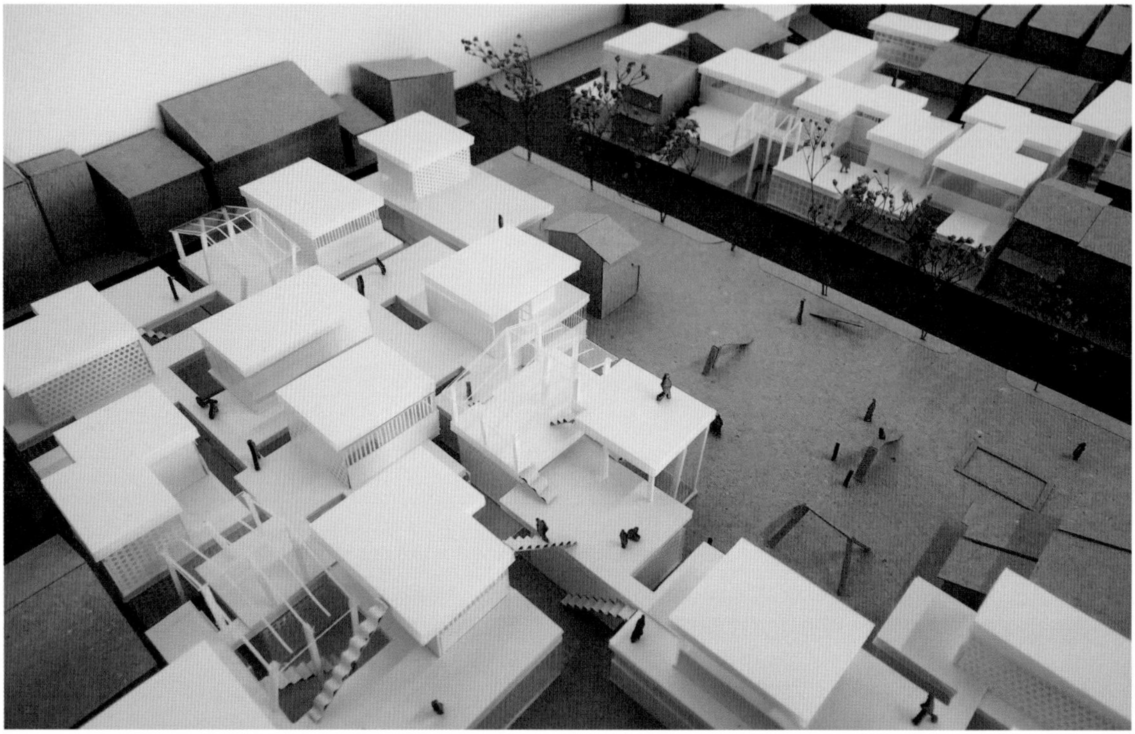

ID030

子どもが道行く集合住宅——内外が混じり合う「見守る」道のあり方——

山根千尋

大学名・学科・所属研究室　京都工芸繊維大学 デザイン・建築学課程 角田研究室

使用ソフト・プレゼン手法　Rhinoceros 3D、Adobe Illustrator、Adobe Photoshop

構想期間　7か月

製作期間　2か月

憧れの人　Louis Isadore Kahn

子どもに身近な遊び場である公園。また、公園へ行く道すがらも遊び場である。

本計画は、京都市中京区夷川児童公園を囲む集合住宅の設計である。敷地に隣接する道の性格を6つに分類し、境界のルールを設ける。そのルールに従い、回遊する道が平面的・立体的に張り巡らせ、公園を含めた敷地全体を遊び場として子どもが走り回る。視覚的透過性の異なる9種の壁の組合せによって、道の公共性の度合いを操作し、道での多様な遊びや壁の内外で見る見られる関係をつくり出す。私的空間と自由に遊べる道の隣接を実現する。集合住宅全体で子どもを見守る環境をつくる。

ID031

伝統を紡ぐ襞——金沢・国際工芸メッセ——

原和奏

大学名・学科・所属研究室	武庫川女子大学 建築学科 鳥巣・田中研究室
使用ソフト・プレゼン手法	Rhinoceros, Twinmotion, Illustrator, Photoshop
構想期間	4か月
製作期間	2か月
憧れの人	内藤廣

伝統継承が謳われる中、伝統工芸品に触れることは容易になっているが、工芸作家とは工房に足を運ばなければ出会うことは難しい。金沢は、数多くの伝統工芸が残る「手仕事のまち」として、「ユネスコクラフト創造都市ネットワーク」に登録認定されている。このまちに点在する24種の工芸工房のブランチを、文化と商業の結節点である金沢の中心地に集約。うねりながら展開する大屋根の傘下に、作家数や工芸品の大きさに合わせて各ブランチを配置。工芸作家同士はもちろん、国内外のアーティストとの多種多様な融合により、新しい工芸やビジネスを生み出す。この地は、国内外の来訪者との交流により、新たな工芸の魅力を世界へ発信する拠点となる。

ID032

ウメダクラウド──過密都市における空隙──

柴田貴美子

大学名・学科・所属研究室　神戸大学 建築学科 末包研究室

使用ソフト・プレゼン手法　ArchiCAD、Adobe Illustrator、Adobe Photoshop

構想期間　4か月

製作期間　2か月

憧れの人　絵が上手な人

日本の都市では局地的に高密度化が進む。地上には機能的なビルが立ち並び、車道が優先される一方、地下には巨大地下街が広がる。機能にまみれた都市の人々は、案内板に支配されるように地下を歩き、休める居場所がほとんどない。そこで、過密都市における空隙の空間として、雲をメタファーとした都市のクラウドを提案する。過密都市梅田の中心に、地下から空まで伸びる高さ110mの空隙を作り出し「ウメダクラウド」と名付ける。地下に閉じこめられた人々に空を見せ、機能から解放された居場所を提供する。難波－梅田を結ぶ御堂筋が歩行者空間化する将来、梅田の地上に人が溢れ出す象徴となるだろう。

神とシロアリ

ビルが柱に見えて仕方がない
線路、高速道路、橋が梁に見えて仕方がない
じゃあ天井は？大気？
飛行機は鳥？
じゃあ人間は？シロアリ？
ビル（大木）のなかを食い荒らして中に
巣を作っているように見える
ビルから外を見ると神の気分になった
でも、柱の中から外を見たら神の気分になって外を見たけれど
結局神になれていない
結局人間が一番楽や安心したくて道路とかを作ってるから
本気で環境なんて考えていない
だってシロアリだから所詮
人間の中には欲望が住み着いている
この土地は欲望の土地
この土地に祈りの場を生み出す
人が避けようとする生死の領域を
今の都市はいろんなことに目を背けすぎた
環境、生死
でも、環境、生死どれも決して負ではない
本気で向き合っていればこんなことにならなかった

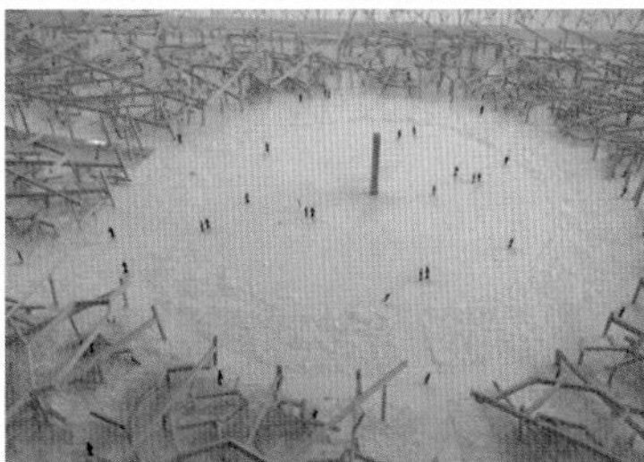

ID035

神とシロアリ――死生を見つめる場――

橋本遼平

大学名·学科·所属研究室	大阪工業大学 空間デザイン学科 福原研究室
使用ソフト·プレゼン手法	Illustrator, Photoshop, Archicad, Rhinoceros, Twinmotion
構想期間	2か月
製作期間	2か月
憧れの人	Miuccia Prada

梅田は多くの超高層ビルが林立するオフィス街。そんな経済主体であるこの地には追いやられた空間や忘れられた空間も多い。火葬場の需要は減らないにも関わらず、都市の中で死を悼む場所が失われかけている気がする。死を悼む場は失われつつある血縁·地縁·社縁を再認識させてくれる。今まで遠ざけていた場所を身近な存在に。
死を送る場所に対極の祈りという共存して生きる場所を置き、より生を意識また生きることの再認識を。祈りという行為は今
様々な社会問題がある中で皆平等に共有できる行為である。生きるという尊さ、大切さ。
ここは新たなコミュニティの場となり今の時代に皆が共有するべきことをこの地から発信されることを願う。

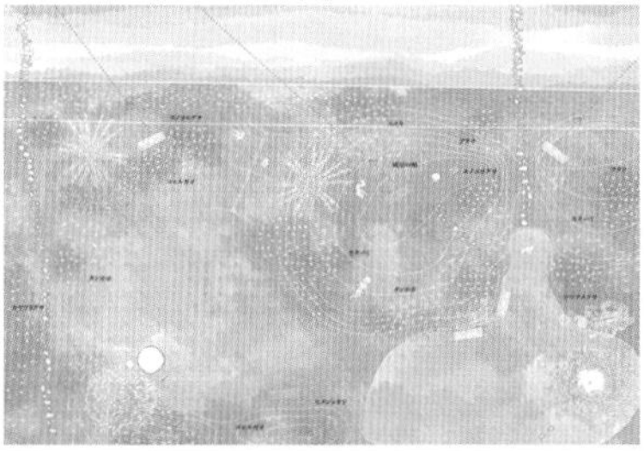

ID036

令和鴨川圖屏風――縁が紡ぐ河原のカタチ――

生田敢士

Day1:ファイナリスト

大学名・学科・所属研究室	関西大学 建築学科 建築環境デザイン研究室
使用ソフト・プレゼン手法	AI、PS、PP
構想期間	2か月
製作期間	6か月
憧れの人	森見登美彦

鴨川は、京都の大風景を味わうために佇む場所であり、第二の庭である。そこには、一人でベンチに腰掛け比叡山を眺める人や、子供と河原に並び水流の音に耳を澄ます人、仕事や育児といった何らかの枠組から、とき放たれた一人として、鴨川の風景を体感しにきているのだ。であれば、求められるのは、風景を美しく享受できる場であり、それは、近景に映る草木のカタチ、ふと座った椅子の向き、靴底に感じる地面の起伏といった小さな建築の積み重ねでできている。

Concept: 鴨川の風景をカタチづくる潜在的な魅力を持ちながら、その真価を発揮できていない場所を敷地として、現状の問題点を改善し目の前に広がる大風景との調和をはかる。

ID037

失われた時を求めて──岐阜県御嵩町の亜炭鉱廃坑を用いた地域活性化拠点──

高坂啓太

大学名・学科・所属研究室	神戸大学 建築学科 末包研究室
使用ソフト・プレゼン手法	ライノセラス、フォトショップ、イラストレーター
構想期間	5か月
製作期間	1か月
憧れの人	ヴァレリオ・オルジアティ

『何気なく過ごしている日常の価値を再認識する。』ために「過去と現在の相互振動」、「要素の限定」の二つの手法を用い地下に残された残柱空間及びその上部を空間化することで、負の遺産とされている亜炭鉱廃坑を地域の日常へと戻し、失われた時を求めて思いを馳せる場を作ることで過去の記憶とともに現在を享受するきっかけをこの街に作り出す。

朝ニハ紅顔アリテ夕ニハ白骨トナレル身ナリ

ID038

生乃シ想堂

中谷唯和

大学名・学科・所属研究室	大阪大学 地球総合工学科 阿部研究室
使用ソフト・プレゼン手法	ARCHICAD、Illustrator、Photoshop、Twinmotion
構想期間	2か月
製作期間	3週間
憧れの人	野田洋次郎

死は人にとって大変身近なものですが、人はそれを意識せず生きていきます。確かに死は怖いものかもしれません。しかしそれと同時に変わらず生をじっと見つめてくれる優しい存在でもあると私は思うのです。
山口県の海辺に建つ小さなお寺、浄念寺は近い将来に取り壊されることになりました。その日常の小さなほつれを、生と死の概念で作られた空間で縫い直していきます。
死の概念を日常に。そうして生まれたこの場所が、誰かが、自分らしく生きていくための小さな力をくれること願って。

ID039

愛宕山霊園

中田洋誠

大学名・学科・所属研究室	立命館大学 建築都市デザイン学科 景観建築研究室
使用ソフト・プレゼン手法	Illustrator、Photoshop、ARCHICAD、1/150模型、1/5000模型
構想期間	6か月
製作期間	2か月
憧れの人	Richard Meier

古来より、日本人の精神文化を支えるものに山がある。山岳信仰があるように山に神を司り、死者の魂は山とともに浄化されると信じられていた。山に対する恩恵と畏怖は生と死に通じるものだと思う。京都愛宕山に葬送のための場所を計画し、非日常的な生命の循環と魂の浄化の世界に身を置き、日常の豊かさを見いだすことができると考える。四季折々の景観に囲まれた静寂のなか、人々は各々の目的をもって心の潤いを求め魂が浄化されるこの地を、人の営みと自然の営みが紡ぎ合わされる場として提案する。

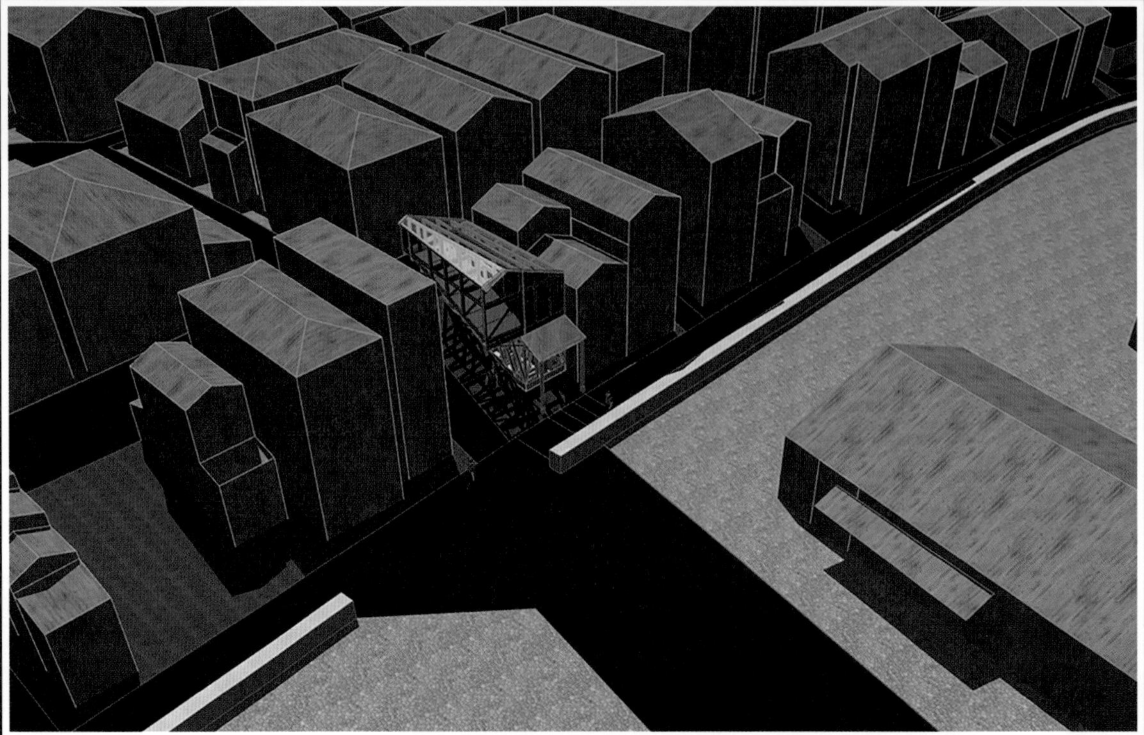

ID041

高浜の記憶——舟小屋と町の空間構成からみる新たなパブリック空間の創出——

佐藤圭一郎

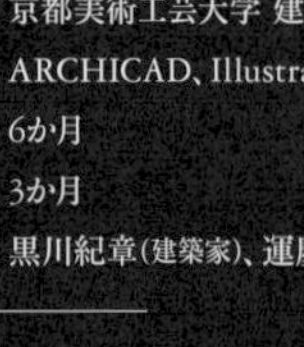

大学名・学科・所属研究室	京都美術工芸大学 建築学科 井上年和ゼミ
使用ソフト・プレゼン手法	ARCHICAD、Illustrator、Photoshop、シート
構想期間	6か月
製作期間	3か月
憧れの人	黒川紀章(建築家)、運慶(仏師)、入江泰吉(写真家)

日本海沿岸部に位置する「福井県大飯郡高浜町」。大陸文化の伝来を担った漁村の一つである。北を海、残りの三方を山々に囲まれ、恵美須信仰・山岳信仰にまつわる独自の慣わしを多く残してきた。しかし、過疎化による語り部と漁師の減少で、町の伝統継承は衰退しつつある。また、産業復興事業や観光地化などの影響を受け、漁村風景も変容を続けている。町の持つ魅力的な空間を別の形態に代替し存続させ、元ある空間の失われた後もその魅力を町民や次世代の子供たちの記憶にまで残せないだろうか。本制作では、高浜漁港に現存する舟小屋と町内、現地及び史料調査から得た空間体験から、町民の新たな記憶と信仰の拠点となるパヴィリオンを提案する。

ID042

「今日、キリンと話をした。」

橋本侑起

Day3:「いいね賞」ファイナリスト

大学名・学科・所属研究室	大阪工業大学 空間デザイン学科 福原研究室
使用ソフト・プレゼン手法	ARCHCAD、Rhinoceros、Illustrator、Photoshop、模型
構想期間	2か月
製作期間	8か月
憧れの人	話が上手い人

大阪・天王寺。あべのハルカスが通天閣を見下ろす大都会に佇んでいた天王寺動物園。その動物園はマチをつなぐ「イキモノミチ」に「付随する場所」として進化する。このミチを歩けばイキモノとどこかで目が合ったりする。新しい体験が始まる日常はイキモノタチとの関係を日ごとに深めていく。今まで知らなかった絶滅や環境問題のこと、目を背けてきた密猟や乱獲が行われている現実。イキモノミチを通る日常は「他人ごと」だったことを「自分ごと」に……。
「今日、キリンと話をした。」そんな等身大で自然を考えることができる「イキモノミチ」を創るコトから魅力ある街の新しいツナガリを生む。

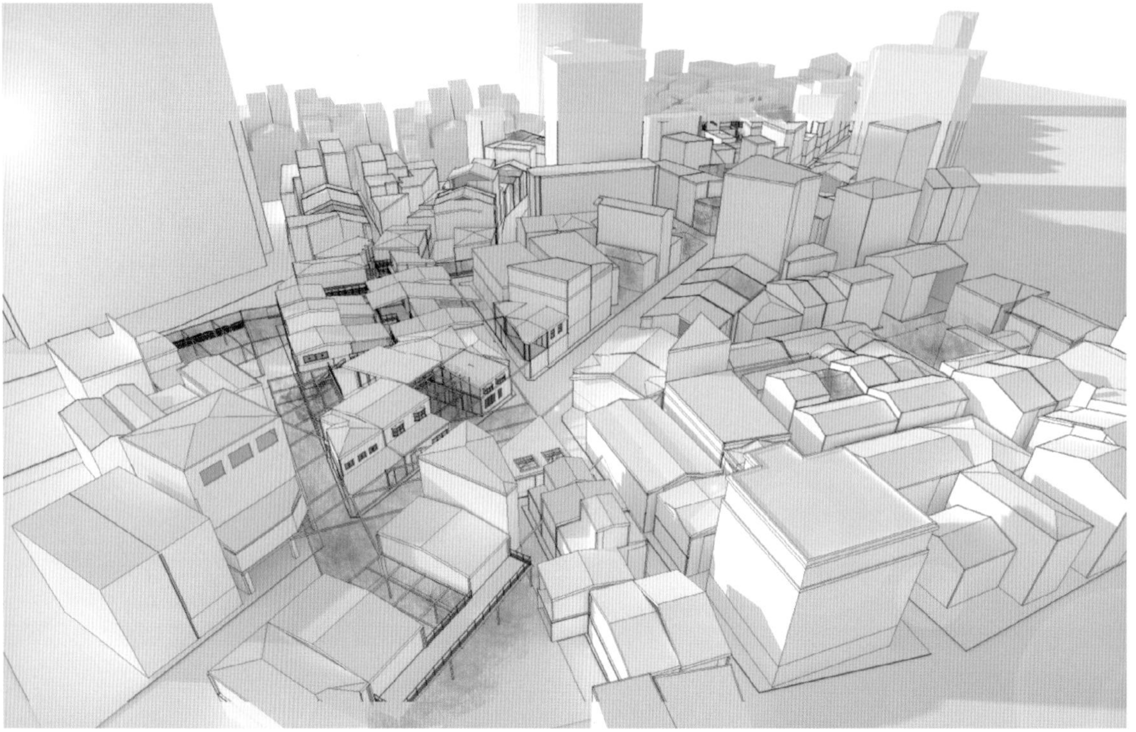

D043

地域習合論──日本文化論から見る雑種型都市の提案──

坂本慶太

大学名・学科・所属研究室	大阪市立大学 建築学科 建築計画研究室
使用ソフト・プレゼン手法	Archicad、Illustrator、Photoshop、Twinmotion
構想期間	1か月
製作期間	3か月
憧れの人	落合陽一、池上彰、堀江貴文、教養と知識がある人

現代都市にあふれている都市や地域には、建物の『雑居性』がもたらした問題が蔓延している。ここでの『雑居性』とは、ただ居合わせるのみで互いに影響を及ぼさない関係であり、日本文化は『雑居性』でなく、それらが癒着し、影響を及ぼしあう『雑種性』を基に発展してきた。

本設計は、そのような日本文化論を読み解き、文化に見られる雑種性を建築的手法に変換することにより、現代の都市問題を解決する雑種型都市の提案。住民たちが自らの手で地域をつくりあげるための仕掛けを設計することで、地域の雑種性か

ID044

第〇.五番札所 ──俳句集「へんろ道」より──

井川美星

大学名・学科・所属研究室	近畿大学 建築学科 松本明研究室
使用ソフト・プレゼン手法	イラレ、フォトショ
構想期間	1か月
製作期間	6か月
憧れの人	–

四国には、88箇所の札所（お寺）を参拝しながら全長1400kmの道を歩く「四国遍路」という文化があります。お遍路さんとなって旅をした多くの人が、体験記や俳句としてその魅力を伝える一方、休憩所や道しるべなどの施設は住民の方のお接待で成り立っているためそれが不足しているエリアが多く存在します。

本提案は、四国遍路で詠まれた俳句を元に私も四国遍路をすることで四国遍路の潜在的なトリガーを拾い上げ、不足している施設を補う建築を設計します。私が俳句をきっかけに四国遍路での見え方が少し変わったように、この空間体験がそれをさりげなく後押しします。

ID045

Re-Acceleration

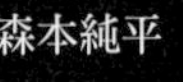

森本純平

大学名・学科・所属研究室	近畿大学 建築学科 松本研究室
使用ソフト・プレゼン手法	Rhinoceros、Illustrator、Photoshop、Blender、Twinmotion、AfterEffects、模型、CG、動画
構想期間	5か月
製作期間	1か月
憧れの人	戸村陽

車社会と都市の発展に伴ってその規模を成長させている高速道路。加速し続ける移動の中その体験は希薄化し、メガストラクチャーが繁茂する現代の都市の中に生きる人々はその環境に慣れ、そこにあることに無関心になっている。

知らず知らずのうちに占領され、街をただの通過点として通り過ぎるそれを放置し続けるのは正しいことなのだろうか。

車に高速移動をもたらした高架が生み出した副産物に新たな価値を見出す。

現代において速度を象徴している高架においていかれたこの場所に生活が完結できる複合施設を設計し、加速した現代人の営みによって再加速する。

ID051

tomoに暮らす——波止から続く新旧の共存——

春口真由

大学名・学科・所属研究室	京都工芸繊維大学 デザイン・建築学課程 米田・中村研究室
使用ソフト・プレゼン手法	ARCHICAD、Illustrator、Photoshop、1/100模型、1/500周辺模型
構想期間	7か月
製作期間	2か月
憧れの人	自分の「すき」を大切に生きている人

かつては潮待ちの港として栄えた広島県福山市にある鞆の浦にコワーキングスペースを含めた移住シュミレーションとしてのシェアハウスを提案する。既に鞆に住んでいる漁師（地域の人）と鞆に移住を考えている若者の交流、伝統的な街並みに対して新しい風景を作る新築の提案という2つの新旧を共存させる。シェアリビング・シェアキッチン・中庭の部分が漁師との交流の場として機能する。江戸時代から現在も漁師の活動拠点として使用されている石で作られた波止から続いていくようにボリュームを置き、鞆の住宅の屋根が重なり合って建てられているという特徴を捉え直し、軒が段々と住宅街に向けて下がっていくように設計した。

ID052

脈打つ辻──京橋の魅力が滲み出る複合施設──

中山翔貴

大学名・学科・所属研究室	立命館大学 建築都市デザイン学科 景観建築研究室
使用ソフト・プレゼン手法	Illustrator, Photoshop, ArchiCAD
構想期間	6か月
製作期間	2か月
憧れの人	平田晃久

現代の都市は、垂直方向に発展していき横のつながりを失った。それに伴い、孤立した建物が多く誕生し、人々はコミュニケーションの場を失い、建物内に閉じ込められている。また、建物の間の道は、交通の手段でしかなくなり、昔のような輝きのある道は失われた。そこで、建物内に閉じ込められた人々を道に溢れ出させ、昔のような賑わいのある街を復活させる。現代の都市で失われてしまった二つの物（横のつながりと輝きのある道）を取り戻し、過去の都市を現代の都市に落とし込むことで、新たな都市に生まれ変わることを期待している。

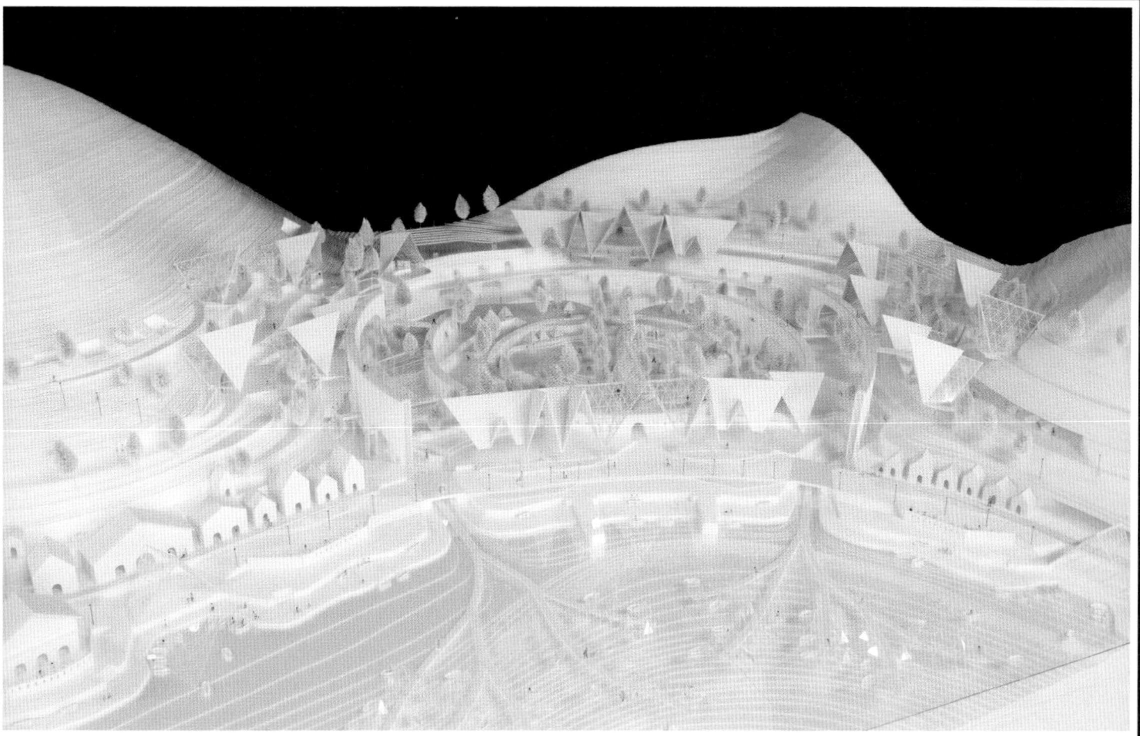

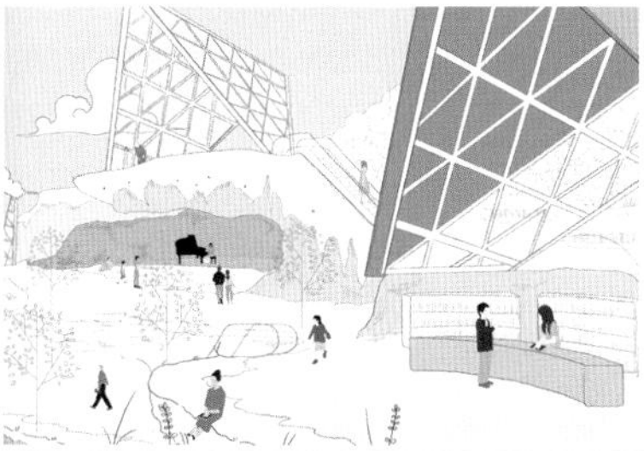

ID055

本の森の分水界——大切な一つの物語に逢う旅——

國弘朝葉

大学名・学科・所属研究室	立命館大学 建築都市デザイン学科 景観建築研究室
使用ソフト・プレゼン手法	Illustrator、Photoshop、模型、液晶タブレットを用いた描画
構想期間	9か月
製作期間	9か月
憧れの人	小説家

これはあなたが大切な一つの物語に出逢うための、そして、認め合う社会のあり方を願うための建築。
広がり続ける情報の"海"。自分にとって本当に大切な物語は、溢れかえる情報、心ない言葉に隠された。
しかし本来、その"海"は自分の知らない世界を見て、人々が互いを認め合う美しい場ではなかっただろうか。人生は、何かを切り捨て大切な一つを選ぶ行為の象徴。水は、分水界で分かれ異なる水系を辿ってもいずれ海にたどり着く様に、どんな物語を辿っても最後には認め合う社会のあり方を映し出す。それら人生の形と水の流れを重ね合わせた、湖岸の森の図書館。
「大切な一つの物語に逢う旅へ出かけませんか？」

ひとつづく様相

ID056

ひとつづく様相

足立祐花

大学名・学科・所属研究室	関西大学 建築学科 建築環境デザイン研究室
使用ソフト・プレゼン手法	Archicad、Illustrator、Photoshop、1/50・1/20模型
構想期間	8か月
製作期間	1か月
憧れの人	母

いえですごすというのは、どこまでの範囲のことをいうのだろう？
都心部へのアクセスがいいという理由で選ばれるような郊外都市では、たくさんの住宅が作られてきた。土地とのつながりが希薄であるために、自然と住戸は内側に開くつくりとなり、みちとは距離をおいて皆生活している。内側に開く住宅は、敷地内で生活を完結させようと考えるため、すべての不安材料は家のなかで解決できてしまっている。そのことが住む人をより孤立させているように思う。家の内側から外側に、また外側から内側に生活が連続していくような住宅の更新が必要ではないだろうか？

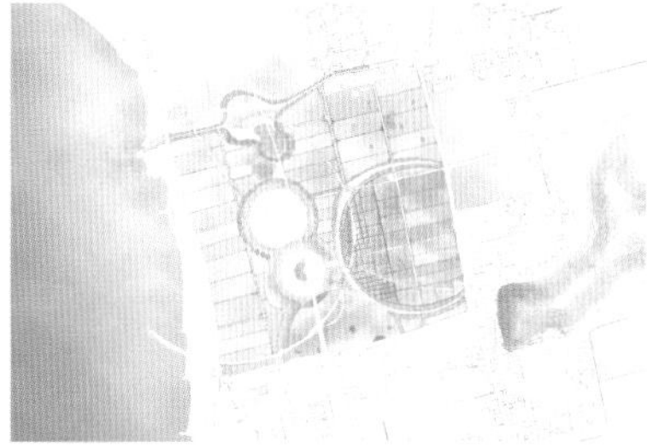

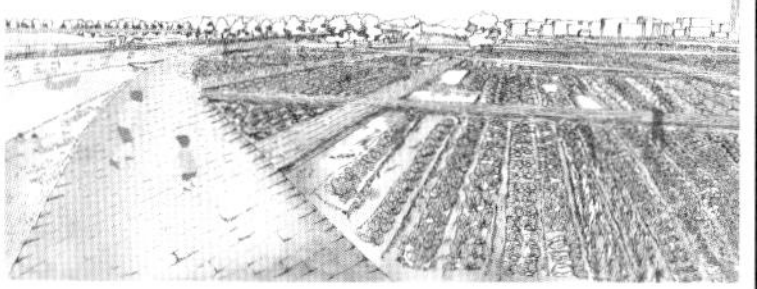

ID057

農知の波紋——人と大地と湖を繋ぐ農地活用の提案——

傍島靖葉

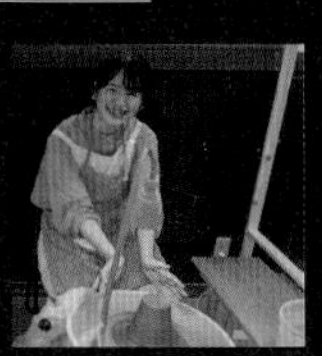

大学名・学科・所属研究室	立命館大学 建築都市デザイン学科 景観建築研究室
使用ソフト・プレゼン手法	Illustrator、Photoshop、Archicad
構想期間	9か月
製作期間	2か月
憧れの人	田瀬理夫

かつて農業は生きる上で必要不可欠な営みであり、生活風景にいつも農景観があった。しかし、今はどうだろうか。近代化により、農業の経営規模は拡大したが、農地は今や農作物を生産するために存在する場所になり、生活の風景から農景観は乖離しつつあるのではないだろうか。今後も農に関わる人を維持、増加していくには、町と農が一体となった町の風景を再編し、そのまちづくりとライフスタイルの可能性を考える必要がある。農に関わる多面的な活動を繋ぐハブ機能を持つ農業公園を提案する。提案を通して、農と町が一体になってできる、町の風景とライフスタイルが、将来的に他の農地にも波及することを期待する。

D058

マチイド——ついでが創る集う風景——

逢坂涼平

大学名・学科・所属研究室	関西大学 建築学科 建築環境デザイン研究室
使用ソフト・プレゼン手法	ARCHICAD, Illustrator, Photoshop, AutoCAD
構想期間	1か月
制作期間	6か月
憧れの人	竹原義二

立ち話は井戸端会議がもともとである。井戸端会議は明治半ばごろの日本の都市生活において、共同井戸で炊事や洗濯をしながら主婦たちがおしゃべりにふける様を、官庁や会社等でようやく定着し始めた会議という発議決定方式になぞらえてつけた言葉が愛用されたものである。このように炊事や洗濯という目的があり、ついでにいた人同士で会話をするという目的とついでの場所が一体としてある井戸のような場所を提案する。

地域の交流拠点としても機能し、地域の人たちの愛着のあった中学校跡地に、目的の場所とついでの場所を創ることで多世

D060

生水の郷・針江におけるコミュニティ空間の提案——始まりの家——

寸中裕生

大学名・学科・所属研究室	帝塚山大学 居住空間デザイン学科 北澤研究室
吏用ソフト・プレゼン手法	ARCHICAD、Twinmotion、Photoshop、Illustrator
構想期間	3か月
製作期間	10か月
童れの人	草刈正雄

本来、水は「使う水」以外にも価値を持っており、そうした価値は近年失われてきている。井戸端会議ともあるように、水源を共有することで生まれるコミュニケーションは地域の人々を結び付けていた。滋賀県高島市新旭町針江では今も水を大切に使う「カバタ文化」が残されており、現在も利用されている。しかし、そんな針江も地域高齢化による保護活動の担い手の減少が問題になっている。こうした針江の問題対策と、水を介したコミュニティの再構成を行う。地域密着型ゲストハウスと分散型まちづくりにより、地域文化を生かしたまちづくりを提案する。

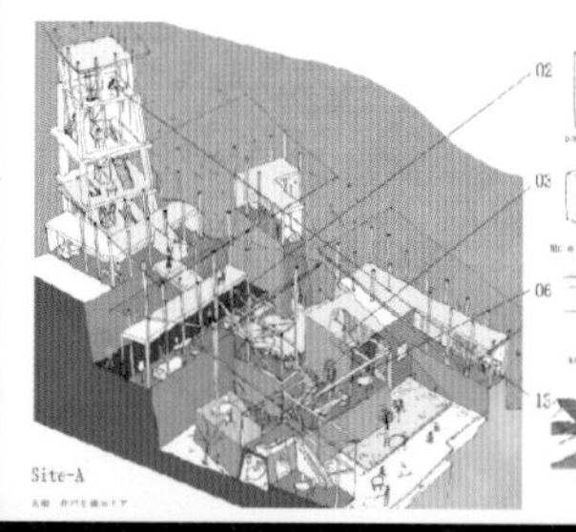

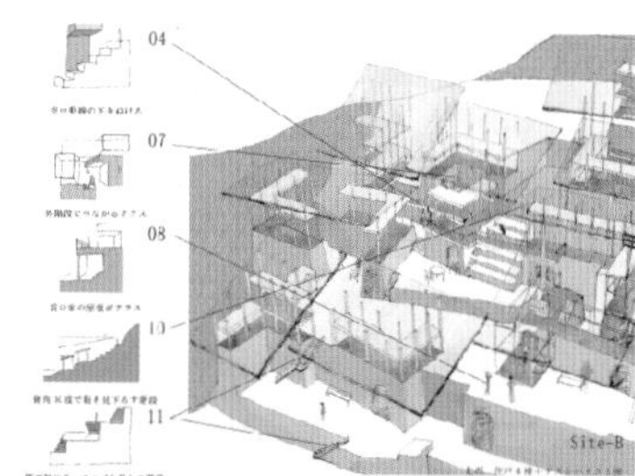

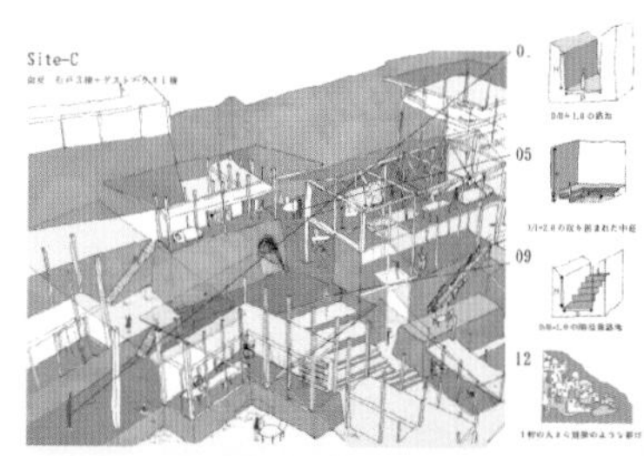

ID061

まちの内的秩序を描く――意図せずできた魅力的な空間から導く住まいの提案――

中野紗希

Day2:ファイナリスト

大学名・学科・所属研究室	立命館大学 建築都市デザイン学科 景観建築研究室
使用ソフト・プレゼン手法	Illusutrator, Photoshop、Archicad、手描き
構想期間	1年
製作期間	3か月
憧れの人	天海祐希

どこか魅力に感じる自然発生的に出来た路地などの空間。
このような空間に惹かれるのは、何か理由があるのだろうか。
芦原義信氏は著書「街並みの美学」において内部の要因から自然発生的にできた街を「内的秩序」の街と呼んだ。
一見すると違って見える内的秩序を持った世界の街並みを様々な視点から観察し、街の中に美しく結晶している計画都市には見られない人間の知恵を学び、それらを構成するルールを導くことで心地いいと感じるスケール感をもった居住空間を新たに意図してつくることはできないだろうか。

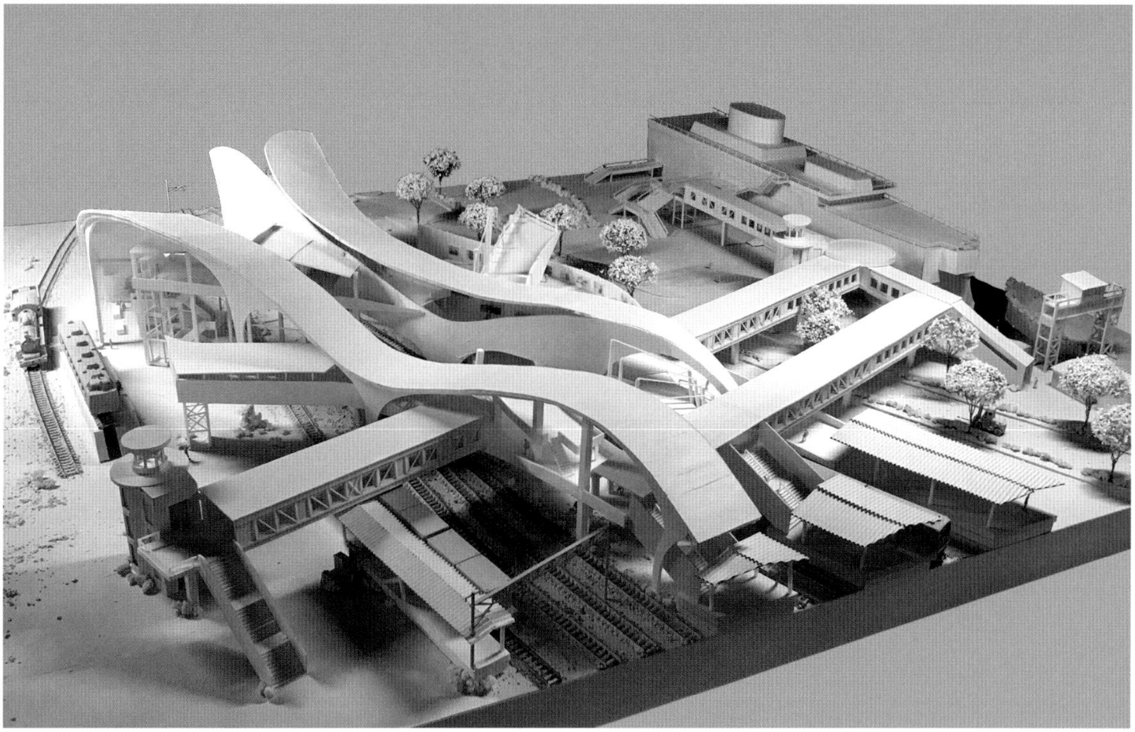

ID062

あの日、陸奥の驛舎で…——鉄道が繋ぐ、記憶を創る場所——

佐藤桃佳

Day3:「次世代建築家賞」ファイナリスト

大学名・学科・所属研究室	大阪工業大学 空間デザイン学科 福原研究室
使用ソフト・プレゼン手法	Illustrator、Photoshop、手描き
構想期間	6か月
製作期間	3か月
憧れの人	Zaha Hadid、小林賢太郎

古くは青函連絡船の本州側玄関口であり、北海道と本州をつなぐ、全国的な交通網の要であった青森駅。この地を「産業遺産」と捉え、日本の原風景である記憶を共有し、産業遺産の保存と共に、今使われているプラットホームの端に新たなランドマークとなる、記憶のミュージアムを提案する。詩情あふれるミュージアムが、日本の近代を代表する記憶を伝える。来訪者は、何とも言えない懐かしい思いに浸るとともに来るべき未来への決意を新たにするだろう。また、周辺になる商業施設やねぶた博物館と連動して周辺地域とつなげることにより、この施設が地域経済の起爆剤となることを望む。

D065

大地より——庵治石の過去と未来をつなぐ——

山地雄統

大学名・学科・所属研究室	神戸大学 建築学科 末包研究室
使用ソフト・プレゼン手法	Rhinoceros、Cinema4D、Illustrator、Photoshop
構想期間	4か月
制作期間	2か月
憧れの人	信念を貫ける人

国内のみならず世界中を移動し続けることが当たり前となり、政府や国際機関の予想を大きく上回る数の人々が現在も世界を飛び回っている。影響力のある人々の多くは旅を常態として、世界の豊穣をそれぞれの土地に赴いて享受している。このようなモノよりコトの時代に文化を体感する舞台として建築になにができるだろうかと考え、土地・文化に身を置くことで「場所への愛」を体験できるミュージアムを計画したいと考えた。そのための手法として人文地理学の分野から、場所愛=トポフィリアの形成過程におけるキーワードや言説を抽出し、それらを建築・空間に翻訳することを提案する。

ID066

地形を編む——人工地盤上にあらわれ積層する暮らし——

依藤一二三

Day2:ファイナリスト/Day3:「次世代建築家賞」ファイナリスト

大学名・学科・所属研究室	関西大学 建築学科 建築計画第一研究室
使用ソフト・プレゼン手法	Illustrator, Photoshop, Archicad, Rumion等、パワポ、1/50模型、1/1000模型
構想期間	9か月
製作期間	2か月
憧れの人	思考し続ける人

人の価値観は過去の経験から成る。経験は様々で、価値観も様々。それぞれの背景とその共有による自らの背景の自覚が大切である。

住まう土地やその環境は人の背景を形成する一つの要因である。

暮らしの背景がなく、人の関わりの分断が進む埋立地に、人それぞれが持つ我のあらわれる、地形を共有した暮らしを提案する。

地形を手掛かりに既存・新規住民が混ざり、この場所独自の土地性がつくられてゆくことを目指す

mon rêve

Cooperaitre dwelling for Ballerina

Le ballet est un genre dramatique dont l'action est figurée par des pantomimes et des danses. Ses origines remontent à la Renaissance italienne. Primitivement développé dans les cours d'Italie, le ballet a reçu ses lettres de noblesse en France, puis en Russie, en tant que danse-spectacle.

Au xviie siècle, le développement important qu'a connu le ballet à la cour de Louis XIV explique l'origine française de la plupart des termes de vocabulaire de la danse.

Selon les époques, les pays et les courants, le spectacle chorégraphique peut intégrer de la musique, du chant, du texte, des décors, voire des machineries.

Comme l'opéra, le ballet peut, être, organisé de deux manières :

soit en une succession de « numéros » ou « entrées » ;
soit « en continu ».
La structure du ballet « à entrées » est la plus ancienne ; des danses s'enchainent les unes après les autres comme autant d'épisodes distincts.

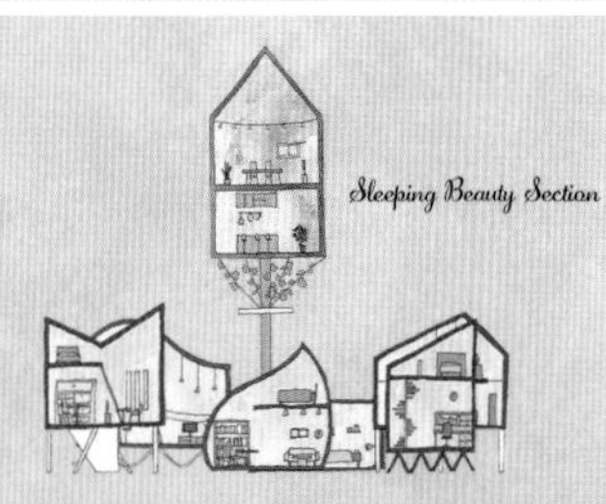

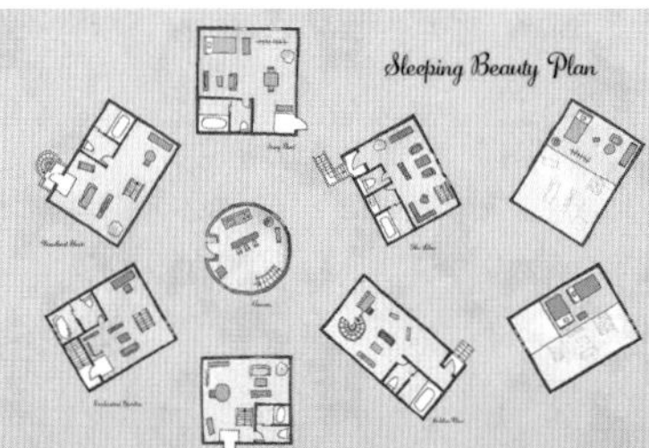

ID067

mon rêve —— Cooperative dwelling for Ballerina ——

石村真子

大学名・学科・所属研究室	大阪大学 地球総合工学科 阿部研究室
使用ソフト・プレゼン手法	手描き、Adobe Illustrator, Adobe Photoshop
構想期間	1か月
製作期間	1か月
憧れの人	渋谷すばる

バレリーナのための新しい集合住宅の提案をします。自分のバレエの経験に基づき、建築とバレエを融合することで今日の均質的な集合住宅から脱却した、魅力的で個性的な集合住宅を目指します。
12の住宅はそれぞれバレエの演目をモチーフに設計しました。建築のカタチや様式は、その演目のストーリーや登場人物、印象的な踊りから、デザインはその演目の衣装や小道具から要素を抽出しています。バレリーナは憧れの衣装を身にまといながら演目を生活の一部として感じ、スポットライトにただ一人照らされる日を夢見て毎日の練習をこなします。そして夜はその衣装を着て踊る自分を夢見るのです。

ID068

継承のはじまり——地方ニュータウンにおけるコミュニティ形成の新しい形——

市原恵介

大学名・学科・所属研究室	大阪大学 地球総合工学科 阿部研究室
使用ソフト・プレゼン手法	ArchCAD、Illustrator、Photoshop
構想期間	4か月
製作期間	2か月
憧れの人	星野源

「歴史のないまち」とよく揶揄されるニュータウンにおける幼稚園を中心とするコミュニティ形成のあり方を模索した。開発から55年以上が経つ大分県最大のニュータウンである「明野団地」の近隣センターの隣地に「多世代間の交流を循環させることを目指した幼稚園兼コミュニティセンター」を計画した。幼稚園とコミュニティセンターをつなぐ園庭を厚さ100−200mmのテラスで何層にも積み重ねた曖昧な境界によって緩やかに繋いでいる。それにより様々なボリュームもつ数々の空間は場所、時間によって利用者とその使われ方が変化するように設計している。子どもが大人になってもまた子どもと交流をし、お互いに「伝えること」が循環していく。

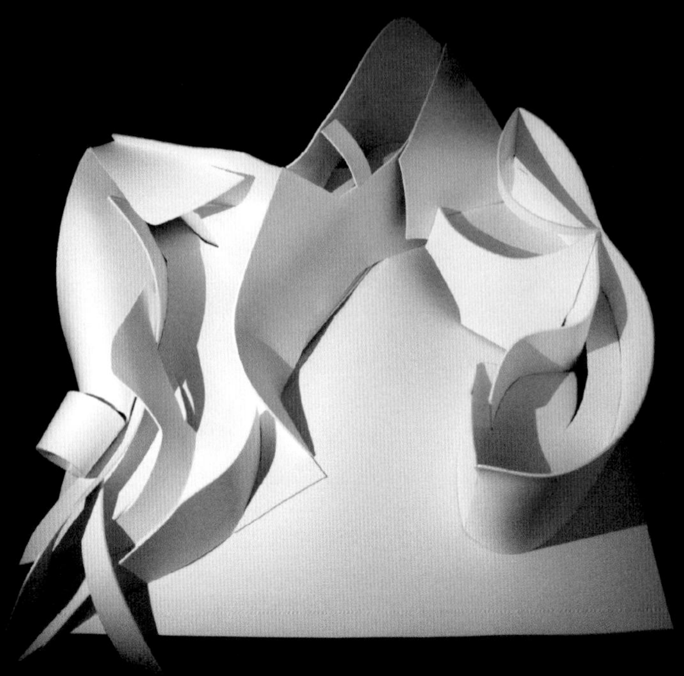

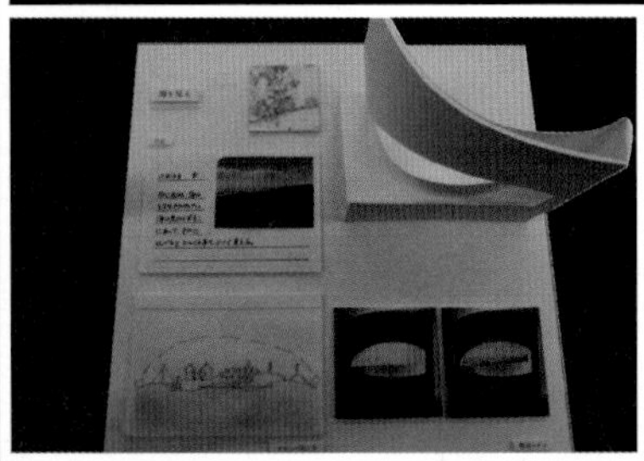

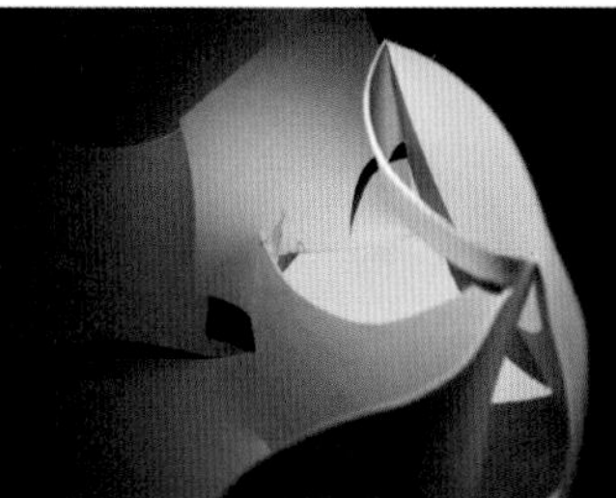

ID069

Dejavecu House——みたことのないみた塩屋——

辻七虹

大学名・学科・所属研究室	大阪大学 地球総合工学科 木多研究室
使用ソフト・プレゼン手法	Illustrator, Photoshop
構想期間	0.5か月
製作期間	3か月
憧れの人	妹島和世

この作品は、具体的な場所と経験から誰もが体験したことのあるような感覚を空間としてたちあげた「家」である。
まず、塩屋というまちでの経験から、8つの動詞を抽出、抽象化して、「動詞モデル」としてアウトプットした。
そして、これら「動詞モデル」の総体として「家」を提示した。
総体化する論理展開も「塩屋のまちは1つの家のようである」との具体的な経験に基づいている。
「家」は、塩屋の町や地形の配置が補助線となりながら、空間モデルとして提示されている。
抽象化された空間から、塩屋における人と場所の関係が創り出す空間の固有性と普遍性の定義を試みた。

ID072

笑道楽浪花街

大阪直也

大学名・学科・所属研究室	大阪大学 地球総合工学科 阿部研究室
使用ソフト・プレゼン手法	ArchiCAD23、Adobe Photoshop2021、Adobe Illustrator2021
構想期間	2か月
製作期間	0.5か月
憧れの人	西島隆弘

道頓堀の街裏を劇場に。そして裏側の川沿いを街に開く。

かつて街のオモテであった道頓堀川が、現在は高層雑居ビルのウラになっています。

この地に、お笑い発祥の地、大阪道頓堀から衰退傾向にあるお笑いの劇場空間を重ねます。

お笑い理論を建築に応用させ出来上がった劇場は、賑わう道頓堀通りから客を引き込み、食と芸が文化相乗する空間が出来上がり、川沿いを彩る笑い歩きする空間=笑道楽を創り出します。

D073

開花の兆——療育を複合した新たな小学校の提案——

蒲田峻大

大学名・学科・所属研究室	神戸大学 建築学科 北後研究室
使用ソフト・プレゼン手法	Rhinoceros、Lumion、Illustrator、Photoshop
構想期間	5か月
製作期間	3か月
憧れの人	伊東豊雄

近年、発達障害を抱える子供が増加している。そうした子供たちの学びの場として療育と呼ばれる施設がある。そこでは、運動訓練などの療育プログラムを行っている。しかし、現状としては、施設数の不足や施設は部屋の一室で行っており、のびのびと過ごせないという問題を抱えている。そこで提案するのは、療育を複合した小学校である。併設することで小学校では、新しい教育観であるインクルーシブ教育の実現を目指すことができる。敷地にあふれる自然を十分に生かし、のびのびと過ごせる空間」を作り、すべての子供にとって適した新たな小学校の形態のプロトタイプの提案である。

ID074

賑わいの波働──京都市中央卸売市場再編計画──

三木悠矢

大学名・学科・所属研究室	大阪工業大学 空間デザイン学科 建築デザイン研究室
使用ソフト・プレゼン手法	Archicad、Illustrator、Photoshop
構想期間	6か月
製作期間	3か月
憧れの人	ル・コルビュジエ

昭和2年に全国初の中央卸売市場として誕生して以来90年もの永きに渡って、市民の食生活や世界に誇る「京の食文化」を支えてきた京都市中央卸売市場。一方、主要建築物の老朽化が進む中、通販やネットマーケットの普及により市場は衰退傾向に陥っている。開場当初、敷地内にあった160店舗の仲卸業者は、49店舗と1/3までに減少している。そこで食育を理解展開するための教育・研究・実践を行う新たな施設を、あまり使われなくなった2/3の敷地スペースに挿入し、食のファクトリーとして再び賑わいある市場へと再編する。波動が膨らむ場所につれ、食育を促す施設を組み入れることで賑わいが視覚的にわかる市場へとデザインした。

ID075

賑わいの孔——明石・文化の立体広路——

前田稜太

大学名・学科・所属研究室	神戸大学 建築学科 山崎・山口研究室
使用ソフト・プレゼン手法	ライノセラス、シネマ4D、フォトショップ、イラストレーター
構想期間	2か月
製作期間	6か月
憧れの人	メスト・エジル

生まれ育った街明石。私の大好きな街をもっとたくさんの人に知って欲しい。その思いでこの卒業設計を行いました。明石城と明石港を結ぶ約550mに両端に能舞台を有する立体型都市公園を提案します。源氏物語の舞台である明石をより親しみやすい形で身近にすることが重要であり、その意味で両端にある能舞台は大きな意味を持ちます。また市民のためのオープンスペースを多く配置し、明石城の堀をイメージさせるサンクンガーデン、屋根の上にある屋上庭園では、立体的にいろいろな視点から明石の街を楽しむ空間となっています。

D076

綿のみち

松山美耶

大学名・学科・所属研究室	大阪工業大学 建築学科 本田研究室
使用ソフト・プレゼン手法	アーキキャド、イラレ、フォトショ
構想期間	1か月
製作期間	10か月
憧れの人	コルビュジエ

近代が生み出した機械生産という合理性を追求した社会は個人の日常を分断し均一化させた

本提案は都市計画道路を用いて機械生産におけるモノの生産や消費ではなく「モノの貯え方」を通じて日常を再考する

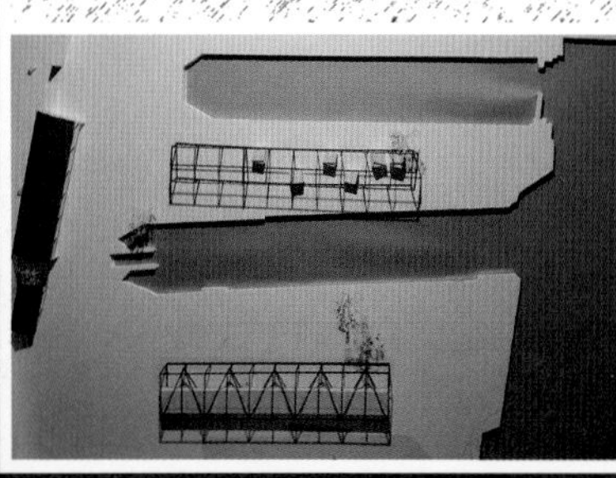

ID077

見えない廃墟——住民とアーティストインレジデンス——

二見大毅

大学名・学科・所属研究室	京都建築大学校 建築学科
使用ソフト・プレゼン手法	Adobe Illustrator、Adobe Photoshop、jw-cad、SketchUp
構想期間	1か月
製作期間	3か月
憧れの人	レム・コールハース

かつて造船業で活気に溢れた街だったが、産業変化により造船業は廃れ、街は静かになった。時代に揉まれ薄れていった活気、人々が忘れてしまった他者との関係を築く、見えない廃墟と向き合う空間を設計する。見えない廃墟とは、無意識に拒否する気持ちだ。誰しもが心の中に抱え、本能を抑制し社会に溶け込んでいく。日本は特に顕著であることは明白だろう。私は見えない廃墟を打破したい。余白を与えることで心にゆとりができ、元々栄えていたこの住人の街を自発的に活気を取り戻せるのではないだろうか。

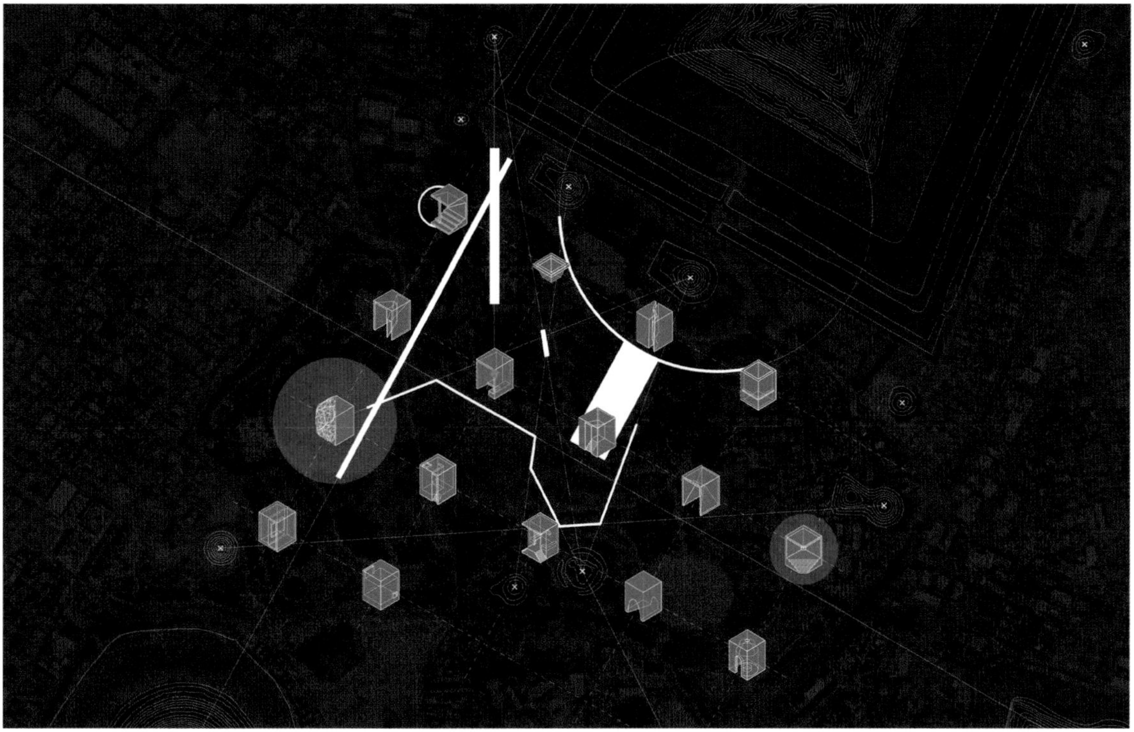

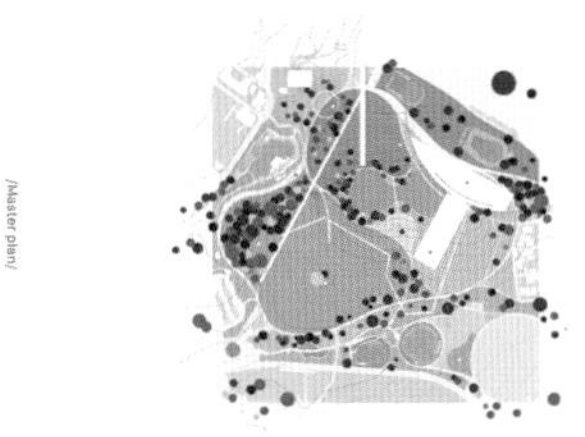

ID079

天皇ハ神聖ニシテ侵スヘカラス

力安一樹

大学名・学科・所属研究室	近畿大学 建築学科 建築環境研究室
使用ソフト・プレゼン手法	Rhinoceros、Illustrator、Photoshop
構想期間	5か月
製作期間	1か月
憧れの人	東浩紀

加速度的に発展する情報社会において希薄化する主体性。身体とそれらを取り巻く世界との接地面を最大限拡張する行為をアニミスティックな行為と定義し、それらを促すことで個人という存在を今一度定位させる場を提案する。

D080

心の依代――鎮守の杜ミュージアム――

上田ひとみ

大学名・学科・所属研究室	奈良女子大学 住環境学科 根本研究室
使用ソフト・プレゼン手法	ARCHICAD, Illustrator, Photoshop
構想期間	1か月
製作期間	5か月
憧れの人	藤森照信

六甲山地の周辺部一帯では、巨大な花崗岩を積み上げたような地形が露出している。

これらは花崗岩の表面の脆い部分が風雨によって削られ、かたい岩芯の部分が塔状に残ることによってできた。

この地域では、花崗岩の巨石を神が降り立つ依代（磐座）と見立て、祭祀を行う磐座信仰が古代から守り伝えられている。敷地は、かつて隣にある越木岩神社の鎮守の杜であり、3つの磐座が地域の人々によって祀られていたが、現在は放置され荒地になってしまっている。この敷地を鎮守の杜として再生し、土地の成り立ちや文化について学ぶミュージアムを設計する。

ID082

壊壁——住宅と工場の新しい在り方——

浅原陸人

大学名・学科・所属研究室	立命館大学 建築都市デザイン学科 建築計画研究室
使用ソフト・プレゼン手法	Archicad、Illustrator、Photoshop
構想期間	2か月
製作期間	3か月
憧れの人	坂茂

私の父は工場で働いており、怖いと思われがちな汚れた作業服は私にとってスポーツ選手のユニホームのような誇らしいイメージがあった。生活していく中で感じられた住宅と工場の間には『見えない壁』を感じた。かつての壁は道路、川、斜面にあった。現在ではそれを越え、住宅を潰しながら工場は拡大してきた。工業地区に面する住宅地区に、拡大している工場を入れることで、共存できる地区を提案する。未来的にはこの地域が帯状に伸びていくことで住宅工業地区を作る。プログラムとしては住宅工業地区の1つ目の工場の計画する。非日常である工場を日常に入れることで知らないことによってできるマイナスイメージを払拭でき、新しい関係を築く。

ID083

共庭都市——公と私の都市空間に対する共的空間形成の手法と実践——

篠原敬佑

Day1:ファイナリスト

大学名・学科・所属研究室	神戸大学 建築学科 遠藤秀平研究室
使用ソフト・プレゼン手法	Rhinoceros
構想期間	3か月
製作期間	7か月
憧れの人	Christian Kerez

地球環境の悪化と人口減少を迎える中、縮小のデザインが必要だ。日常の場を狭め、古くから生活の場の中心であった現在の都市に新しい住環境を整える。そのうえで現在都市にかけている「共」を「庭」によって呼び覚ます。本提案により、都市居住において根無し草のようになっている人々が、自分たちで風景を作り上げる経験をすることで、街への愛着が生まれ、またここを出ていった人々が新天地でも周りの人々と庭を育てていくことで、その人々を中心としたコミュニティが各地で萌芽し、自律分散的な都市、共庭都市が生まれることを期待する。

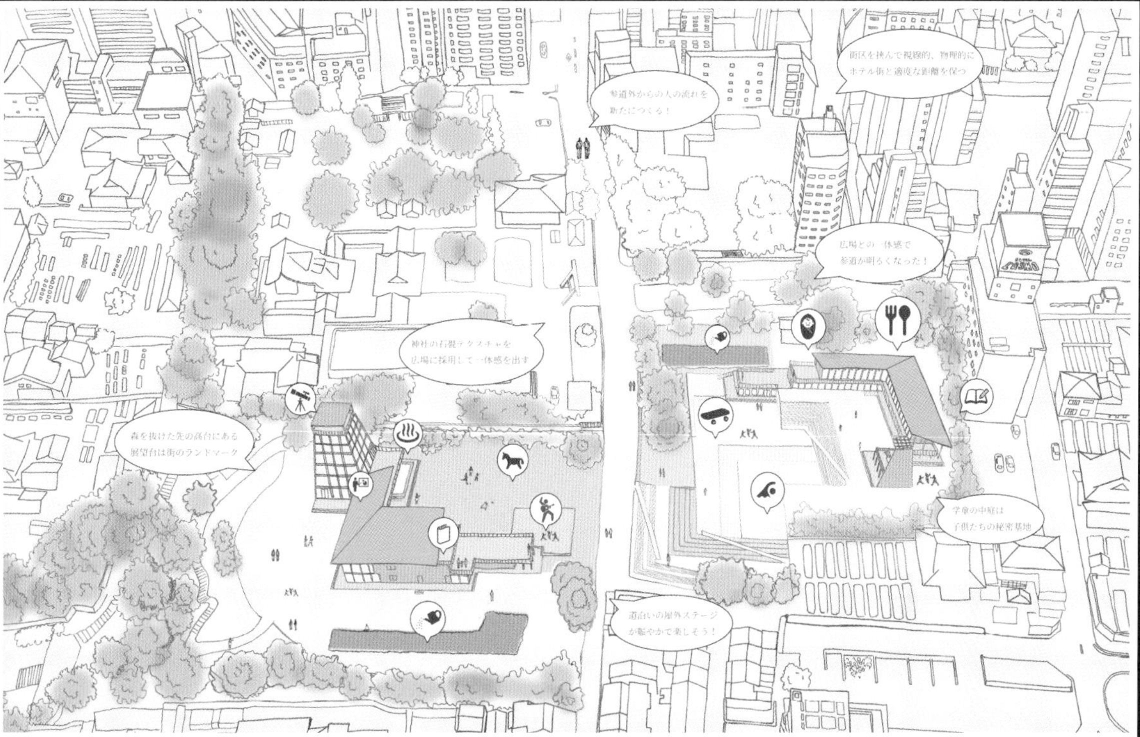

ID084

氾みだす街——聖と俗の狭間で生きるまちの緩衝——

中山結衣

大学名・学科・所属研究室	京都工芸繊維大学 デザイン・建築学課程 米田・中村研究室
使用ソフト・プレゼン手法	ArchiCAD、Adobe Illustrator、Adobe photoshop、手書きパース
構想期間	2か月
製作期間	6か月
憧れの人	フランク・ロイド・ライト

大阪府大阪市天王寺区生玉町。かつては大阪最古の神社、生國魂神社を中心に栄えた寺町だった。一方で、神社の門前茶屋が席貸や連れ込み旅館に変化し、それがラブホテル街に転換したという町の遊興空間の系譜がある。全く別のもののように思われる聖と俗が混ざり合うこの町の秩序と治安維持、そして活性化を図るため、町の中に「小さな街」を設計する。大小二つの展望塔と地域密着複合施設で取り囲んだ中央には、神社の神事会場や畑、子供たちの遊び場となるランドスケープを計画。子供の居場所、大人の居場所を分散させることにより、老若男女様々な人々が居場所を発見することができるまちの構造を生み出す。

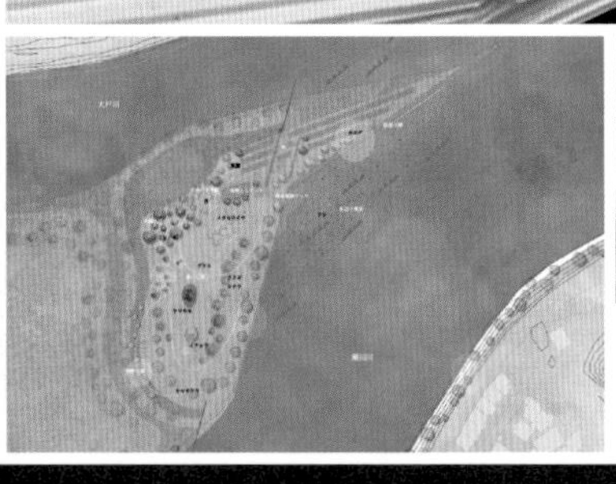

ID085

社会に還る

山本祐子

大学名・学科・所属研究室	奈良女子大学 住環境学科 景観デザイン学研究室
使用ソフト・プレゼン手法	ARCHICAD24、Illustrator, Photoshop
構想期間	1か月
製作期間	6か月
憧れの人	ダニ・カラヴァン

2005年に約100年ぶりとなる監獄法改正が行われた。社会からの隔離から社会との関係維持へ転換された。
受刑者が社会復帰するための刑務所とは。今回、受刑者が自己を見つめ、社会へと踏み出すために必要な環境を考えた。
受刑者が五感を刺激し生きる力を育む。地域社会に愛着をもち社会の一員として暮らす。
そのスタート地点を刑務所とする。

ID088

祈りの共殿──非日常が重なるとき──

吉田英亜

大学名・学科・所属研究室	大阪大学 地球総合工学科 横田研究室
使用ソフト・プレゼン手法	ArchiCAD23、Adobe Photoshop2021、Adobe Illustrator2021、Lumion
構想期間	3か月
製作期間	2週間
憧れの人	桜井和寿

祈りには様々な意味があり、人々の逃げ場となる社会の枠組みの外にあるものである。私が生まれてから18年過ごしてきた山口県山口市では過去に宗教の混在が見られ、現在でもその名残がわずかながら残る。しかし、寺社仏閣や教会でかつて見られた人々の交流は稀有なものとなり、地域コミュニティが閉鎖的になっている。
日常的な暮らしのなかにかつて見られた非日常な光景と様々な宗教が生み出す非日常な空間を重ねることによって日常に溶け込ませ、地域住民に開かれた新たな宗教施設を提案する。

灘浜酔蒸乃蔵 〜近未来における酒造業×地熱発電の提案〜

地熱発電・酒造工程・温泉巡りの関係が生む、新たな生産体験施設

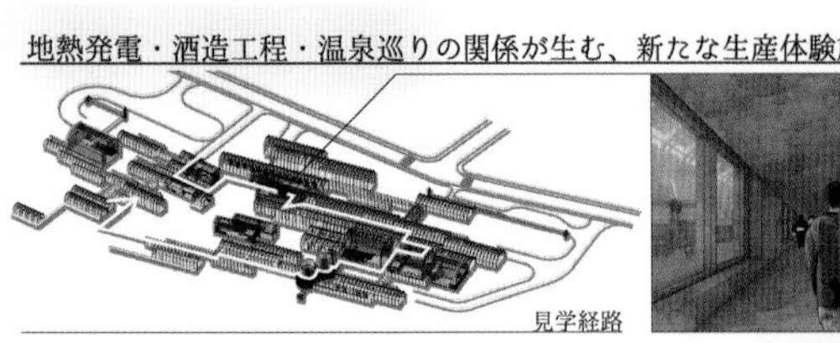

敷地：神戸市灘区　神戸石炭火力発電所１・２号機跡地

本提案は、資源の転換期を迎え、5年後に廃止される神戸発電所に、灘の伝統産業である酒造業と地熱発電施設を再構成した生産施設を計画するものである。

灘浜は、酒の輸送手段の変化により海との関わりが軽薄になり、埋め立てられ、工業地帯となった。新旧海岸線の間を結び、熱を介した地域の繋がりを建築化する。

手法：地熱資源の段階的活用とプログラムの関係性

本提案は「超臨界地熱発電」という20年後に実用化が目指されるシステムを利用し、地域産業と複合することで、街に生産施設を開くものである。従来より大深度に地熱井戸を掘ることで、神戸をはじめとする多くの地域で地熱発電が可能となる。

地熱発電は、発電とともに余剰の熱資源が放出されている。それらを温度ごとに利用する「カスケード利用」を応用し、酒造工程と発電プロセスを対応させる。そして、余剰となる蒸気、熱水、温水を酒造工程や温泉に有効利用する。

生産原初の形から、米を蒸す蒸気や温泉まで、姿形を変える地熱資源と酒造工程の関係性を五感で体験することがこの蔵の付加価値となる。

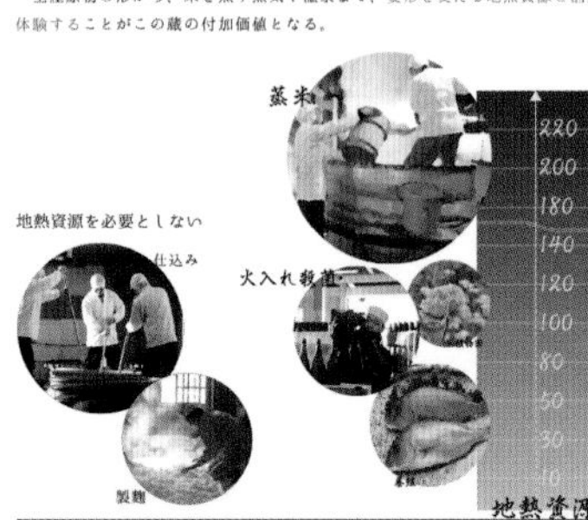

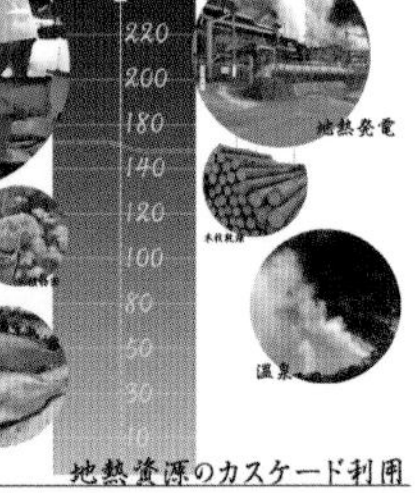

地熱資源のカスケード利用

D089

灘浜酔蒸乃蔵——近未来における酒造業×地熱発電の提案——

中村幸介

大学名・学科・所属研究室	神戸大学 建築学科 遠藤秀平研究室
使用ソフト・プレゼン手法	Rhinocerous、Lumion、Cinema 4d、Adobe
構想期間	1か月
製作期間	1か月
憧れの人	遠藤秀平

神戸は市内電力需要の70%を賄う石炭火力発電所を抱え、分散化社会の対極にあると言える。さらに、資源転換により2025年までに発電所廃止を命じられる中、新たに2機石炭火力発電所を建設中だ。
「灘五郷」として愛されていた灘浜の景観と、活気ある酒造業を取り戻すため、発電所跡地に地熱資源を利用した「発電・酒造り」を行う、街に開かれた生産施設を設計する。見学者は地熱温泉を巡りながら、原初的な生産を五感で体験する。
近未来の日本を担う地熱発電は、分散化社会において地域産業と組み合わさることで更なる価値を生む。
たとえ完璧な合理性を持たずとも、生産行為が持つ本来の豊かさを再認識できることに価値があるはずだ。

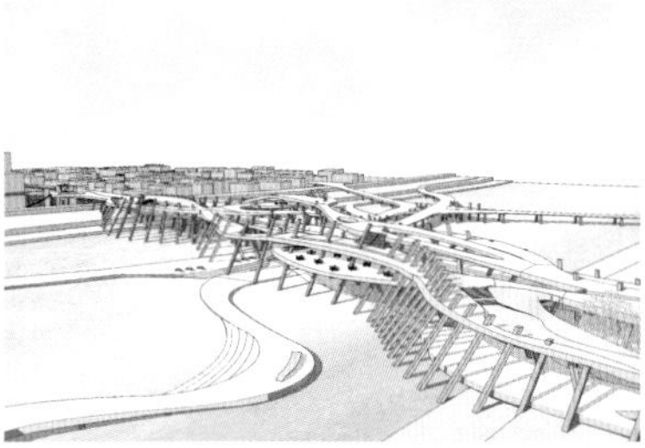

ID090

ながれとよどみ――みち的空間によるまちとインフラの融解――

古田祐紀

大学名・学科・所属研究室	大阪大学 地球総合学科 木多研究室
使用ソフト・プレゼン手法	Archicad Illustrator / Photoshop
構想期間	2か月
製作期間	1か月
憧れの人	真太郎(UVERworld)

ながれ(移動的行為)とよどみ(滞留的行為)が同一空間に存在し相乗効果を生み出している空間(みち的空間)を用いて、切り離されているまちとインフラを融解し一体化させることができるのではないか。そこで自然の川の生物多様性に着目し、これを建築に落とし込むことで人間の多様な居場所を設計した。空間構成は川の「瀬と淵の連続構造」を人の「ながれとよどみの連続構造」ととらえ設計を行った。

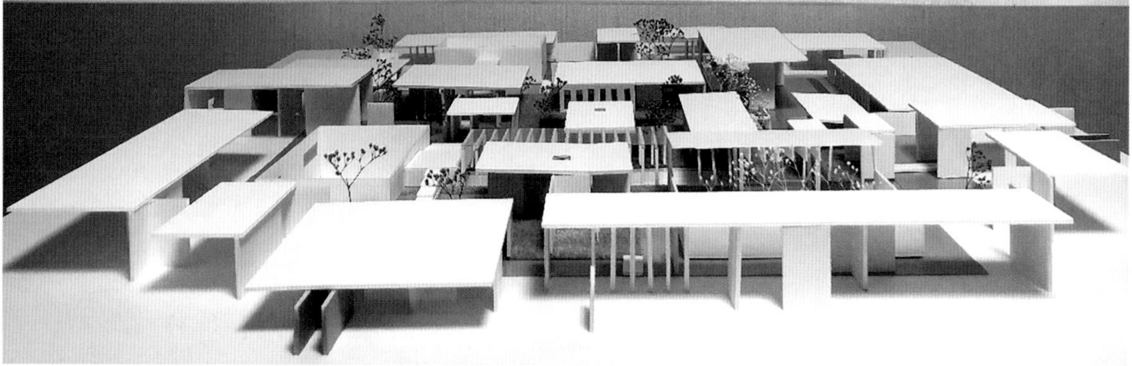

ID092

静けさに浸る――移り変わる景色が生み出す心の居場所――

馬本涼平

大学名・学科・所属研究室	大阪工業大学 空間デザイン学科 居住空間デザイン研究室
使用ソフト・プレゼン手法	ArchiCAD、Illustrator、Photoshop、模型で外観やスケール、CGで内観や素材を説明
構想期間	6か月
製作期間	2か月

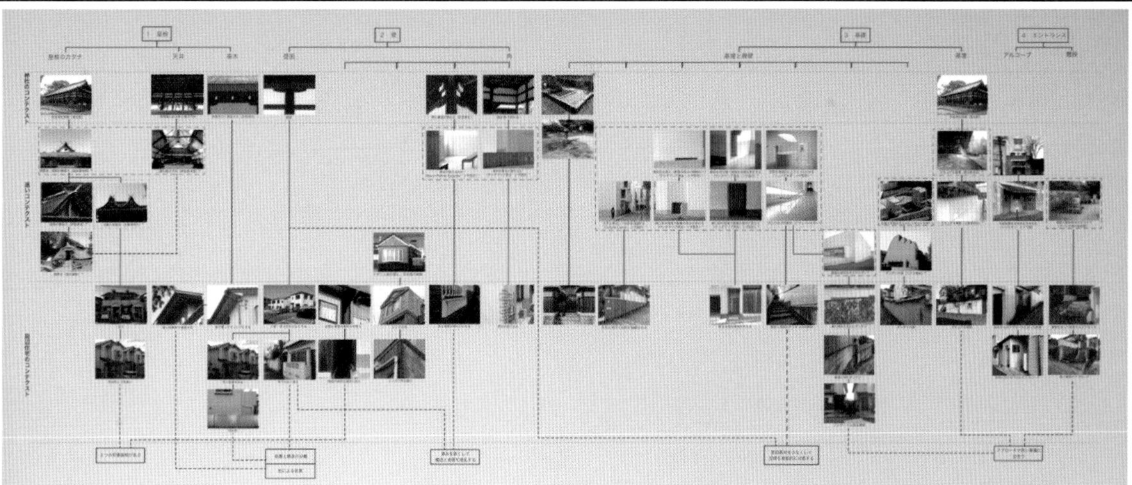

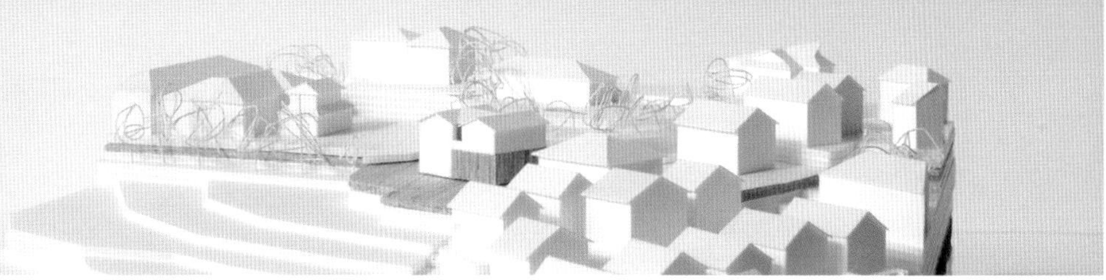

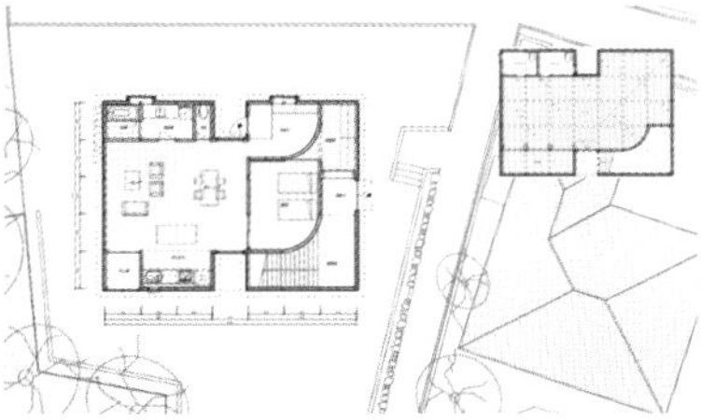

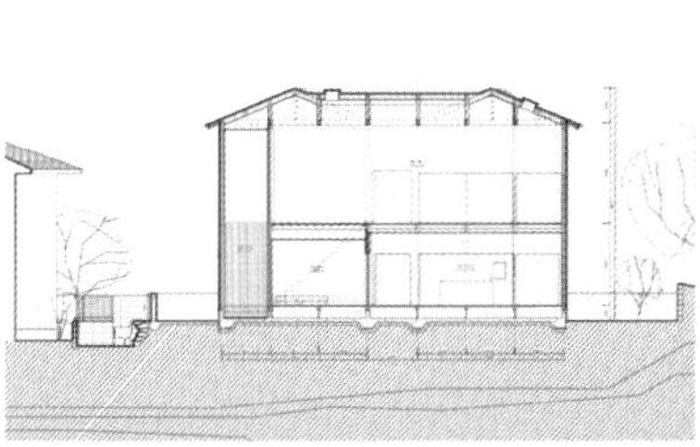

ID093

伏線のコンテクスト

森田みこ

大学名・学科・所属研究室	滋賀県立大学 環境建築デザイン学科 都市計画研究室
使用ソフト・プレゼン手法	–
構想期間	2–3か月
製作期間	2–3か月
憧れの人	アルヴァロ・シザ

私たちの周りにたつ建物は、その後ろに多様で複雑なつながりを示すコンテクストを背負っている。本設計では複数の位相にあるコンテクストを等価に扱い、それらを横断する試みである。より古いものに繋がるのが重要なのではなく、また必然的なものこそ繋げるべきものだということでもない。その方法としてここでは、果たしてそのコンテクストを繋ぐことが妥当なのか、また何処までがこの京都の敷地に繋がるコンテクストと言えるのか、という問題を一度抜きにして、一見根拠の無いように見える伏線的な「つながり」によって最終的に選ぶべきコンテクストを決定する。

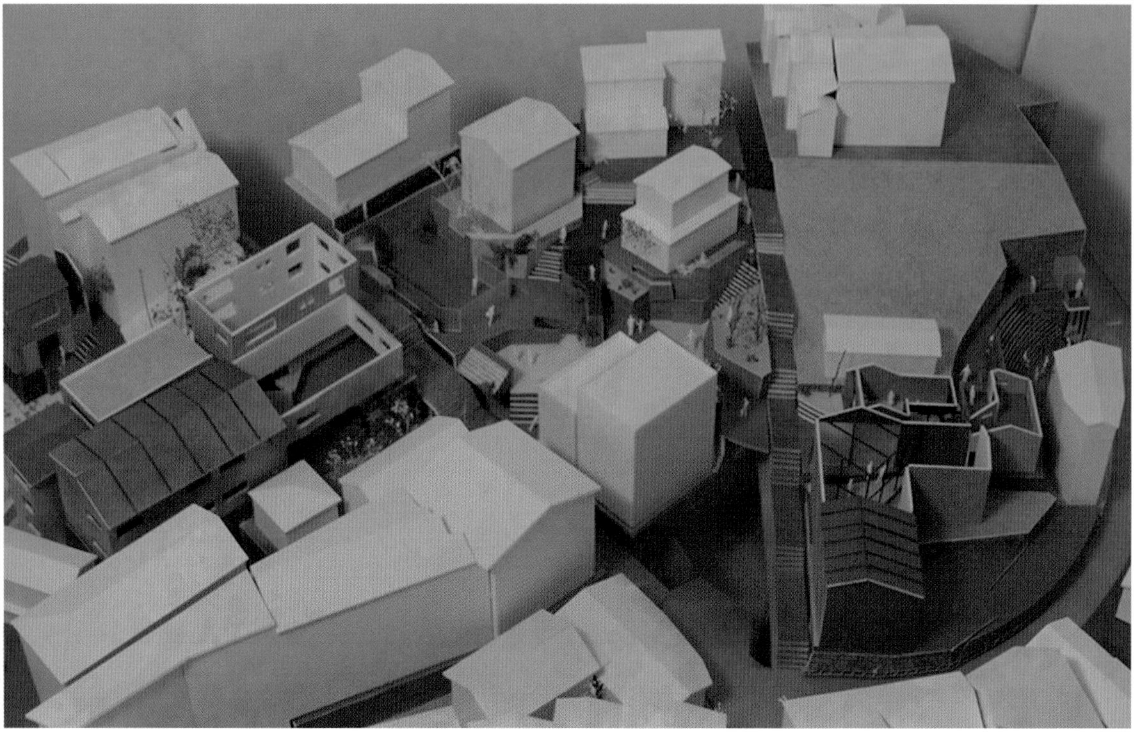

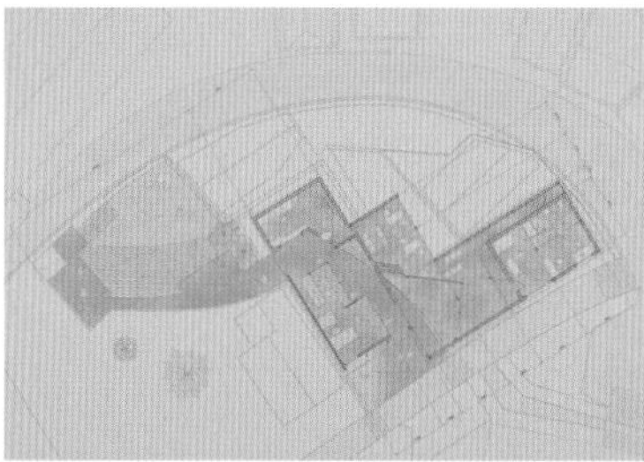

ID094

習合都市

伊賀正隼

大学名・学科・所属研究室	近畿大学 建築学科 ランドスケープデザイン研究室
使用ソフト・プレゼン手法	Illustrator、Photoshop、Rhinoceros
構想期間	デザイン2か月/アウトプット1か月
製作期間	4か月
憧れの人	槇文彦

習合とは土着と外来が対峙した時に食うか食われるかではなく、両者を折衷する事によって文化を生存させていこうという精神又はプロセスのことである。敷地である奈良県生駒市門前町の山上にある宝山寺は神仏習合の寺社で、その雰囲気に呼応するように門前町にも習合的な過去や振る舞いがある事を発見した。それらの事象の中で共通しているプロセスを抽出し、設計の手順として用いる。空き家の多い等高線に、平らな生活動線帯を計画するというまちの欠点を補う事を以て計画を始める。新たな動線帯と既存空き家との衝突をプログラムの再編や緩衝を設けて共存の手続きを行った。これにより、新旧両者を尊重しつつ間や往復の体験新たな文化を生む。

ID097

生死一如——街と接続し再構築される高架下空間——

中川遼

大学名・学科・所属研究室	立命館大学 建築都市デザイン学科 建築計画研究室
使用ソフト・プレゼン手法	Illustrator、Photoshop、Rhinoceros、Twinmotion
構想期間	1か月
製作期間	3か月
憧れの人	安藤忠雄

現代の日本において日常生活に「死」が入り込むことはあっても、死を意識して過ごすことは稀である。すべての人が死に向かう存在でありながら、「死」はタブーとして扱われ、現代人は「生」の有限性を見失っている。
日本は近い将来、多死社会が確実に来る情勢で2025年には年間160万人が亡くなると言われている。戦後の日本では病院死の比率が8割以上となったが、今後自宅などで看取る状況が増加することが見込まれている。現実問題としてホスピスのようなターミナルケアの充実など求められることは多い。本計画では多死社会を迎えるに当たり、都市の中で「死」と向き合える空間を作り、反省的自己変容を促すことのできる空間を提案する。

都市の園生 —農拠点から広がる都市と農村の融和—

ID098

都市の園生——農拠点から広がる都市と農村の融和——

黒木一輝

大学名・学科・所属研究室	滋賀県立大学 環境建築デザイン学科 芦澤竜一研究室
使用ソフト・プレゼン手法	Illustrator、Photoshop、InDesign、Rhinoceros、PowerPoint
構想期間	1か月
製作期間	3か月
憧れの人	芦澤竜一

本提案では、都市において、農を通じた新たな社会構造を構築することを目的とした。都市に不規則に現れる空き家の敷地を、生産、加工、流通などの性質を持った場所へ転換するため、都市の変曲点となる住宅地と市街地の間にある都市公園に農拠点を設計した。農拠点は、生産棟・加工棟・流通棟の3棟で構成されており、建物の間には農地によるランドスケープがつくられる。この敷地内で育てられた苗は空き家の敷地に植えられ、都市全体に農の風景が拡大する計画である。本提案によって、食糧問題や人口減少によるコミュニティの希薄化、農業の担い手不足などの問題に対しての解が出せるのではないかと考える。

肯定的・積極的独居

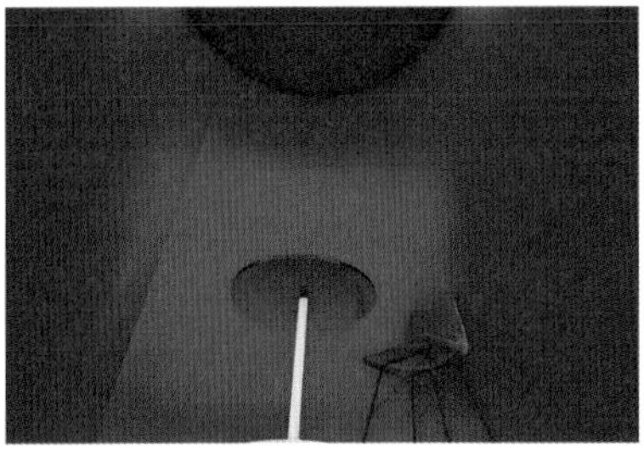

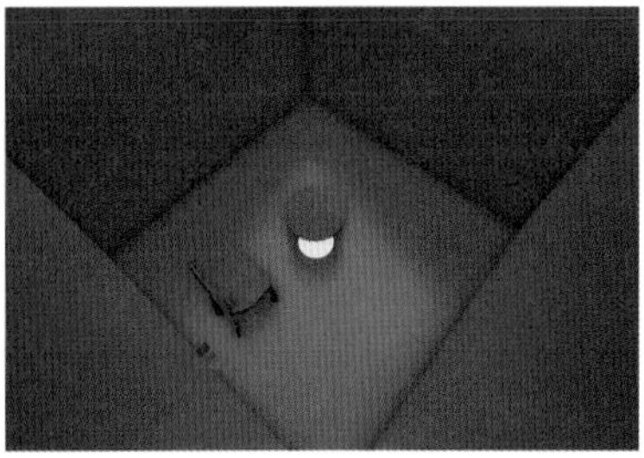

肯定的・積極的独居

D099

林淳一朗

大学名・学科・所属研究室	大阪大学 地球総合工学科 阿部研究室
使用ソフト・プレゼン手法	Archicad、Adobe Illustrator、Adobe Photoshop
構想期間	0.5か月
製作期間	2か月
[illegible]れの人	見取り図 盛山晋太郎

人里離れた草原の奥深くに孤独を志す単身者用住居を計画する。住居外には出ないことを前提とし、孤独の中で一生を終える。地下へと落ちる居住者は、そこで「他者」と交流し自身の思考を深めていく。そして自身の思考を深めながら居住者はより地下深くへと落ちていく。直線的な住宅は彼/彼女の孤独に寄り添い、不規則に並べられた壁、床により居住者に自由を与える。下の住居に降りる段差は大きく、一度降りると登ることはできない。居住者は自ら選び取った思考も下層へと持ち込み、「他者」そして過去の自分の影響を受けながら、より洗練された思考に看取られ「孤独」(=死)に陥る

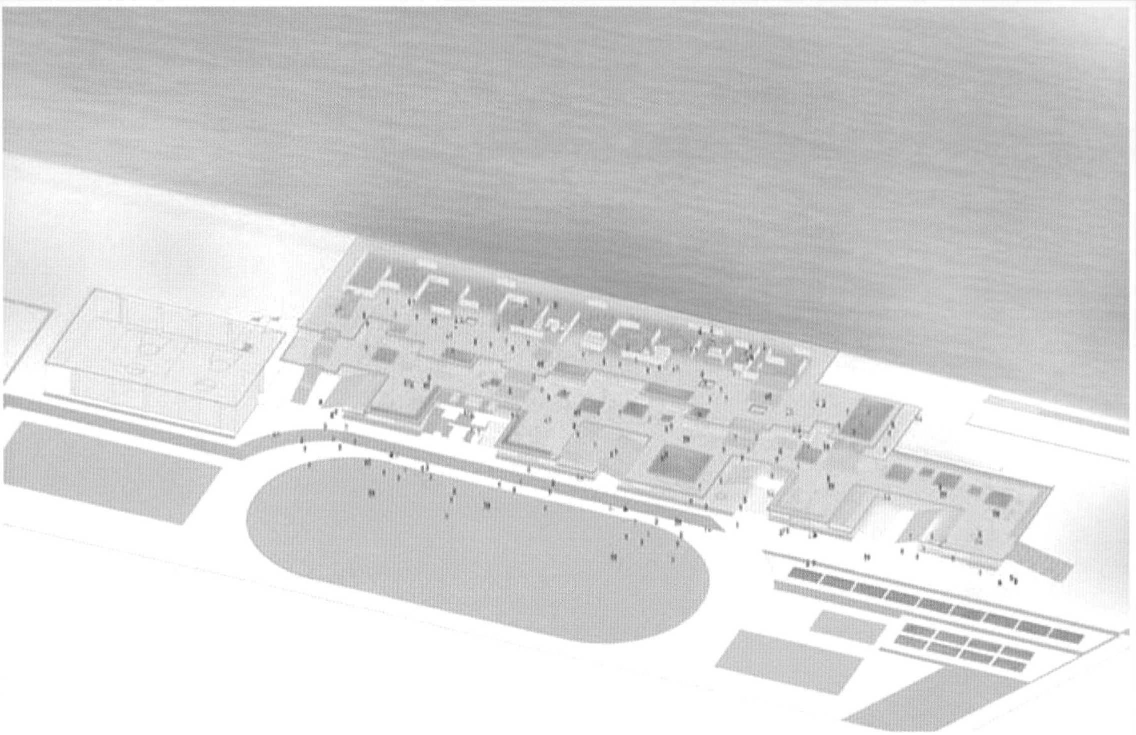

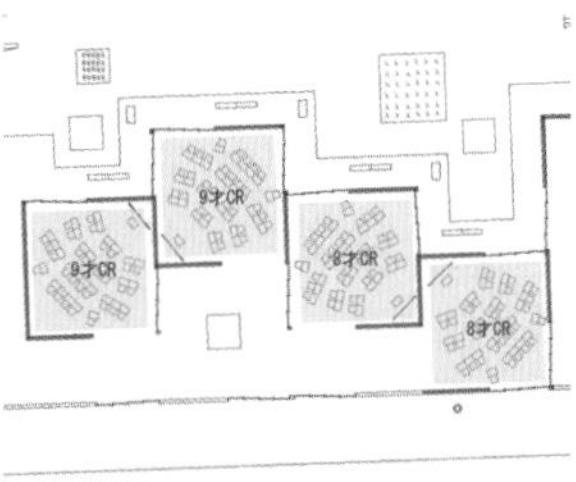

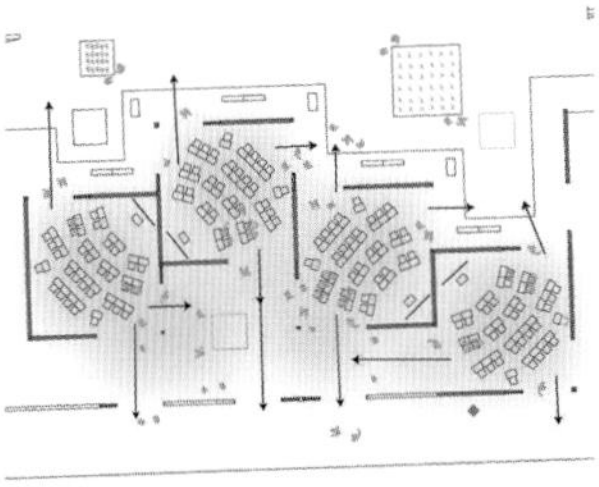

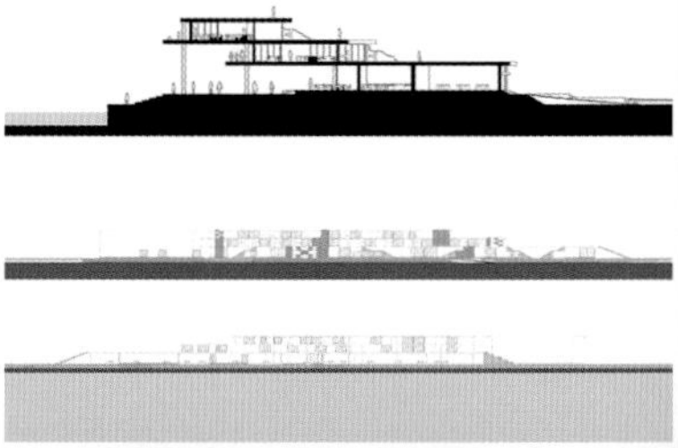

ID101

グラデーショナルな学び場

富山春佳

大学名・学科・所属研究室　関西大学 建築学科 建築計画第一研究室
使用ソフト・プレゼン手法　Illustrator、ArchiCAD、PowerPoint
構想期間　2か月
製作期間　6か月
憧れの人　小嶋一浩

学校では同学年のクラスごとに集団が作られるが、社会に出ると同学年の集団はなかなか見られない。そこで、本設計では教室の密室化を防ぎ、0才から11才の子どもたち混じりあう多世代が学ぶ場を提案する。
教室には様々な方向から出入りできるように壁と扉を配置した。そうして内と外、クラス間・学年間の境界をあいまいにし多世代交流をうむ。いつの間にか外にいる、全体がまるで外のような空間により教室外に居場所を見つけ多世代交流がうまれることを期待する。

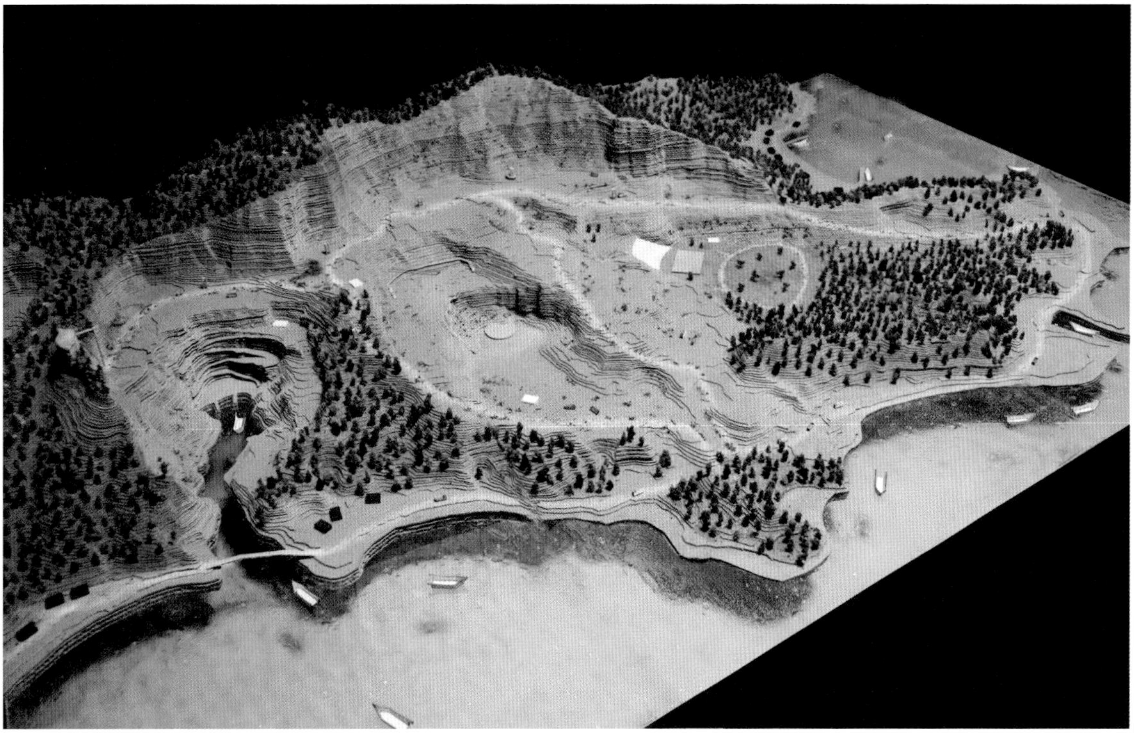

ID102

男鹿島演劇場——採石場跡地における再生計画——

濱田千織

大学名・学科・所属研究室	立命館大学 建築都市デザイン学科 景観建築研究室
使用ソフト・プレゼン手法	ArchiCAD、Illustrator、Photoshop、1/1000模型
構想期間	3か月
製作期間	2か月
憧れの人	大坂なおみ

本計画は、「放置」されている採石場に残るえぐられた地形や産業の形跡、自然を舞台として、それを活かした演劇を通して島の歴史や場所性を非日常的な風景体験の中に蘇らせる試みである。演劇や舞台という日常とは異なる世界観を持ち込み、その背景として景観を風景として人の心に再生する。敷地内に残る4つのえぐられた土地を劇場空間と見立てる。4つのえぐられた場所に東から順に、起承転結のストーリーを与えた劇場とする。それぞれの劇場は全て屋外劇場となっており、ストーリーは島の過去から未来までの歴史を演じることとする。屋外劇場とすることで壮大な背景や自然との未知の関わりが現れ、既存の劇場空間とは異なる風景体験を与える。

ID105

keep smiling...——自然とともに感性を磨く高齢者施設——

森晴哉

大学名・学科・所属研究室	大阪工業大学 空間デザイン学科 福原研究室
使用ソフト・プレゼン手法	Archicad, Illustrator, Photoshop, Powerpoint
構想期間	4か月
製作期間	2か月
憧れの人	谷尻誠

『脳は死ぬまで進化する』

私は高齢者施設を制作する上で、介護の職場へ出向き、お年寄りに触れ合う中で身をもって、体験した。

都市は騒々しい。人はその中で日々時間に追われている。忙しい日常を送る中で、何か見失ってしまっているものがあるのではないだろうか？ 体が動かないから諦める高齢者。介護士は高齢者のカラダをサポートする。

しかし、果たして高齢者のアタマまで、サポートできているだろうか？ そこで私は、若者にとって、高齢者との交流のきっかけを建築によって提案し、介護施設においてプレゼンを行った。

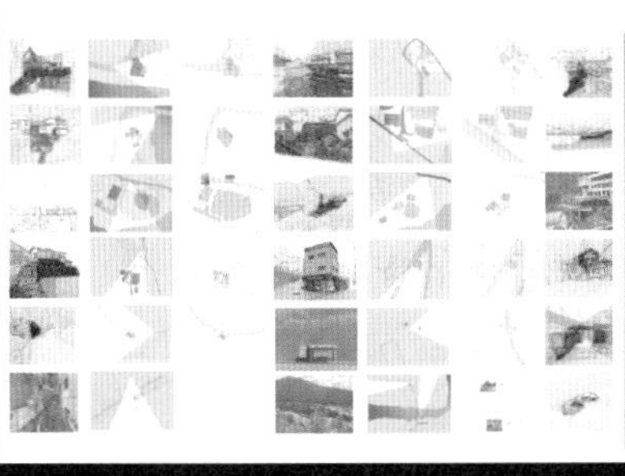

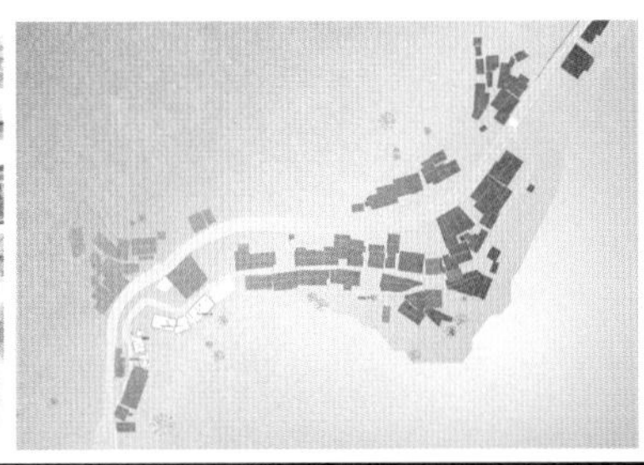

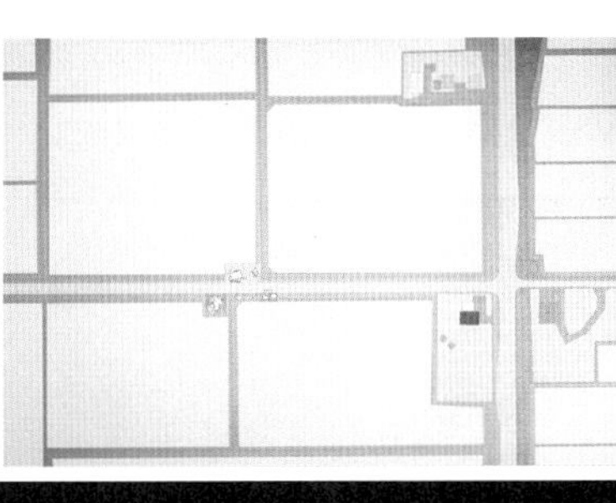

ID106

共鳴する都市

稲垣佑果子

大学名・学科・所属研究室	近畿大学 建築学科 建築・都市デザイン研究室
使用ソフト・プレゼン手法	Rhinoceros、Illustrator、Photoshop
構想期間	2か月
製作期間	6か月
憧れの人	先生

明治22年に大水害に見舞われた奈良県十津川村。生活基盤を失った人々が新たな生活の地を求めて集団移住し、築き上げた北海道新十津川町。偶然生まれた強い絆。だが、十津川村に残る記憶は、人と共に失われ、新十津川町は北海道の農村として一般的な街へと変化し、次々に刷新されていく街となった。しかし、薄れゆく記憶の中でも、今もなおこ二つの場所の絆を守り続けている人々がいる。私はこの二つの場所で、災害によって移住を余儀なくされ、遠く離れた場所でも、お互いにルーツを身近に感じられる装置としての建築を考えます。そして、転写され複製されたとしても、町の遺伝子を引き継ぎ、新たな未来へと繋がるきっかけの場所を提案します。

D108

海のない岬——記憶の風景を未来の景色へ——

麻生美波

大学名・学科・所属研究室	奈良女子大学 住環境学科 景観デザイン学研究室
使用ソフト・プレゼン手法	Illustrator、Photoshop、Keynote
構想期間	2か月
制作期間	1年
憧れの人	オードリー・ヘップバーン

かつて港町として栄えた和田岬は、近代以降造船業を中心とする重工業によって発展し、産業基盤となるインフラが整備されてきた。しかしこれらの急速な近代化で、良好な景観を有していた岬は造船所の敷地となり、立ち入る事ができなくなった。また土壌が汚染され、造船業が撤退した今、利用転換されず放棄される可能性がある。そこで造船所跡を植物浄化法による土壌改良で緑地空間へと再編し、新たな街の骨格を形成することで健全な都市を再生する。そして岬へと導く建築計画により空間を再編することで、岬が再び取り戻され、中長期的に周辺の環境を含めた再構築を図る計画である。

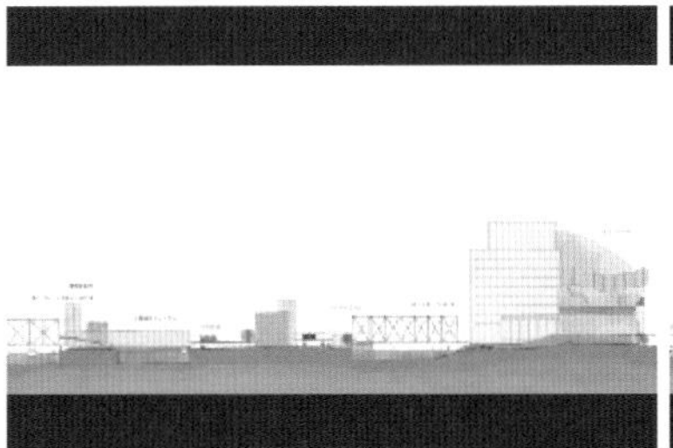

D109

水辺の楽校 ——都市における河川空間の再編——

中川愛美

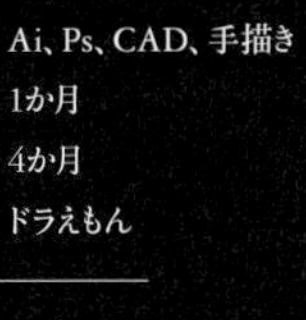

大学名・学科・所属研究室	奈良女子大学 住環境学科 景観デザイン学研究室
使用ソフト・プレゼン手法	Ai、Ps、CAD、手描き
構想期間	1か月
製作期間	4か月
憧れの人	ドラえもん

約1割の面積を水面が占める大阪市では、都市に残された貴重なオープンスペースとして市内河川が重要視され、様々な整備が行われている。このような水辺空間を日々守っている土木インフラが街に開かれ、河川空間全体の活性化を目的とした。地方都市では近年、子ども達の身近な自然体験の場として「水辺の楽校」プロジェクトが進められている。都市河川に秘められた豊かな生態系や自然環境を身近に体験でき、都市部ならではの風景が垣間見えるような都市版「水辺の楽校」プロジェクトを計画した。

河川管理者・地域住人・教育が一体となり新たな都市河川空間を創出し、「水の回廊」の一つの拠点となる

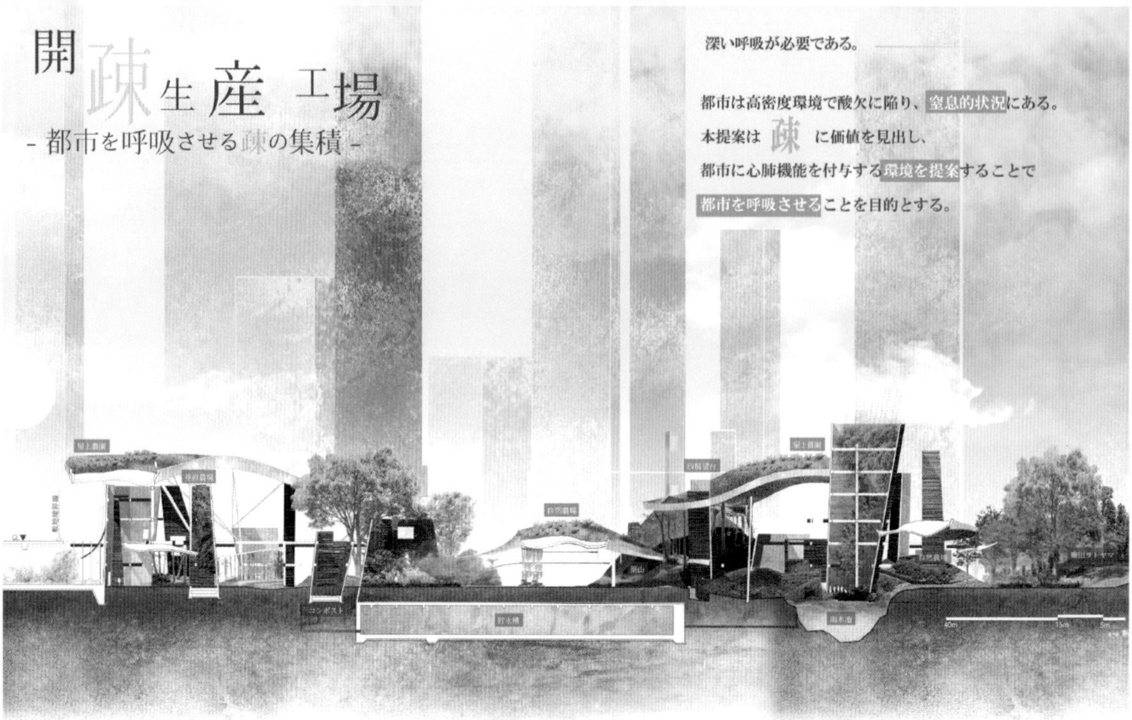

開疎生産工場
- 都市を呼吸させる疎の集積 -

深い呼吸が必要である。

都市は高密度環境で酸欠に陥り、窒息的状況にある。
本提案は 疎 に価値を見出し、
都市に心肺機能を付与する環境を提案することで
都市を呼吸させることを目的とする。

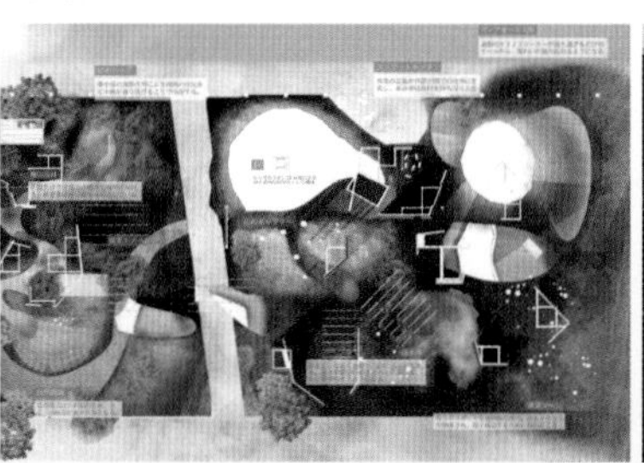

煙突効果で空気を上昇させる延びた空間はぼんやりした光を通す

D112

開疎生産工場——都市を呼吸させる、疎の集積——

山本晃城

大学名・学科・所属研究室	大阪工業大学 建築学科 歴史・意匠研究室
使用ソフト・プレゼン手法	Illustrator、Photoshop、Archcad、Powerpoint
構想期間	7か月
制作期間	1か月
憧れの人	センスがある人

高密度化は都市を窒息させる環境収容性を発生させる。現在縮小している原因は高密度に依存し過ぎた副作用といえるのではないだろうか。物理的な空疎が発生した梅田のダイヤモンド地区を対象に「疎」を作り、「疎」を肯定的にとらえる。梅田に点在している空気を送るための換気塔は無意味なものように見られている。しかし、循環させる機能持った有意味な生産空間である。換気塔の排気と給気のプロセスで環境をつくり、生産機能の確保と高密度化を抑制する。本提案で疎を「循環を促す生産空間」とし、それが重なっている部分を疎の集積とする。そのなかで都市は再び呼吸をし始める。

幹部名簿

役職		名前	大学	学部学科
代表		篠原敬佑	神戸大学	工学部建築学科
副代表(会計)		佐藤圭一郎	京都美術工芸大学	工芸学部建築学科
副代表(書記)		森晴哉	大阪工業大学	ロボティクス&デザイン工学部空間デザイン学科
企画班	班長	林嵩之	立命館大学	理工学部建築都市デザイン学科
	企画	中山翔貴	立命館大学	理工学部建築都市デザイン学科
	企画	上田圭太郎	立命館大学	理工学部建築都市デザイン学科
	企画	加藤亜海	神戸大学	工学部建築学科
	企画	山根千尋	京都工芸繊維大学	工芸科学部デザイン・建築学課程
	企画	二見大毅	京都建築大学校	建築学科
スポンサー班	班長	植田拓馬	大阪工業大学	工学部建築学科
	副班長	千賀拓輔	大阪工業大学	ロボティクス&デザイン工学部空間デザイン学科
	副班長	春口真由	京都工芸繊維大学	工芸科学部デザイン・建築学課程
制作班	班長	森暉理	武庫川女子大学	生活環境学部建築学科
	副班長	吉田悠真	大阪市立大学	工学部建築学科
	副班長	澤田和樹	滋賀県立大学	環境科学部環境建築デザイン学科
ゲスト班	班長	石原慶大	大阪芸術大学	芸術学部 建築学科
	副班長	西岡里美	立命館大学	理工学部建築都市デザイン学科
会場班	班長	中田洋誠	立命館大学	理工学部建築都市デザイン学科
	副班長	浅原陸人	立命館大学	理工学部建築都市デザイン学科
書籍班	班長	太田大貴	立命館大学	理工学部建築都市デザイン学科
	副班長	藤木大真	立命館大学	理工学部建築都市デザイン学科
	副班長	佐藤桃佳	大阪工業大学	ロボティクス&デザイン工学部空間デザイン学科
	副班長	中西惟久磨	大阪工業大学	ロボティクス&デザイン工学部空間デザイン学科
広報班	班長	柴田貴美子	神戸大学	工学部建築学科
	副班長	中村幸介	神戸大学	工学部建築学科
学校代表班	班長	山本祐子	奈良女子大学	生活環境学部住環境学科

Diploma×KYOTO'2

あとがき

今年度、合同卒業設計「Diploma × KYOTO」は未知のウイルス災害の脅威に苛まれながらも、記念すべき第30回目の展覧会・講評会を開催することができました。

–

この1年間、社会は新型コロナウイルスに適応しようとその常識を再形成してきました。私たちもその変化の例外ではなく、対面で集まることが難しく、連携が上手くいかない中で各々が展覧会の成功を第一に考え、時には苦渋の決断を下し、開催に向けて準備を進めてきました。そして、会期中は来館者の制限はあったものの、これまでよりYouTubeやSNSでのオンライン配信や外部のオンライン講評会との連携などを積極的に行いました。その結果、新しい社会に対応した展覧会として、また、学生主体の卒業設計展として、新しいあり方を確立しました。それにより、例年以上に建築学生112人の「-ism」を世に発信できたのではないかと思っています。

–

また、今年の展覧会は、書籍の在り方を再確認する機会を与えてくれました。情報社会では、気軽にリアルタイムで繋がれるオンライン形式が常識となりました。しかし、紙の書籍というのは決して前時代の遺物ではなく、また新たな価値を得るのではないでしょうか。オンライン形式は便利ですが、インターネットというものはあらゆる情報が交錯しているため、それぞれの「-ism」を込めた作品が皆さんのもとへ上手く届かない可能性があります。ですから、紙の書籍というものは、この情報社会においても重要な役割を果たしてくれると信じています。本書の作成にあたって、我々は一人ひとりが卒業設計に込めた思いをしっかりと届けることが目標であると捉え、一作品あたり1ページ以上の掲載を実現しました。その結果、本書はそれぞれの「-ism」をこれまで以上に皆さんに伝えられるものとなったのではないでしょうか。

–

今年も非常に多くの方々の支えにより「Diploma × KYOTO'21」は開催に至ることが出来ました。社会の動乱の最中であっても、変わらず多大なご理解とご協力を下さりました協賛企業の皆様、開催形式の決定に難航する中、最後の最後まで調整を取り合っていただきました京都市勧業館みやこめっせ様、制限付きでの現地開催が決定し、各地から私たちのために駆けつけてくださった審査員の先生方、本書の企画をはじめ多方面でご支援いただきました総合資格学院様、書籍制作あたりあらゆる面でお世話になりました編集・カメラマンの皆様、そして会う機会こそ少なかったものの、共に素晴らしい展覧会の開催を実現したDiploma × KYOTO'21のメンバー、皆様に心より感謝申し上げます。誠にありがとうございました。

京都建築学生之会 2021年度書籍班班長 太田大貴

NEXTA'21

NEXTA'21

NEXTAは、卒業設計展Diploma × KYOTOのスピンオフ企画で、
新2、3、4回生の建築学生による他大学合同設計展です。
新3、4回生は各大学の設計課題を持ち寄り、学生間や先輩方によるエスキース、
また設計展での講評を通して、お互いに競い合い、自分たちの作品をより良いものにしていきます。
新2回生は、NEXTA独自の設計課題に取り組み、設計のノウハウを学びます。

テーマ

今年のNEXTAのテーマは「結晶」。
様々な価値観や不得意分野を持ったメンバーが集まり、
地域、学校、学年の枠を超えて、学生エスキスや先輩エスキス、クリティークを繰り返し行う。
それは、結晶にうつった像を見るように、
さまざまな角度から自分自身を見直すことなのです。

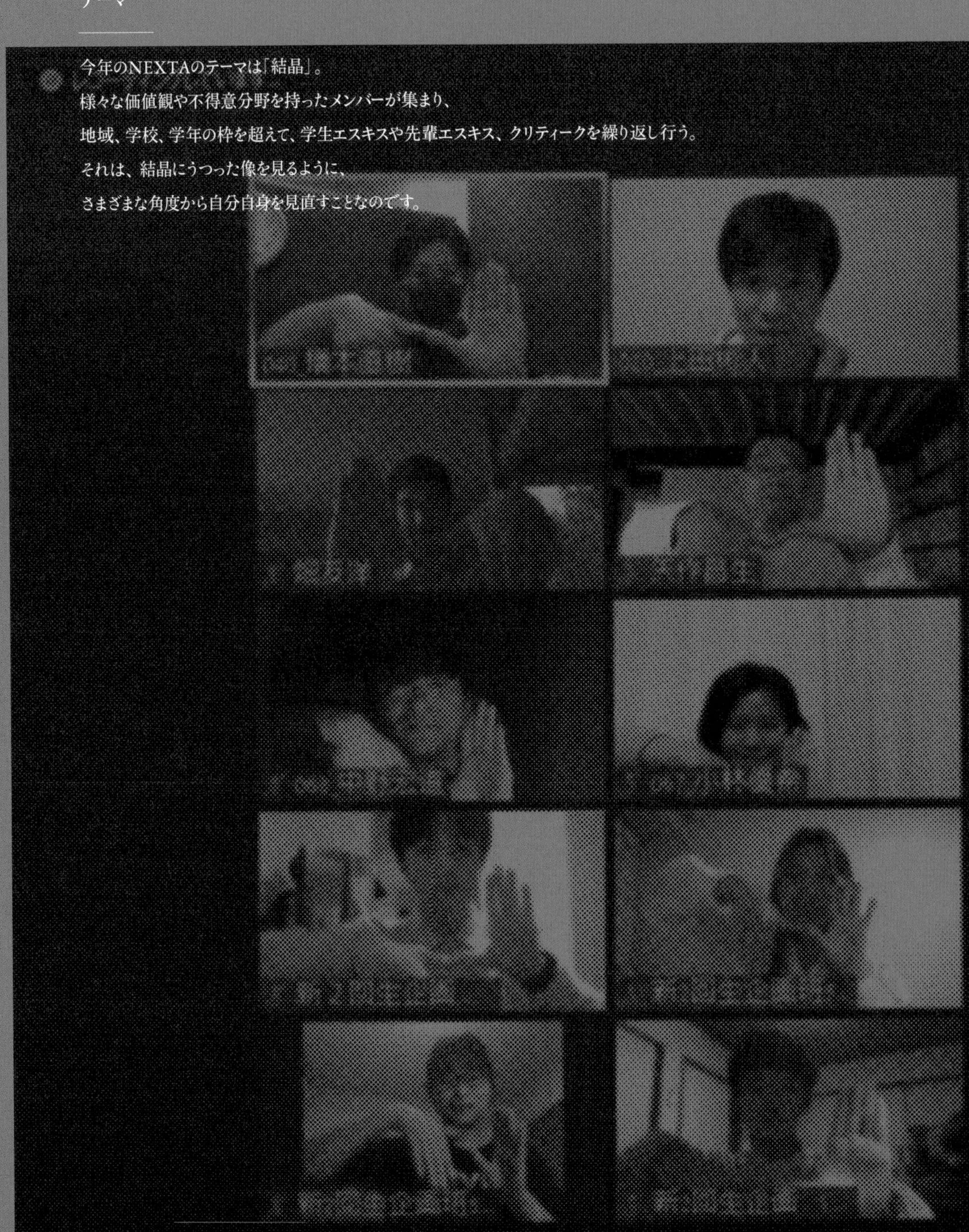

審査会

公開審査会（オンライン配信）：5月1日（土）

＊今年度も新型コロナウイルスの影響で、展覧会が中止となり、プレゼンテーションもオンラインでの開催となった。

審査員

神谷勇机（建築家／1-1 Architects 共同主宰）

末光弘和（九州大学大学院准教授／建築家／株式会社SUEP.主宰）

畑 友洋（神戸芸術工科大学准教授／建築家／畑友洋建築設計事務所）

矢作昌生（九州産業大学教授／建築家／矢作昌生建築設計事務所）

山田紗子（京都大学・明治大学・ICS非常勤講師／建築家／山田紗子建築設計事務所）

回帰させる"袋"——記憶に滞留させる美術館——

最優秀賞

ID22｜神原夏穂｜立命館大学 4回生

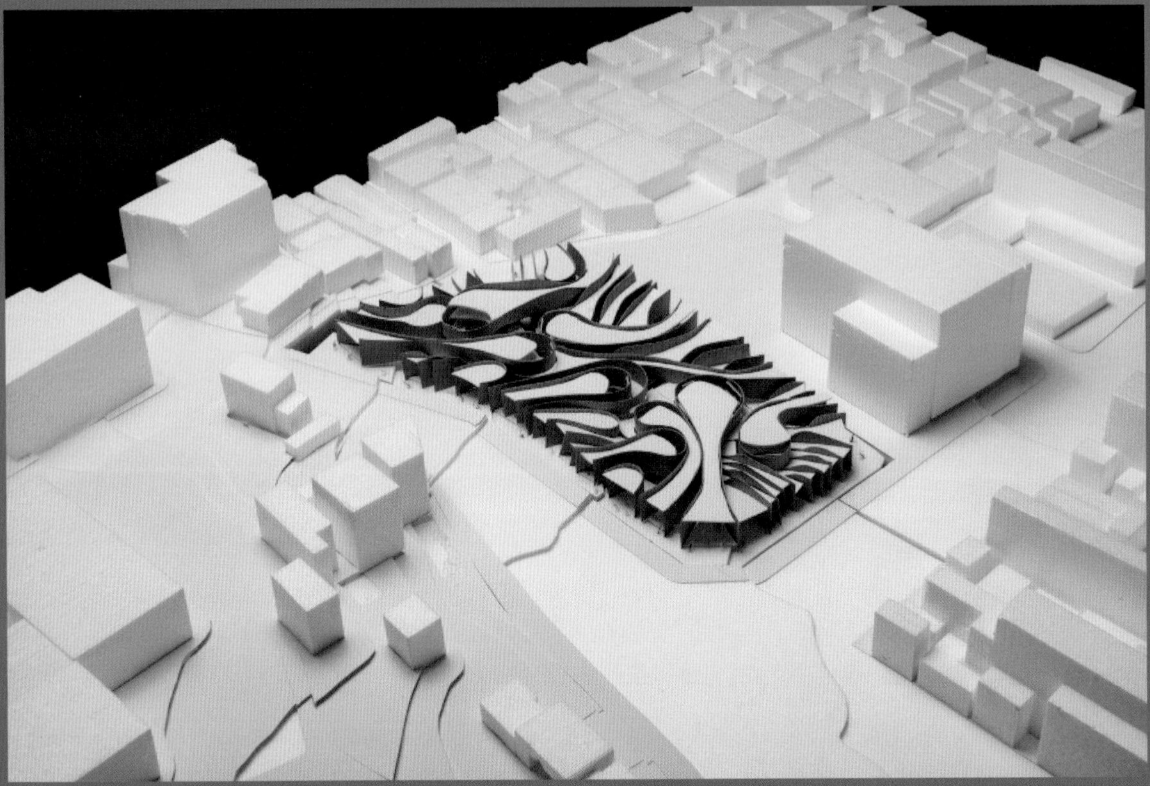

敷地

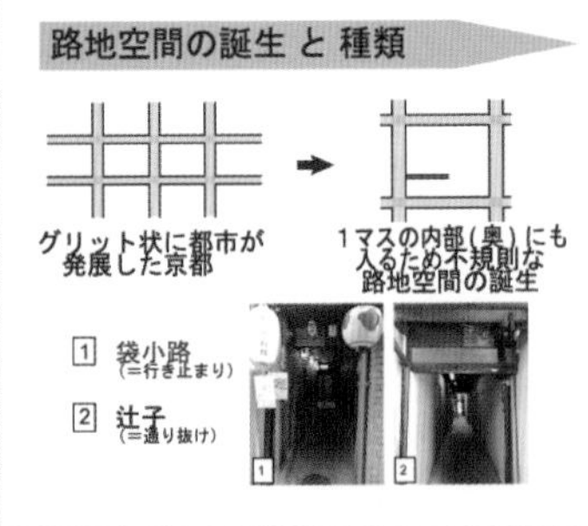

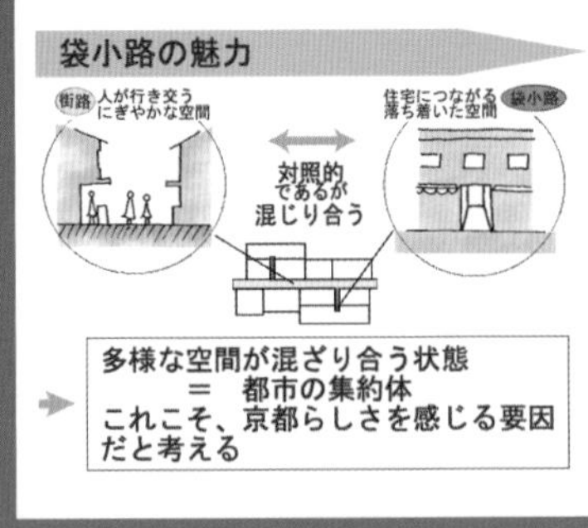

路地空間の誕生 と 種類
グリット状に都市が発展した京都
1マスの内部(奥)にも入るため不規則な路地空間の誕生

2 辻子 (=通り抜け)

袋小路の魅力
街路 人が行き交うにぎやかな空間
住宅につながる落ち着いた空間 袋小路
対照的であるが混じり合う
多様な空間が混ざり合う状態
= 都市の集約体
これこそ、京都らしさを感じる要因だと考える

提案

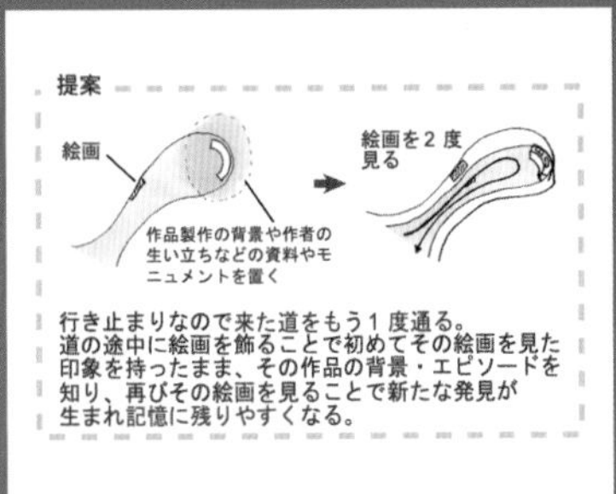

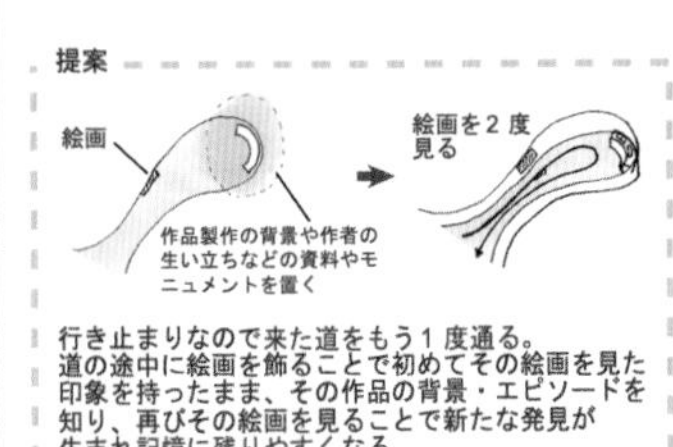

提案
絵画
作品製作の背景や作者の生い立ちなどの資料やモニュメントを置く
絵画を2度見る
行き止まりなので来た道をもう1度通る。
道の途中に絵画を飾ることで初めてその絵画を見た印象を持ったまま、その作品の背景・エピソードを知り、再びその絵画を見ることで新たな発見が生まれ記憶に残りやすくなる。

コンセプト:行き止まり空間により記憶が滞留する美術館

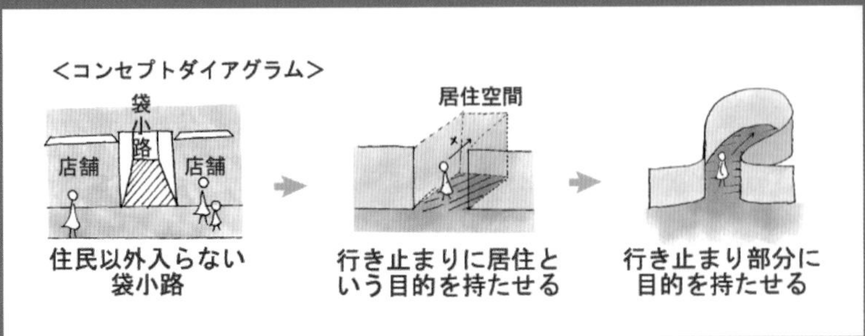

<コンセプトダイアグラム>

住民以外入らない袋小路

行き止まりに居住という目的を持たせる

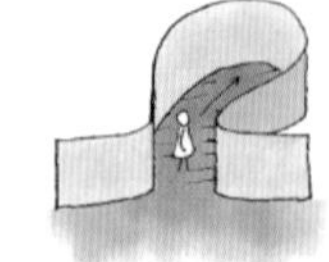

行き止まり部分に目的を持たせる

京都に溶け込む垂直方向を基調としたファサード

袋への迷い込み

重層する行き止まり空間での出会い

光が落ちる吹き抜け空間

帰り道での発見

4m以上の高低差を持つ敷地の特性を生かしている。
どの入り口もGLから入れ、高さは6mとする。
上り坂や下り坂になっている袋もあれば、高低差のために気づけば3層目にいることもある。

断面パース

日和見鑑賞——ミチが動的ブリコラージュを起こす美術館——

優秀賞

ID17 | 比嘉七海 | 大阪工業大学 4回生

現在、情報化社会により移動せずに買い物や娯楽、授業などが容易となっている。しかし、実空間で生じる雑踏や移り変わる景色などの偶発的なノイズによる豊かさは減少した。

そこで、人の動きを利用し「見る」を操作し、訪れるたびに情景が変化する駅前美術館を設計する。ミチの組み合わせと周辺の要素、人の動き、個人の体験の持ち合わせによってブリコラージュが起こり、作品の見え方が変化し、知らずにアートの構成物として参加していく。

見え方:見え方とミチの仕掛けが構図を生み出す

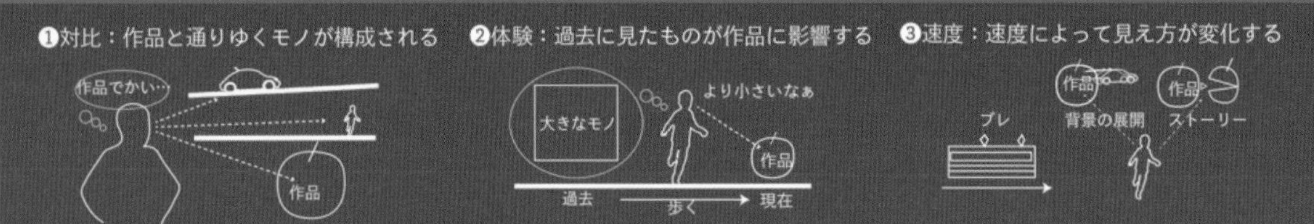

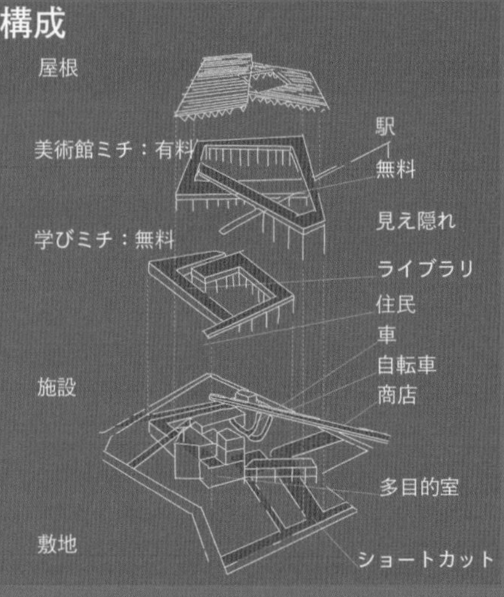

京遺伝子の再構築

優秀賞

ID45 | 有吉慶太 | 立命館大学 4回生

古くから歴史があり景観規制が厳しい京都。厳しい規制によって土地利用が制限され、まちの空洞化につながった。オフィス不足や子育て世帯の流出といった新たな課題が生じてくる中この規制はこれからも必要なのだろうか。これからの京都の建物には景観規制にとらわれない新たな『京都らしさ』が必要だと考える。この計画では敷地が京都祇園の4つの景観保全地域の『狭間』に位置しており、4つの受け継がれてきた遺伝子を抽出し再構築することで新たな京都の都市的建築を作る。

京遺伝子の再構築
1756
1864
1915
1999
2001
2013
古くから歴史があり、美しい景観が保たれている京都。
しかしその景観規制によって土地利用が制限され街の空洞化につながっている。
これからも規制された京都でなければいけないのだろうか。この提案は京都で
受け継がれてきた遺伝子を再構築することで京都らしさを残しつつ、新たに
生まれる京都が更新されていくための都市的建築の提案である。

01 設計敷地 -site- 『景観条例地域の狭間』

敷地図 S=1:1500

旧市街地美観地区

歴史的風土保全地域

歴史的景観保全修景地区

対象敷地

歴史的遺産美観地区

敷地は京都市東山区に位置しており北側の四条通りの人の流れが強く、南側は傾斜があり、人通りは少ない。そして対象敷地は4つの景観保全地域の『狭間』のような場所に位置している。

4つの景観地域の特徴

旧市街地美観地区

京町家を中心とした和風を基調としそこに現代建築物が共存する。良好な屋上景観を形成。

歴史的景観保全修景地区

歴史的な様式を継承しながら家主の人格が現れるような京町家が並ぶ。通りの連続性を維持。伝統を継承し京都固有の街並みを増進させる試み。

歴史的遺産美観地区

深い軒が作り出す落ち着きのある和風基調な並び。歴史的伝統的な街並みを重点に置き、高さを抑えた景観が特徴。

歴史的風土保全地域

円山公園の変化に富む要素と東山の自然とが組み合わされている。歴史的建物、遺跡が残る地域。

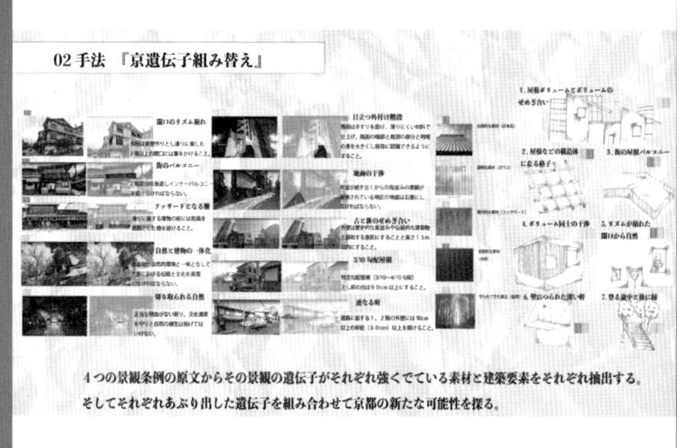

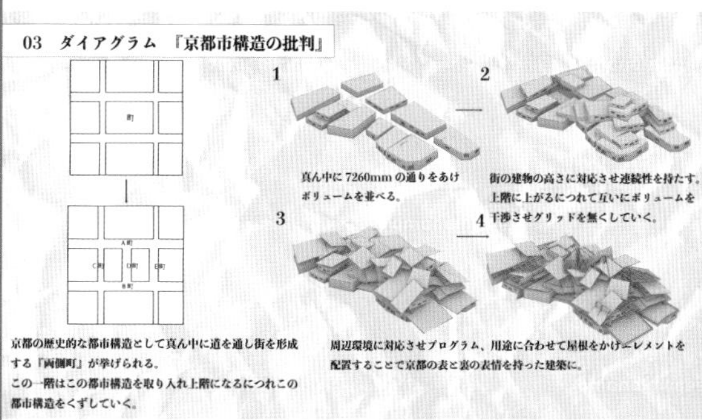

02 手法 『京遺伝子組み替え』

4つの景観条例の原文からその景観の遺伝子がそれぞれ強くでている素材と建築要素をそれぞれ抽出する。
そしてそれぞれあぶり出した遺伝子を組み合わせて京都の新たな可能性を探る。

03 ダイアグラム 『京都市構造の批判』
町
A町
B町
C町
D町
E町
1
2
3
4
真ん中に 7260mm の通りをあけボリュームを並べる。
街の建物の高さに対応させ連続性を持たす。上階に上がるにつれて互いにボリュームを干渉させグリッドを無くしていく。
周辺環境に対応させプログラム、用途に合わせて屋根をかけエレメントを配置することで京都の表と裏の表情を持った建築に。
京都の歴史的な都市構造として真ん中に道を通し街を形成する『両側町』が挙げられる。
この一階はこの都市構造を取り入れ上階になるにつれこの都市構造をくずしていく。

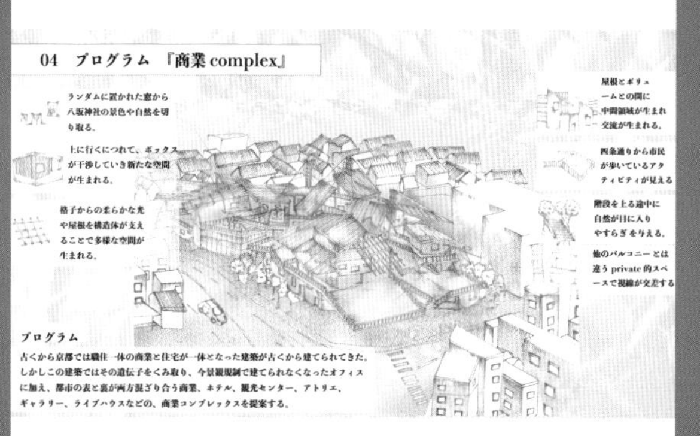

04 プログラム 『商業 complex』
ランダムに置かれた窓から八坂神社の景色や自然を切り取る。
上に行くにつれて、ボックスが干渉していき新たな空間が生まれる。
格子からの柔らかな光や屋根を構造体が支えることで多様な空間が生まれる。
屋根とボリュームとの間に中間領域が生まれ交流が生まれる。
四条通りから市民が歩いているアクティビティが見える
階段を上る途中に自然が目に入りやすらぎを与える。
他のバルコニーとは違う private 的スペースで視線が交差する
プログラム
古くから京都では職住一体の商業と住宅が一体となった建築が古くから建てられてきた。
しかしこの建築ではその遺伝子をくみ取り、今景観規制で建てられなくなったオフィスに加え、都市の表と裏が両方混ざり合う商業、ホテル、観光センター、アトリエ、ギャラリー、ライブハウスなどの、商業コンプレックスを提案する。

続く、

優秀賞

ID60 | 古荘衣理 | 立命館大学 4回生

大阪府枚方市に位置する関西外国語大学中野宮キャンパスのICCという小学校教職員育成コースを学ぶ学生を主とした施設。新しい教育の創造、創発の場として、世界と地域に開くことを目的として設置された。敷地を東側の森からZ状に広がっていくひとつなぎの道により高低差と境界を作り出し建築の内と外があいまいに繋がり、学生と地域が交じり合う豊かな空間を作り出す。

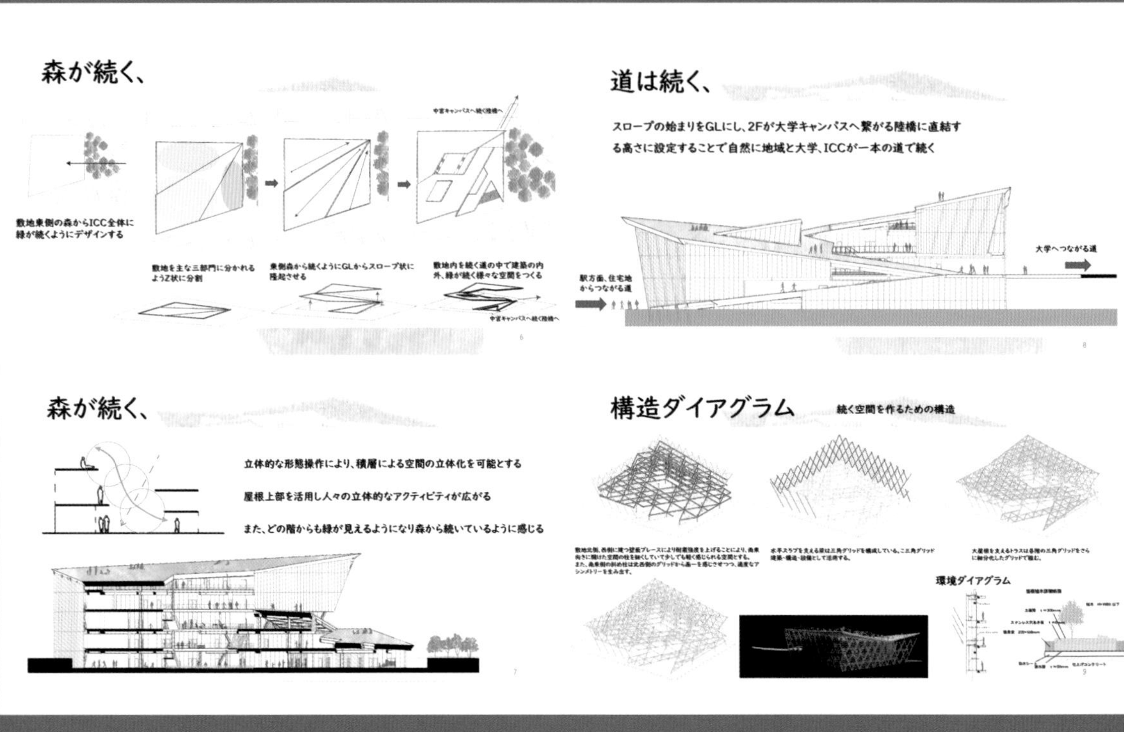

森が続く、
中宮キャンパスへ続く陸橋へ
敷地東側の森からICC全体に緑が続くようにデザインする
敷地を主な三部門に分かれるようZ状に分割
東側森から続くようにGLからスロープ状に隆起させる
敷地内を続く道の中で建築の内外、緑が続く様々な空間をつくる
中宮キャンパスへ続く陸橋へ
道は続く、
スロープの始まりをGLにし、2Fが大学キャンパスへ繋がる陸橋に直結する高さに設定することで自然に地域と大学、ICCが一本の道で続く
大学へつながる道
駅方面、住宅地からつながる道
森が続く、
立体的な形態操作により、積層による空間の立体化を可能とする
屋根上部を活用し人々の立体的なアクティビティが広がる
また、どの階からも緑が見えるようになり森から続いているように感じる
構造ダイアグラム
続く空間を作るための構造
環境ダイアグラム

中庭側から見たブックカフェのようす　カフェの向こうにはスロープの上の緑が見える
大宮キャンパス陸橋から見た吹き抜けの様子　様々なレベル差を感じることができる

見える景色、何が観える？

山田賞 & 8選

ID12 | 宇野香ナバラトゥナ | 大阪工業大学 4回生

わかりやすさが重視されている今日のエンタメでは日常の当たり前を趣深く人それぞれの視点を持つことを難しくしている。主観と俯瞰を建築というエンタメを通して人はどのように感じているのか一日の時間軸を基に思考する。

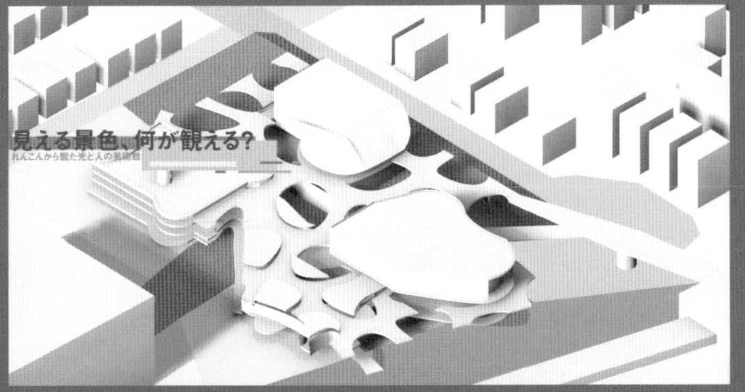

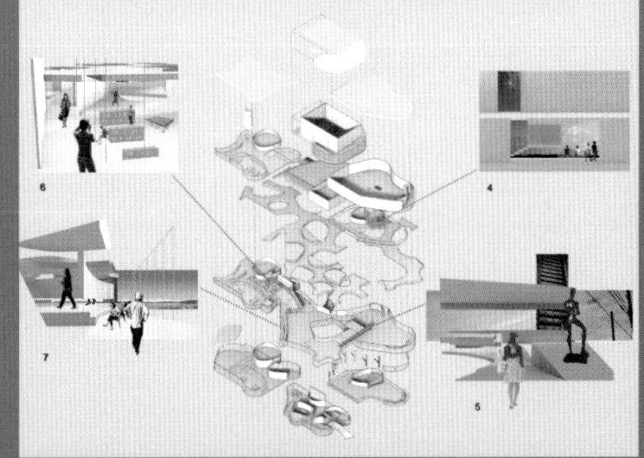

竈の夢に寄り添う——中心性を持つ銭湯のある集合住宅——

神谷賞 & 8選

ID10 | 葛谷寧鵬 | 滋賀県立大学 3回生

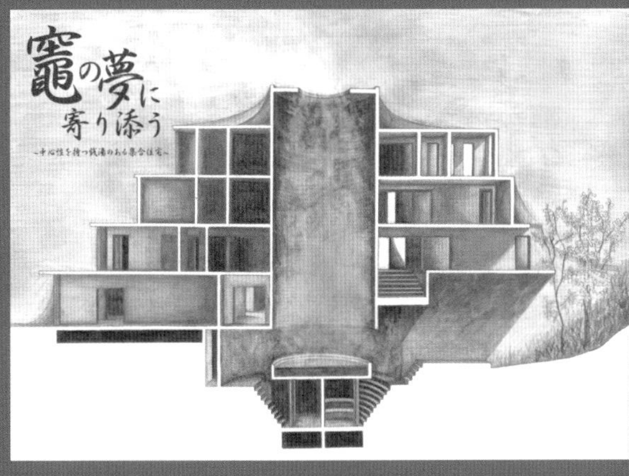

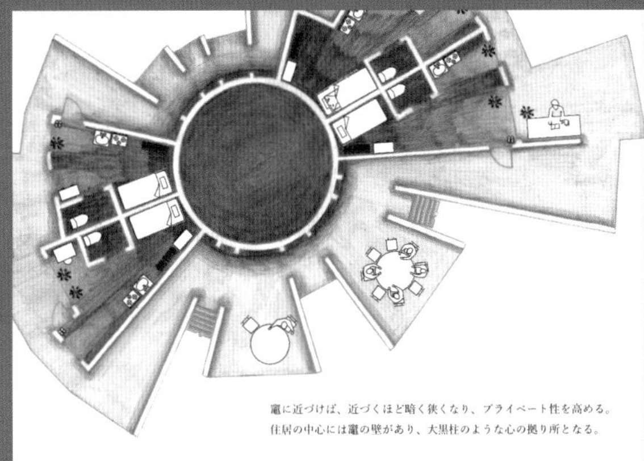

竈に近づけば、近づくほど暗く狭くなり、プライベート性を高める。
住居の中心には竈の壁があり、大黒柱のような心の拠り所となる。

眠れぬ少女にサーカスを

畑賞 & 8選

ID68 | 中野宏道 | 近畿大学 4回生

配置図

Fold——壁が折りなす多空間——

矢作賞 & 8選

ID46 | 森本龍 | 立命館大学 4回生

水にまとわりついて住まう

末光賞

ID67 | 小林優希 | 滋賀県立大学 3回生

敷地は銭湯の跡地であり、彦根城の堀の隣接地であるため、水とともに城下町独自の歴史を維持し続けてきた。水。それは、長い歴史で見ても生活するのに必要不可欠なものであり、住まうことにおいては今もなお普段の生活で使い続ける重要なものである。しかし、一方で現代の住宅では上下水道や蛇口によって徹底的に管理され、水の動きは目に見えない。そこで、水を中心に生活が展開され、ありのままの水と生活できる住処を提案する。

NEXTA'21 | 新2回生企画

課題

敷地:新世界(大阪府大阪市浪速区恵美須東2丁目5-5)
各班が1つの決められた敷地で設計を行う。
新世界のある1つの敷地で、各班が敷地の特性を踏まえた上で自由に設計を行い、
新2回生企画班のメンバー全員で「新世界の新しい可能性」を提案する。

BAR 女性のための居場所

5班|清水祐介|近畿大学
明石実久|京都女子大学
向井彩七|武庫川女子大学

昼間は若い女性客も目立つ新世界だが、夜には男性客の利用が目立ち、若い女性の姿をほとんど見かけない。新世界には飲み屋や串カツ屋が数多く存在し、飲み屋街特有の雰囲気を味わうことができる。その反面、お洒落な風合いの店は少なく、若い女性だけで入店できるような店舗はあまり見受けられない。そこに焦点を当て、新世界ならではの特有の空気を感じながらも夜でも女性が入店しやすい、新たな新世界の飲み屋を提案する。

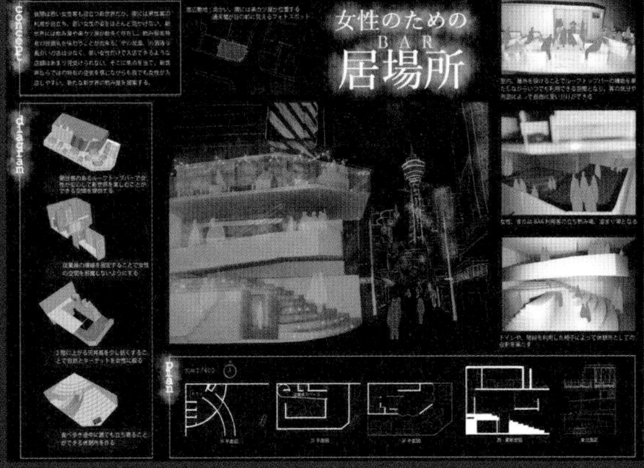

食卓

5班|慶野仁希|京都建築大学校
井上ユカリ|武庫川女子大学
上野祐花|近畿大学

新世界はこれまで歓楽街として都市に消費されてきた。しかし今コロナによって歓楽街のあり方は問い直されている。
そこで私たちは新世界に畑を作ろうと考えた。畑は10年をかけて一帯に広がる。人は食について学び、育て、食べる。それらの営みを通じて交流することで、時代が移り変わっても「食による繋がり」を新世界に残し続けたい。

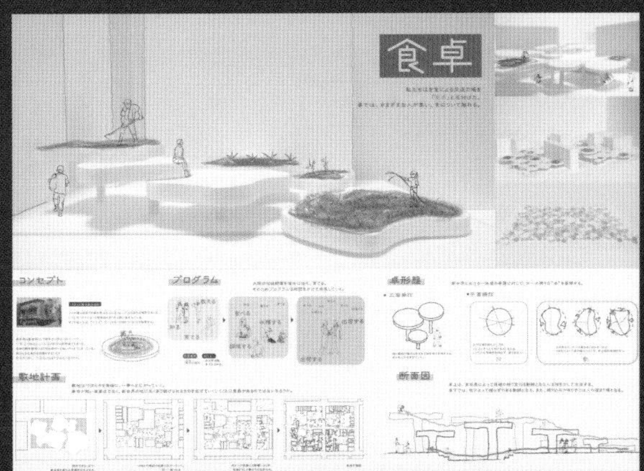

NEXTA'21｜出展者一覧｜3・4回生

ID02｜平瀬央祐｜大阪芸術大学 3回生

ID16｜酒井彩華｜神戸芸術工科大学 3回生

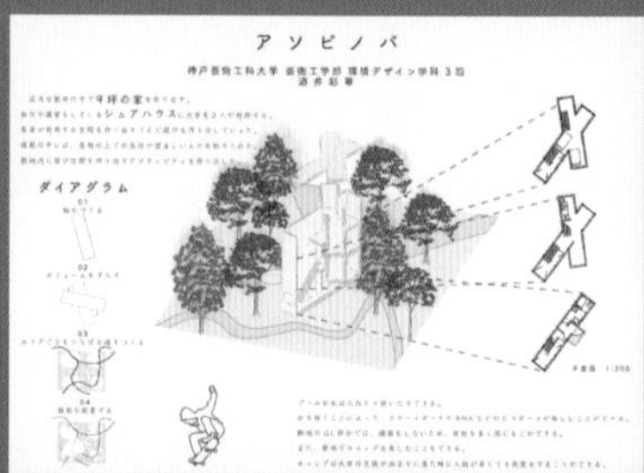

ID03｜鈴木乙葉｜奈良女子大学 3回生

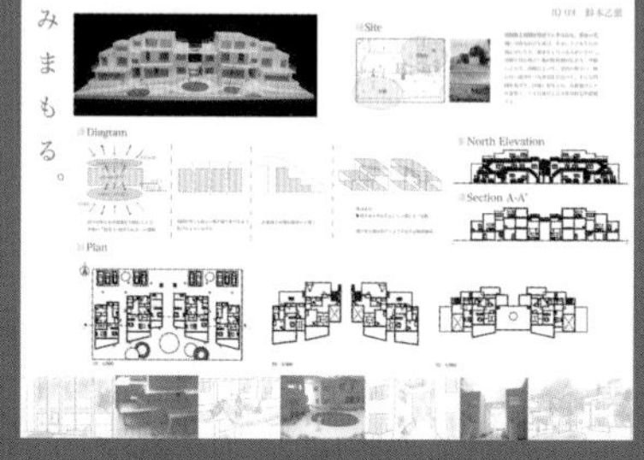

ID18｜山口亜実｜奈良女子大学 3回生

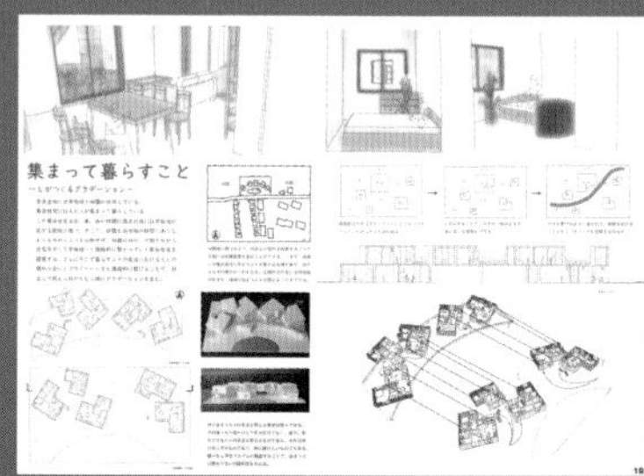

ID04｜西本敦哉｜大阪芸術大学 3回生

ID20｜上田彬人｜大阪工業大学 4回生

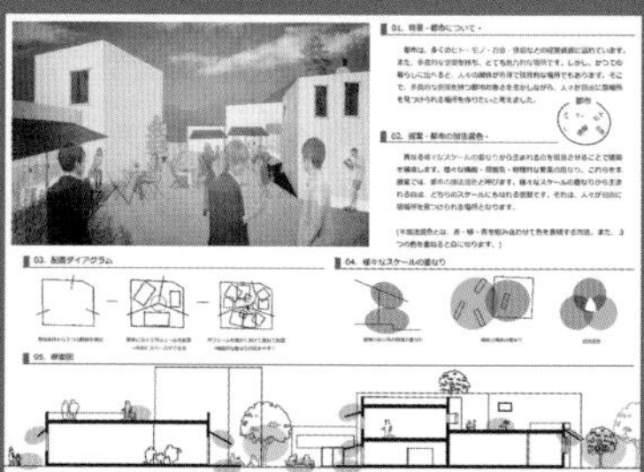

ID07｜小阪廉｜近畿大学 3回生

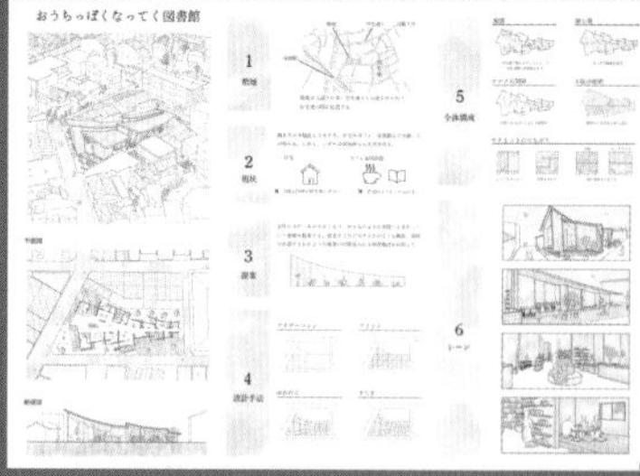

ID29｜亀山拓海｜大阪工業大学 4回生

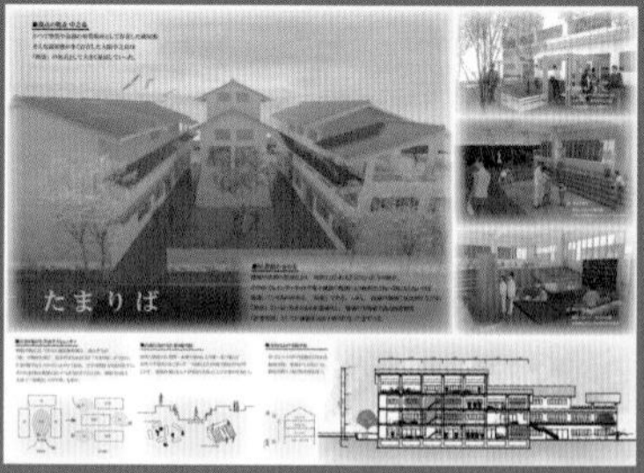

ID08｜本田暁彦｜立命館大学 4回生

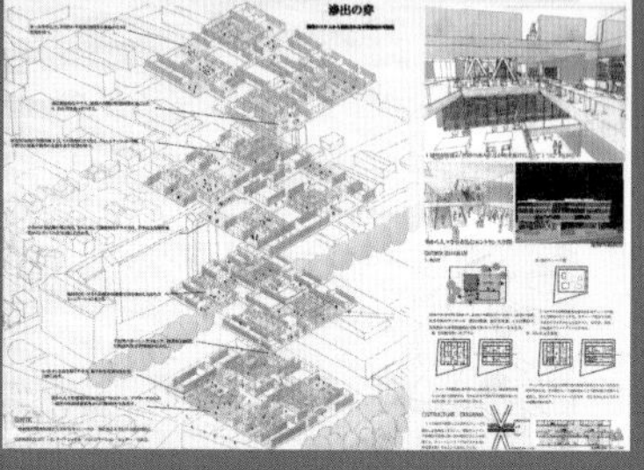

ID34｜伊藤沙弥香｜奈良女子大学 3回生

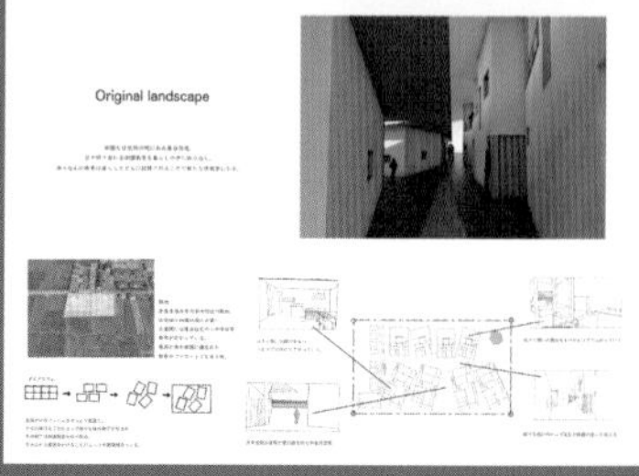

ID05｜赤松大洋｜立命館大学 4回生
ID09｜千原恵幸｜大阪芸術大学 3回生
ID11｜小山真実｜奈良女子大学 3回生
ID14｜島内響香｜奈良女子大学 3回生
ID19｜仙臺悠我｜京都建築大学校 3回生
ID24｜片岡佑仁｜大阪工業大学 4回生
ID25｜山口麻裕子｜奈良女子大学 3回生
ID26｜原嶋暸汰｜京都建築大学校 3回生
ID28｜嶋津祐哉｜立命館大学 4回生
ID30｜ジョンマリィ花子｜武庫川女子大学 3回生
ID33｜梶元仁｜大阪工業大学 3回生
ID36｜小山聡太｜帝塚山大学 3回生
ID39｜大矢愛佳｜摂南大学 3回生
ID40｜播本直樹｜大阪工業大学 4回生
ID42｜杉本育世｜大阪産業大学 3回生
ID43｜比果未穂子｜立命館大学 4回生
ID44｜上田望海｜近畿大学 3回生
ID47｜梅津憂剛｜大阪産業大学 3回生
ID51｜造田直樹｜近畿大学 4回生
ID53｜稲井佳那子｜奈良女子大学 3回生
ID56｜栁田菜々恵｜神戸芸術工科大学 3回生
ID57｜堀田隆斗｜近畿大学 3回生
ID58｜牧田竜明｜立命館大学 4回生
ID59｜儀間優太｜大阪工業大学 3回生
ID61｜亀川弥一｜京都工芸繊維大学 3回生
ID65｜安田円香｜京都建築大学校 3回生

ID35 | 庄司創 | 神戸大学 3回生

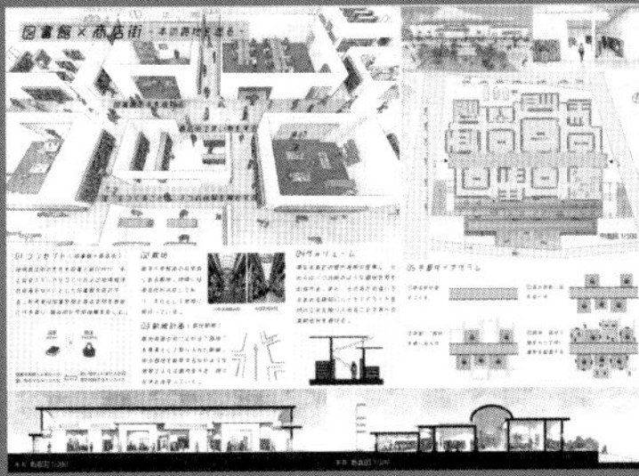

ID49 | 大西寿々佳 | 近畿大学 3回生

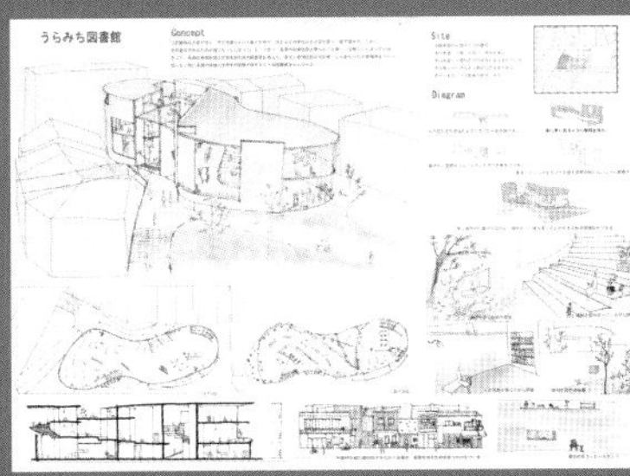

ID62 | 荒井浩介 | 立命館大学 4回生

ID37 | 渡辺風樹 | 関西学院大学 3回生

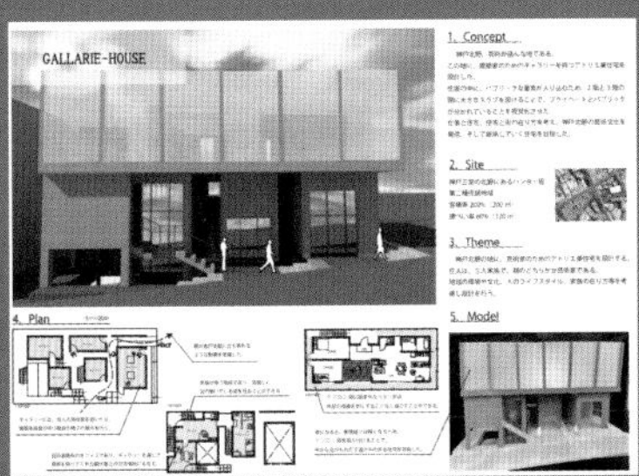

ID50 | 饗庭優樹 | 立命館大学 4回生

ID63 | 樋渡真綾 | 奈良女子大学 3回生

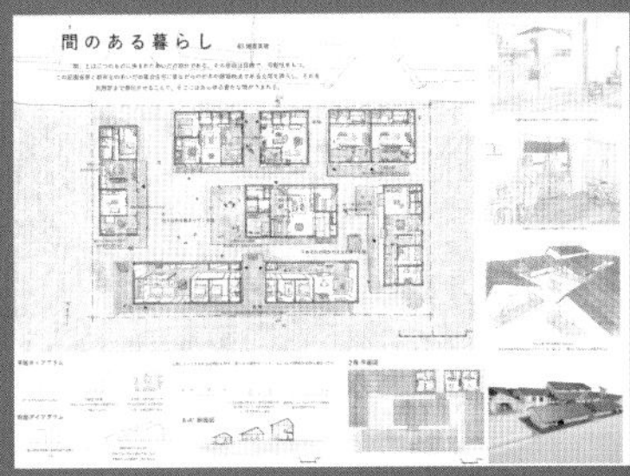

ID38 | 小山田絵美 | 近畿大学 4回生

ID52 | 宮本莉奈 | 神戸大学 3回生

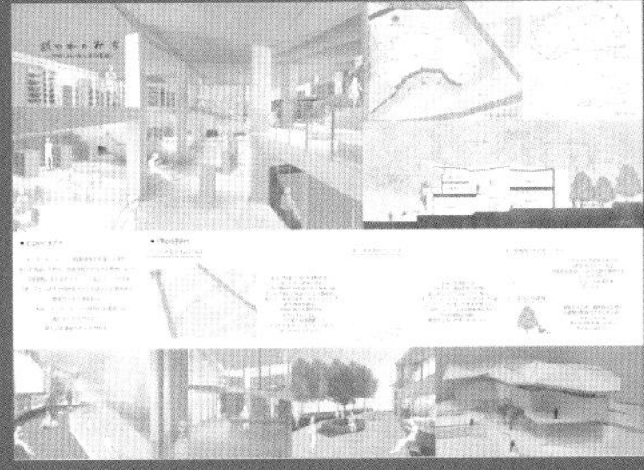

ID66 | 川村泰雅 | 大阪工業大学 4回生

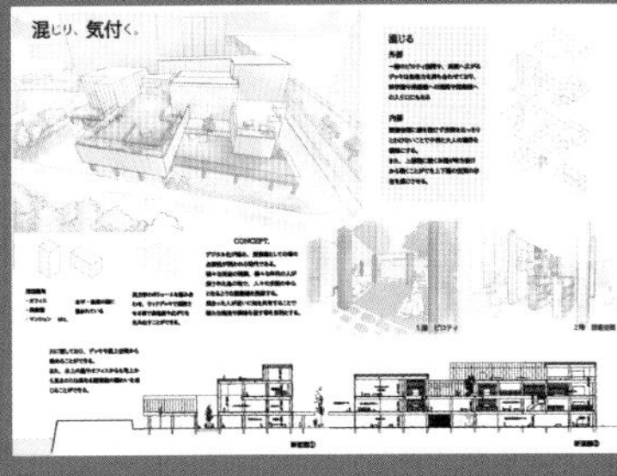

ID41 | 窪田啓吾 | 近畿大学 4回生

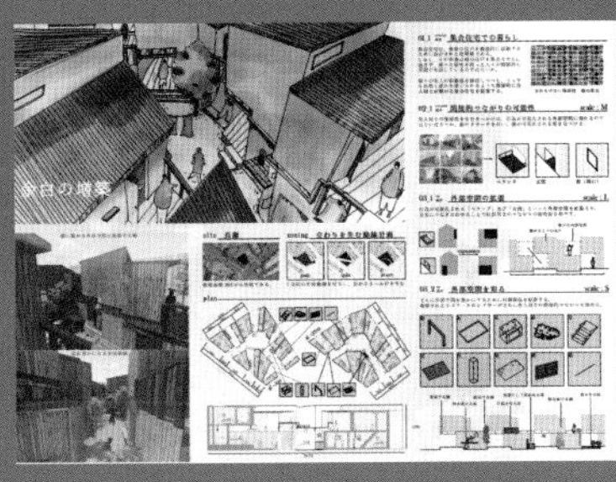

ID54 | 谷口歩 | 大阪工業大学 4回生

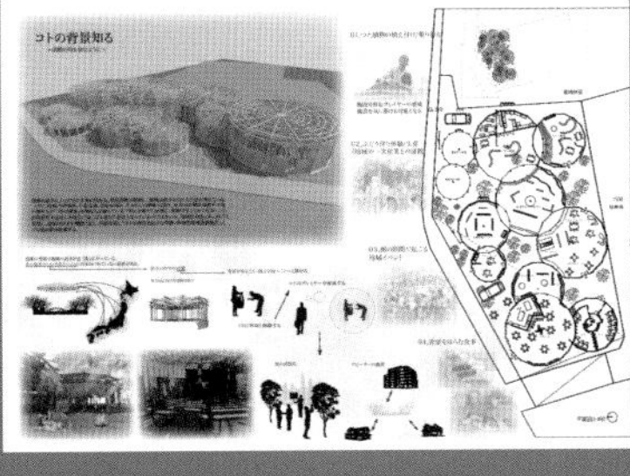

ID69 | 内藤碧音 | 奈良女子大学 3回生

ID48 | 小宮田麻理 | 近畿大学 3回生

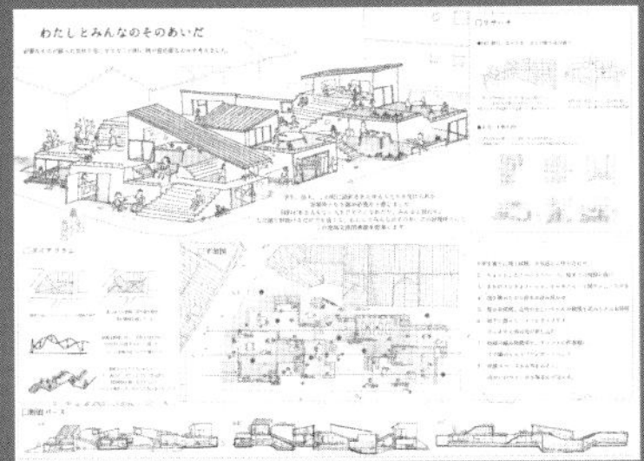

ID55 | 安田茉由 | 武庫川女子大学 3回生

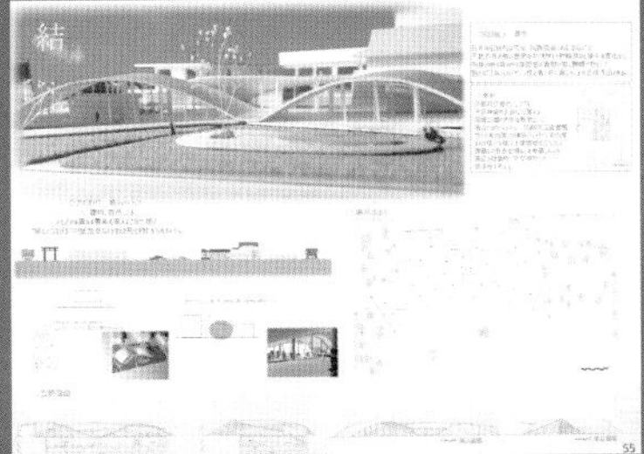

ID70 | 新谷朋也 | 近畿大学 3回生

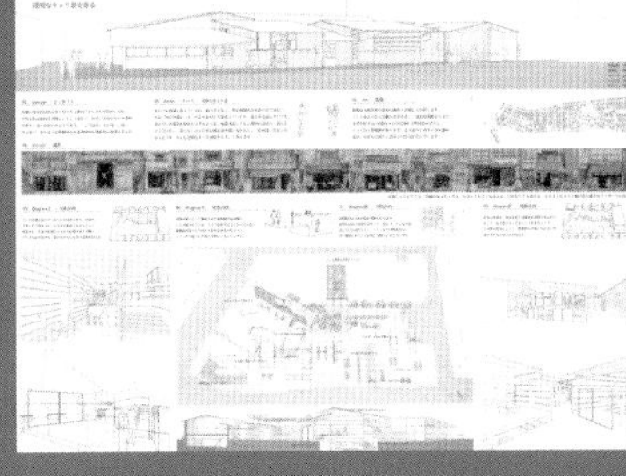

NEXTA'21｜出展者一覧｜2回生

1班
北谷心海｜大阪工業大学
桐山日向子｜京都建築大学校
中野有理｜武庫川女子大学

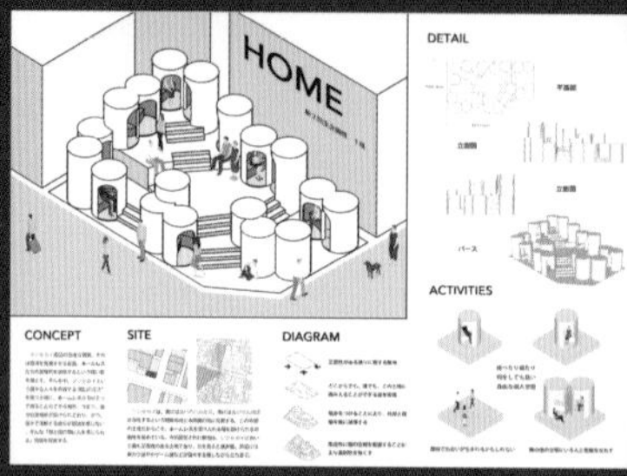

2班
清水咲良｜京都橘大学
山中功紀｜大阪工業大学
熱田かほり｜武庫川女子大学

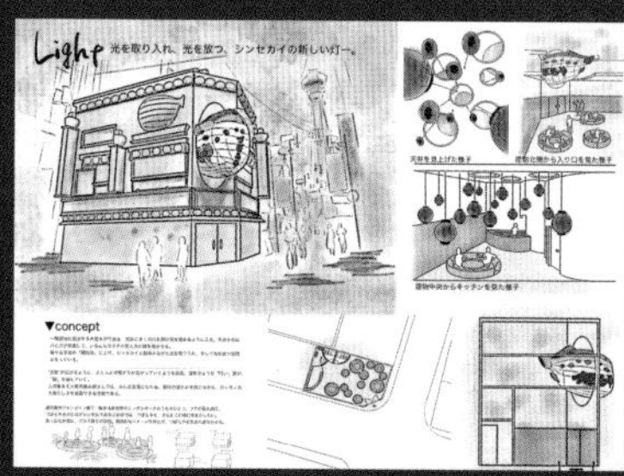

3班
児玉さくら｜武庫川女子大学
壹岐裕実子｜奈良女子大学

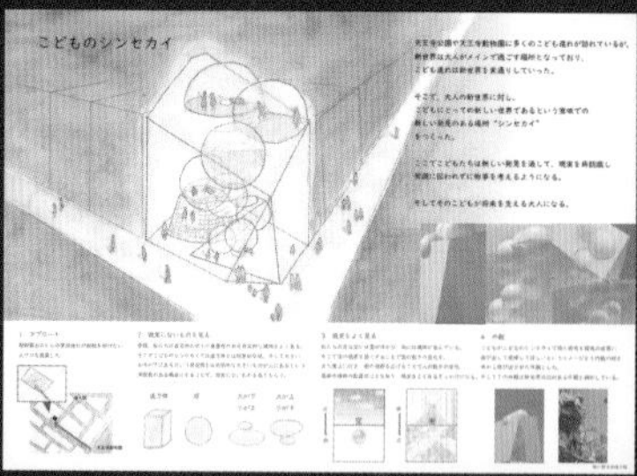

4班
桂良輔｜大和大学
前田佳穂里｜武庫川女子大学
後藤真那｜帝塚山大学

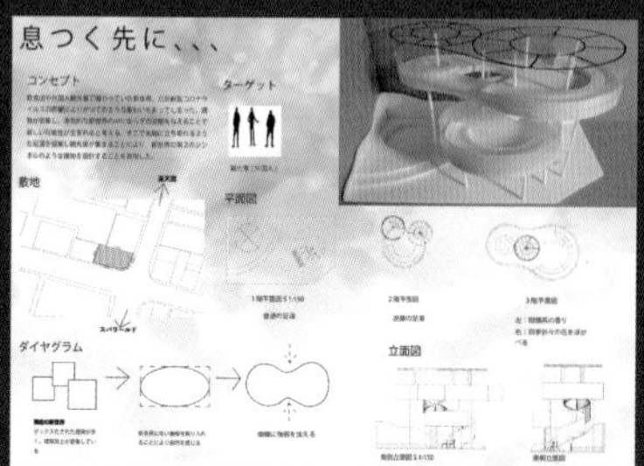

7班
西田匡慧｜京都橘大学
下川桜子｜武庫川女子大学
澤田海里｜帝塚山大学

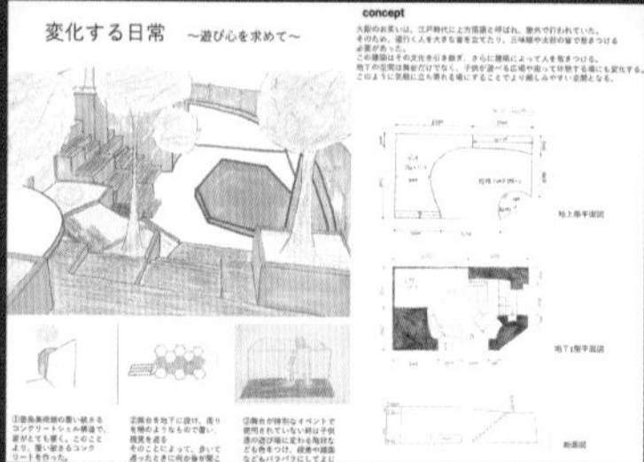

8班
宮崎将也｜大和大学
九冨沙耶乃｜大阪工業大学
板倉爽葵｜京都建築大学校

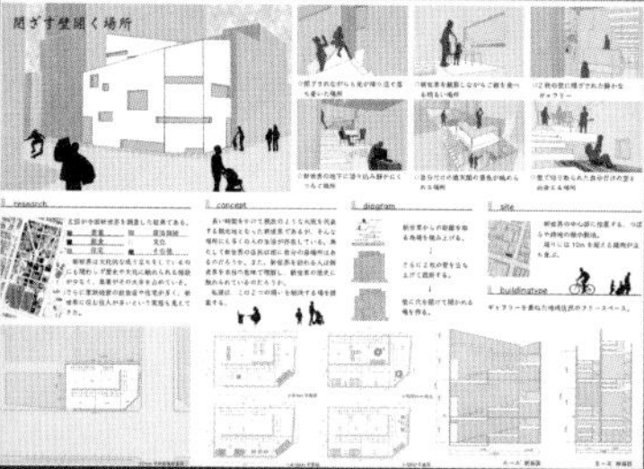

9班
阿部槙太郎｜滋賀県立大学
村上優介｜京都建築大学校

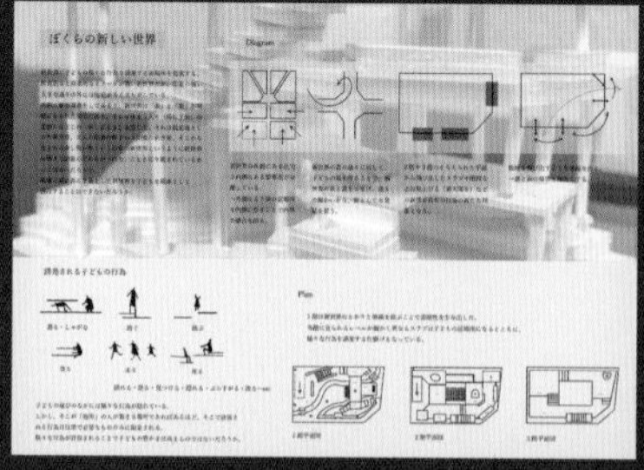

10班
筒井彩斗｜京都橘大学
廣瀬桜風｜京都建築大学校
吉村陽彩｜奈良女子大学

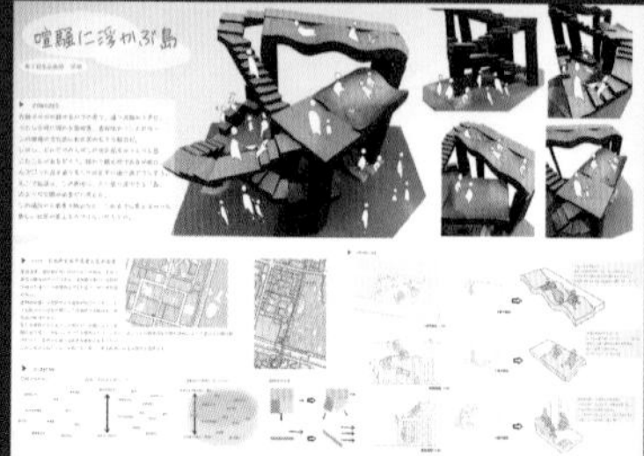

shuko build

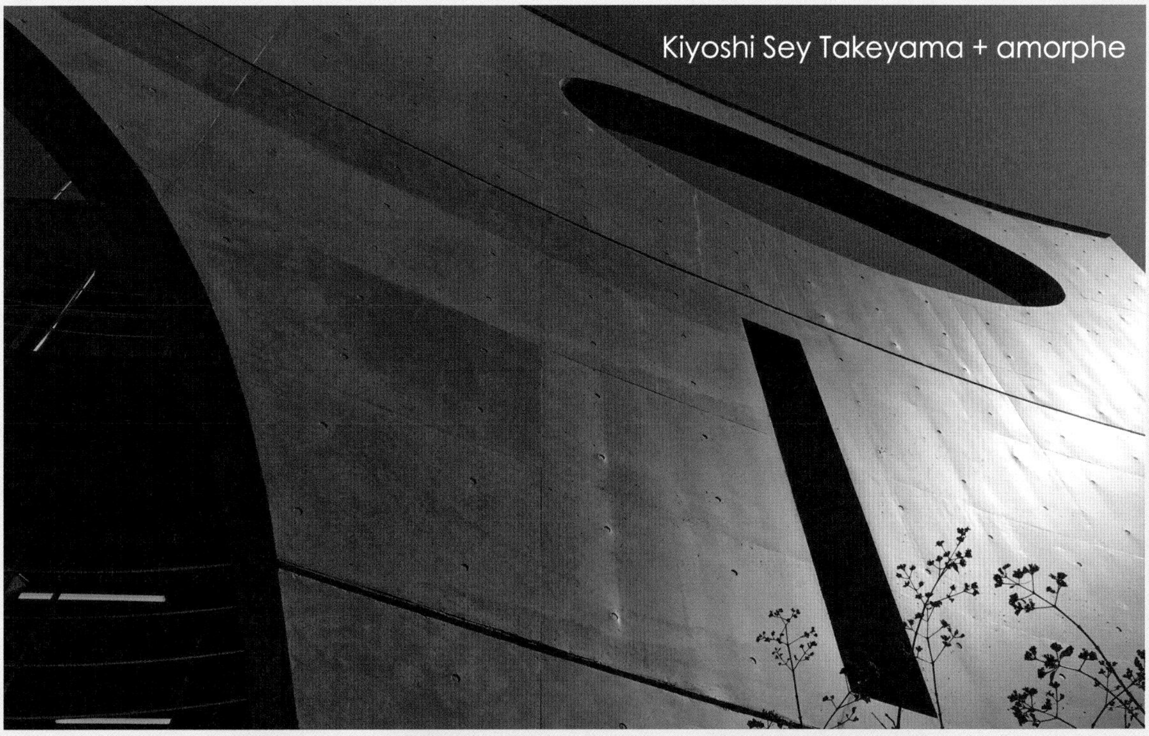

Kiyoshi Sey Takeyama + amorphe

NIKKEN

EXPERIENCE, INTEGRATED

NIKKEN SPACE DESIGN
INTERIOR DESIGN
http://nspacedesign.co.jp/

Photo : Adam Bruzzone

NIKKEN HOUSING SYSTEM
RESIDENTIAL DESIGN & PLANNING
https://www.nikken-hs.co.jp/

Photo : K[illegible]ko Ishizima

NIKKEN SEKKEI CONSTRUCTION MANAGEMENT
CONSTRUCTION MANAGEMENT
https://www.nikken-cm.com/

Photo : Kenji Masunaga

「まだやらなきゃ!」

「休めない…。」

眼がツライ

その時に!

速攻一本!

ハードワークが続いたツライ眼を、iドリンクで今すぐケア!

生薬クコシと活性ビタミンB1の力で、眼をリフレッシュ!

Kowa

眼がツライと感じた時に

Q&P KOWA i

栄養不良に伴う眼疲労の改善、疲労回復

キューピーコーワiドリンク

眼には眼の栄養ドリンク

キューピーコーワiドリンク

お求めは
ドラッグストア・
スーパー・コンビニなどで

●日常生活における栄養不良に伴う身体不調の改善・予防：目の疲れ ●疲労の回復・予防

指定医薬部外品

製品のお問い合わせ 【興和(株)お客様相談センター TEL 03-3279-7755 受付時間9:00～17:00 土・日・祝日は除く】

Kowa 興和株式會社 東京都中央区日本橋本町三丁目4-14

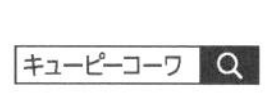

Diploma × KYOTO'21
京都建築学生之会合同卒業設計展
–
2021年12月15日 初版発行

編著
京都建築学生之会

発行人
岸隆司

発行元
株式会社 総合資格 出版局
〒163-0557 東京都新宿区西新宿1-26-2
新宿野村ビル22F
TEL 03-3340-6714（出版局）
株式会社 総合資格 – http://www.sogoshikaku.co.jp/
総合資格学院 ——— https://www.shikaku.co.jp/
総合資格 出版サイト – https://www.shikaku-books.jp/

企画・編集
株式会社 総合資格 出版局
新垣宜樹、藤谷有希

編集・制作
川勝真一、蔵薗悠介

編集協力
京都建築学生之会 2021書籍班

デザイン
綱島卓也

撮影
瀧本加奈子
掲載ページ ——— 4–15, 20–21, 30–33, 47–61, 67–69,
73–75, 84–85, 87–101, 103, 106–107, 110–111,
114–115, 118–129, 206–207

印刷・製本
シナノ書籍印刷 株式会社

–
Printed in Japan
ISBN 978-4-86417-430-5